조셉 골드스타인의
통찰 명상

INSIGHT MEDITATION: The Practice of Freedom

© 1993 by Joseph Goldstein
Korean Translation copyright ⓒ Mind's Friend Publishing Co., 2019
Published by arrangement with Shambhala Publications, Inc., Boulder
through Sibylle Books Literary Agency. Seoul

이 책의 한국어판 저작권은 시빌에이전시를 통해 미국 Shambhala사와 독점 계약한 마음친구출판사에 있습니다. 저작권법에 의해 한국 내에서 보호를 받는 저작물이므로 무단 전재 및 무단 복제를 금합니다.

조셉 골드스타인의
통찰 명상

조셉 골드스타인 지음
이재석 옮김

INSIGHT MEDITATION
THE PRACTICE OF FREEDOM

삶의 불만족과
괴로움에서 벗어나
자유에 이르는 길

마음친구

관대함과, 다르마에 대한 사랑으로
자신과 세상을 변화시킨
수행자들에게

차례

서문_다르마, 수행 그리고 깨달음 9

1 다르마의 길, 수행의 길

다르마란 무엇인가 15   깨달음에 대한 두려움 20
지능과 수행의 향상 23   한 가지 맛 27   네 가지 고귀한 진리 31
수행의 이정표 41   바라밀과 은총 44   스승의 역할 51
수행을 성공으로 이끄는 길 55

2 수행의 방법

목적, 노력, 내맡김 63   가슴을 수련하다 69   명상하는 법 72
비디오게임과 다르마 79   받아들임 82
괴로움을 보지 않는 것이 괴로움이다 88   몸의 통증 이해하기 92
즐거운 느낌, 괴로운 느낌 그리고 수행의 향상 98
자연스러움과 수행 102   마음의 내용에서 마음의 과정으로 105
수행 중에 경험하는 에너지 108   '통찰'이란 무엇인가 111

3 마음을 자유롭게 하다

마음의 장애물: 더러운 천의 얼룩은 눈에 안 띈다 117
생각을 대하는 방법 120   견해와 의견 126
판단하는 마음 500 129   자만, 비교하는 마음 134
감정과 지혜롭게 관계 맺기 139
감정에 얽매이기 vs 감정에서 자유로워지기 146
"때로 우산을 사용하십시오" 151
"두려워해야 하는 것은 두려움 자체입니다" 155
"지루함아, 고마워" 161   내가 무가치하게 느껴질 때 164
죄책감을 대하는 법 168   질투심 다루기 173   욕망을 대하는 법 175

4 심리학과 다르마

에고와 자아 185　성격은 바뀌지 않는다? 190　심리치료와 명상 196
누구나 '살짝' 미쳐 있다 203

5 무아에 관하여

"북두칠성은 존재하지 않는다" 211　자아는 어떻게 생겨나는가 220
"낙하산이 안 펴져도 부딪힐 땅이 없다면" 223　0에 이르다 226
황홀감과 비어있음 229

6 업에 관하여

업은 세상을 보이는 빛 235　분명한 업 239　미묘한 업 242
무지, 해로운 행동의 근본 원인 247　마음챙김, 행복의 근본 원인 250
업과 무아는 모순인가 254　동물과 업 258

7 세속에서 수행하기

현존, 현재에 머물다 263　지혜와 사랑 267　자애 270　연민심 276
의사소통의 기술 281　다르마를 주변 사람과 나누기 286
부모와의 관계 289　바른 생계 295　경전을 어떻게 읽을 것인가 298
유머 감각과 다르마 수행 301　죽음을 연습하다 304　통찰과 죽음 307
자애와 죽음 310　모든 존재에게 이로움을 313

부록 사진_조셉 골드스타인과 통찰명상회(IMS) 317
옮긴이의 말_마음에 대해 무엇을 말할 수 있는가 325

일러두기(핵심 단어의 번역을 중심으로)

- mindfulness ⇒ **마음챙김, 깨어있기, 깨어있는 마음**으로 옮겼다.
- awareness ⇒ **알아차림, 자각**으로 옮겼다.
- **마음챙김**이 깨어있는 마음으로 대상에 주의를 기울이려는 의도와 노력의 측면을 부각한다면 **알아차림**은 깨어있는 마음으로 주의를 기울였을 때 얻게 되는 바른 앎의 상태를 더 강조한다. 그러나 마음챙김으로 주의를 기울였을 때 얻는 앎(mindful awareness)을 **마음챙김**이라고 부르는 경우도 있어 이 둘이 반드시 분명하게 구분되는 것은 아니다.
- liberation ⇒ 사전적으로 '해방, 자유'의 의미이나 명상 수행과 관련하여 **벗어남**으로 옮겼다. 괴로움과 무지에서 벗어난다는 의미이다. freedom도 비슷한 맥락의 단어로서 **자유**로 옮겼다. **벗어남**은 또한 끝없는 윤회에서 벗어나 다시 태어나지 않는, 불교의 최종 목적인 궁극적 자유의 상태로서 '열반, 해탈, 깨달음'과 같은 의미이다.
- wholesome/unwholesome ⇒ **유익한/유익하지 못한** 또는 **바람직한/그릇된**으로 옮겼다. 불교의 업 개념과 관련하여 **선한/불선한(선업/불선업)**으로도 옮겼다.
- identification ⇒ **동일시**로 옮겼다. 생각과 감정 등 자기 내면의 일시적 경험을 변치 않는 고유한 자기 정체성으로 규정하고 고착화하는 심리 작용을 말한다.
- opening/to be open ⇒ **열림/열리다**로 옮겼다. 내면의 거부와 저항을 내려놓고 있는 그대로의 현상에 직면하는 열린 마음을 가리킨다.
- emptiness ⇒ **비어있음**으로 옮겼다.
- 각 단원의 중간에 있는 말풍선과 각 단원의 마지막에 있는 <u>수행 Tip!</u>은 독자의 수행에 도움이 되는 핵심 내용을 옮긴이가 간추려 정리한 것이다.

서문

다르마,
수행
그리고 깨달음

1965년 5월. 태국으로 향하는 평화봉사단의 비행기 안. 태평양 9천 미터 상공에서 우리는 서양이 동양으로 향하는 일을 기념해 샴페인을 터뜨렸다. 팬아메리칸 항공사는 당시 21살의 내가 너무 어려 보였는지 선뜻 서빙하려 하지 않았다. 그때만 해도 불교에 관한 나의 지식은 작은 플라스틱 컵 하나도 채우지 못할 만큼 보잘것없었다. 나는 만면에 웃음을 짓는 배불뚝이 거사의 모습이나 평온하고 집착하지 않는 마음 정도를 불교의 전부로 알았다.

1974년 7월. 콜로라도 보울더에 있는 나로파 명상대학의 여름 세션. 불교를 공부하는 어느 히피풍 청년이 이번에는 동양이 서양에 도착한 일을 축하하고 있다. 미국에서 다르마를 가르치는 지도자로 내가 첫발을 디딘 순간이다. 사람들은 다르마에 대해 알고 싶어 했다. 다르마에 대한 바람이 일었고 우리는 열광했다. 그때 나는 생각했다. "뭔가 일이 벌어지고 있어."

1993년 1월. 그로부터 한 세대가 흘렀다. 붓다의 가르침이 서서히 그리고 꾸준히 서양에 들어오고 있다. 지금 막 3개월의 안거가 끝났다. 1975년 이래 열여덟 번째 안거다. 백여 명의 수행자가 명상 수련회를 끝내고 세상으로 돌아갔다. 어떤 이는 평온한 미소를 지었고, 어떤 이는 자기 존재의 진실을 알고자 하는 열망에 타오르고 있다. 겨울의 초저녁, 내 컴퓨터 화면은 수행자들이 던진 질문으로 아직도 깜빡거리고 있다.

붓다의 사자후(붓다의 위엄 있는 설법을 사자의 울부짖음에 비유하여 이르는 말-옮긴이)는 우리에게 깨어남의 영감을 불어넣는다. 내면을 들여다보는 방법을 안다면 우리는 지혜와 연민을 발견할 수 있다. 지혜와 연민은 우리 마음의 참된 본성이기 때문이다. 이런 가능성에 영감을 받아 우리는 자기 마음을 스스로 들여다보고 질문하는 법을 배울 수 있다.

발견이 우선이다. 아는 것이 먼저다. 그 다음은? 달라이 라마는 이렇게 말했다. "아는 것을 행동에 옮기십시오." 알게 된 바를 실천할 때 우리는 진정한 자유에 이른다.

많은 서양인이 불교의 통찰 명상(위파사나 명상)을 수행한 지도 벌써 20년이 넘었다. 어떤 이는 매일 좌선을 하고 어떤 이는 주말 또는 9일간의 수행 코스를 밟는다. 3개월의 명상 수련회에 여러 차례 참가하는 수행자도 있다. 어떤 이는 3개월 이상 수련회에 참가하기도 한다. 이들 다양한 수행자들에게는 무궁무진한 깨달음의 가능성이 존재한다.

이 책은 다르마를 공부하는 수행자들이 자주 던지는 질문과 그에 대한 답변을 정리한 것이다. 그들이 수행에서 맞닥뜨린 실제적이고 중요한 질문들이 책의 밑거름이 되었다. 수행자들에게 고마운 마음을 전한다.

조셉 골드스타인
메사추세츠 배리(Barre), 1993년 1월

다르마의 길, 수행의 길

What Is the Path?

다르마란
무엇인가

"해야 할 일을 다 했노라."

불교 경전에서 흔히 접하는 이 말은 깨달음의 순간을 묘사한 오도송悟道頌입니다. 고통에서 완전히 벗어난 순간에 수행자들이 외친 말입니다. 나는 이 구절을 접할 때마다 어떤 영감이 떠오르면서 기쁨이 벅차옵니다. 왜냐하면 우리가 자유에 이르는 여정을 끝까지 마칠 수 있음을 상기시키기 때문입니다. 자유에 이르는 길의 마지막에서 "할 일을 모두 마쳤노라"고 노래할 수 있다면 얼마나 좋을까요?

그럼에도 의문은 남습니다. "그런데 과연 '내가' 깨달을 수 있을까? 붓다는 가능했을지 몰라도 나는?" 하는 의문입니다. 결론부터 말하자면 '누구라도' 깨달을 수 있습니다. 깨달음에 이르는 길을, 깨달음의 방법을 안다면 말입니다.

우리가 다르마를 수행하는 목적도 깨달음에 이르는 길을 알기 위해서입니다. 다시 말해 집착과 고통에서 벗어나 자유로운 존재가 되는 것이 다르마 수행의 최종 목표입니다. 자유의 존재가 되는 것이야말로 수행에서 기울여야 하는 노력의 핵심입니다. 왜냐하면 공감, 연민, 자애, 평화의 마음은 모두 자유에서 생겨나기 때문입니다. 산스크리트어인 **다르마**dharma는 팔리어로 **담마**dhamma, 한자어로 **법**法이라고 합니다. 이 말은 다양한 의미를 내포합니다. 무엇보다 다르마는 사물이 존재하는 실상, 즉 진실을 의미합니다. 또 우리의 경험을 구성하는 구체적인 요소를 가리키기도 합니다. 그리고 우리의 경험을 지배하는 자연 법칙을 의미할 때도 있습니다. 그밖에 붓다의 가르침, 즉 깨달음에 이르는 수행의 길을 뜻하기도 합니다. 이처럼 다르마는 매우 포괄적인 의미를 갖습니다. 어쩌면 이 세상에 다르마 아닌 것이 없다고 할 정도입니다. 모든 존재와 현상은 자신의 고유한 법칙에 따라 펼쳐지기 때문입니다.

> 부처님은 몰라도 과연 내가 깨달을 수 있을까요?

> 깨달음의 방법을 안다면 누구라도 깨달을 수 있습니다.

붓다는 우리의 마음 상태와 마음 과정이 어떠하냐에 따라 서로 다른 결과에 이른다는 사실을 분명하게 통찰했습니다. 즉, 바른 마음 상태에 있으면 그에 걸맞은 바른 결과를 얻고, 바르지 못한 마음 상태에 있으면 또 그에 맞는 결과에 이른다는 사실을 깨달았습니다. 만약 붓다처럼 우리도 사물과 현상의 참된 존재 방식에 관한 진리를 안다면 어떨까요? 그러면 우리가 무엇 때문에 고통을 겪는지, 또 어떻게 고통에서 벗어나 자유와 행복에 이르는지 알 수 있지 않을까요?

참된 영적 작업은 누가 시켜서 되지 않습니다. 붓다는 우리에게 '진실의 지도'를 폭넓게 펼쳐 놓았을 뿐입니다. 지도를 참고삼아 실제로 길을 가는 것은 우리들 각자의 몫입니다. 지도를 제대로 읽으면 자신이 가려는 방향을 자유롭게 선택할 수 있습니다. 어떻게 보면 아주 간단한 원리입니다. 행복해지고 싶다면 행복을 가져오는 원인을 알고 그것을 키우면 됩니다. 그러면 행복이 따라올 것입니다.

이런 선택을 내릴 수 있는 이유는 다르마가 "자연 법칙"이기 때문입니다. 다르마는 사물과 현상의 작동 방식입니다. 그것은 "실제로 그러하게 존재한다"는 의미에서의 **실재**reality입니다. 만약 우리의 삶이 아무런 물리적, 도덕적 법칙도 따르지 않은 채 멋대로 흘러간다면 어떻게 될까요? 삶이 흘러가는 방향에 아무런 영향을 미칠 수 없을 것입니다. 그렇다면 그저 혼돈에 휩쓸리는 수밖에 없습니다. 그러나 "다르마 수행"이라는 훌륭한 길을 따라간다면 비록 처음에는 마음이 커다란 소용돌이에 휩싸인 듯 보여도 언젠가는 이를 극복하고 나아갈 수 있습니다. 우리는 다르마 수행을 통해 마음의 안정과 집중을 키울 수 있습니다. 마음에 안정과 집중이 있을 때 어떤 마음이 우리를 평화로 인도하는지, 또 어떤 마음이 고통에 이르게 하는지 알 수 있습니다. 이처럼 평화도, 고통도 일정한 법칙에 따라 생겨납니다. 우리가 구하는 자유란, 자기 삶의 길을 스스로 선택할 수 있음을 아는 지혜에 있을 것입니다.

깨어남의 과정에서 우리는 자신의 정신과 마음을 깨끗하게 닦는 일이야말로 우리의 가장 근원적인 목적임을 알게 됩니다. 영적인 길은 우리의 의식을 변화시킵니다. 탐욕과 증오, 무지와 두려움, 시기와 질투심 등 자신과 세상에 고통을 안기는 원인을 정화합니다.

우리는 **자유**라는 근원적 목적을 함께 지니고 있습니다. 자유는 마음이 갖고 있는 보편적인 잠재력입니다. 젊은 시절 나는 인도의 보드가야에서 무닌드라Munindra라는 스승에게 수행 공부를 했습니다. 보드가야는 붓다가 깨달음을 얻은 곳으로 아름다운 사원이 많은 조그마한 마을입니다. 함께 마을을 걸으면서 무닌드라는 한때 자신의 제자였던 평범한 마을 사람들을 가리키면서 저들 중 많은 이가 다양한 깨달음의 단계를 얻었다고 말했습니다.

그들을 보고 나도 용기가 생겼습니다. 왜냐하면 언뜻 보기에 그들은 영적 깨달음을 얻은 사람으로 보이지 않았기 때문입니다. 그들은 생업에 종사하는 그저 평범한 생활인으로 보였습니다. 그 일이 있은 뒤, 나는 깨달음이 사회적 신분이나 교육 수준과 무관하다는 진리를 체험으로 알았습니다. 신분이나 교육 수준과 무관하게 우리는 누구나 '몸'을 갖고 있습니다. 또 '정신' 또는 '마음'이란 것을 가지고 있습니다. 우리는 누구나 몸과 마음이라는 근본적 공통성을 함께 지니고 있습니다. 이제 우리가 할 일은 몸과 마음을 일깨우고 정화시켜 모든 존재에게 유익한 방식으로 사용하는 것입니다.

이 과업 또는 도정道程의 의미를 참되게 이해할 때 나의 행동 하나하나를 바라보는 기준이 바뀝니다. 이 과업과 도정을 기준으로 나의 지금 행동이 깨달음에 도움이 되는지 방해가 되는지 판단할 수 있습니다. 삶이 어떤 상황에 처해 있어도 우리는 마음을 정화하는 수행을 할 수 있습니다. 자유의 길에 대해 알고 그 길에 들어서고자 한다면 그 날은 올 것입니다. 자유의 길에 자신을 바치고자 한다면 그 날은 반드시 올 것입니다. "해야 할 일을 다했노라."고 외치며 나만의 '오도송'을 부를 날이 언젠가 오고야 말 것입니다.

> **수행 Tip!**
> - ❖ 다르마는 진실, 자연법칙, 붓다의 가르침 등 여러 의미를 갖습니다. 다르마 수행의 최종 목표는 집착과 고통에서 벗어나 자유로운 존재가 되는 것입니다.
> - ❖ 몸과 마음을 지닌 우리가 할 일은 몸과 마음을 정화시켜 모든 존재에게 유익한 방식으로 사용하는 것입니다.

깨달음에
대한
두려움

❦

　수행자들은 **벗어남** liberation에 대한 두려움을 종종 느낀다고 말합니다(벗어남의 의미에 관해서는 본문 앞의 '일러두기' 참조-옮긴이). 그리고 이것이 수행에 방해가 된다고 이야기합니다. 아마 지금껏 한 번도 가보지 않은 영적 단계에 들어서기 때문일 것입니다. 미지의 세계에 대한 두려움으로 더는 앞으로 나아가지 못하는 상태입니다. 그런데 사실 이것은 깨달음에 대한 두려움이 아니라 "깨달음은 이런 것이다"라고 여기는 자신의 생각을 무서워하는 것에 더 가깝습니다. 우리는 누구나 벗어남, 즉 자유에 관한 자기만의 관념을 갖고 있습니다. 예컨대 환한 빛과 우주의 거대한 섬광 속에서 사라지는 이미지가 그것입니다. 그밖에도 마음은 벗어남의 경험에 관한 온갖 가공의 이미지를 지어냅니다. 때로 자아가 만들어 낸 죽음에 대한 허구적 이미지를 두려워하는 경우도 있습니다.

　그런데 여기서 "벗어남"이란 다름 아닌 괴로움에서 벗어나는 것, 괴로움을 내려놓는 것을 말합니다. 여러분은 탐욕에서 자유로워지는 것이 두

렵습니까? 분노와 미망에서 벗어나는 것이 두려운가요? 아마 그렇지 않을 것입니다. 벗어남이란 우리를 괴롭히고 속박하는 이런 마음의 굴레에서 벗어나는 것입니다. 그러므로 자유란 무언가 마술적이고 신비스러운 경험이 아닙니다. 자유로운 존재가 된다고 해서 세상과 동떨어진 별난 존재가 되지 않습니다. 깨달음은 마음을 정화함으로써 우리의 삶에 온갖 괴로움을 일으키는 것들을 떠나보내는 것입니다. 이처럼 깨달음은 뜬구름 잡는 추상적인 이야기가 아니라 우리 삶과 관련된 지극히 실제적인 이야기입니다.

벌겋게 타는 숯불을 손에 쥐었다고 합시다. 이때 손에서 당장 숯불을 놓지 않을 사람은 없을 것입니다. 숯불의 뜨거운 열기가 손에 전해오는 순간, 바로 바닥에 떨어뜨릴 것입니다. 그런데 우리는 우리를 힘들게 만드는 괴로움에 대해서는 그것을 붙든 채 놓을 줄을 모릅니다. 우리는 대개 "괴로움이 나를 붙잡고 있다"고 여깁니다. "내가 괴로움을 붙들고 있다"고는 생각하지 못합니다. 두 표현의 차이를 알 수 있습니까?

> 괴로움이 나를 붙잡고 있어요
>
> 아니요, 당신이 괴로움을 붙들고 있습니다

지금부터 우리가 닦는 수행은 마음에서 어떻게 괴로움이 일어나는지 보는 것입니다. 또 괴로움을 '나'로 동일시하고 있음을 깨닫고 괴로움을 내려놓는 법을 배우는 것입니다. 그렇다면 구체적으로 어떻게 이 과정을 깨닫고 배울 수 있을까요? 그것은 괴로움이 일어나는 과정과 괴로움을 '나'로 동일시하는 과정을 단순하고 직접적으로 관찰하는 것입니다. 이 과정을 충분히 알 때까지 단순하고 직접적으로 거듭 관찰해야 합니다.

붓다는 45년 동안 펼친 자신의 장대한 가르침을 한마디로 "괴로움과 괴로움의 소멸"에 관한 것이라고 말했습니다. 괴로움의 실상을 스스로 이해할 때 마음은 괴로움에서 벗어납니다. 이렇게 괴로움에서 자유로워질 때 우리가 사랑과 연민의 행동을 할 가능성이 더 커집니다.

> **수행 Tip!**
> - ❖ 깨달음은 마음을 정화함으로써 온갖 괴로움을 떠나보내는 것으로 우리의 삶과 관련된 매우 실제적인 이야기입니다.
> - ❖ 붓다는 45년 동안 펼친 자신의 장대한 가르침을 한마디로 "괴로움과 괴로움의 소멸"에 관한 것이라고 말했습니다.

지능과
수행의 향상

깨어남은 누구에게나 가능합니다. 다행히도 수행의 향상은 지능 수준과 무관합니다. 이 사실은 수행 지도자 훈련 과정에서 나의 눈을 새로 뜨게 만든 경험이었습니다.

나는 인도의 스승 무닌드라에게 명상 지도자 훈련을 받았습니다. 그때 스승의 수행자 인터뷰를 곁에서 참관할 기회가 종종 있었습니다. 스승이 수행자들에게 어떤 식으로 가르침을 전하는지 지켜볼 수 있는 좋은 기회였습니다. 스승은 각 개인에게 적합한 **명상 주제**(명상 수행에서 관찰의 대상으로 삼는 40가지를 말한다—옮긴이)가 다르다며 이렇게 말했습니다. "이 명상 주제는 똑똑한 사람에게 적합하고 저 명상 주제는 우둔한 사람에게 맞는다." 그러나 나는 사람을 똑똑하고 우둔하다고 구분 짓는 것에 순간 반발심이 들었습니다. 서양의 중류층에서 나고 자란 나는 이런 식의 구분이 별로 마뜩치 않았습니다.

영적 수행의 향상에서 지능의 높고 낮음이 문제되지 않는다는 사실은 내게 자유로움을 선사했습니다. 실제로 어떤 사람은 똑똑하고 어떤 사람은 그렇지 못합니다. 무닌드라 스승의 가르침에 따르면 똑똑한 사람은 이런 명상 주제를, 우둔한 사람은 저런 명상 주제를 갖도록 되어 있었습니다. 붓다의 가르침을 집대성한 『청정도론淸淨道論』이라는 불교 논서도 사람의 기질에 따라 서로 다른 명상 주제를 열거합니다.•

그런데 이후에 나는 지능이 선사하는 명백한 힘과 함께 그것이 가진 커다란 위험성에 대해서도 알게 되었습니다. 자기가 가진 지능을 자신과 동일시하는 사람, 자신의 지능에 강하게 집착하는 사람을 우리는 주변에서 드물지 않게 봅니다. 그런데 지능에 대한 이런 동일시와 집착은 거대한 자아의 덫으로 작용해 자신과 타인에게 해로운 영향을 미치기도 합니다. 지능이 뛰어난 것은 크나큰 축복입니다. 무언가를 명료하게 이해하는 능력은 분명 귀한 가치입니다. 그런데 내가 깨달은 사실 한 가지는 사람의 고귀하고 아름다운 성품을 나타내는 마음의 성질에는 지능만 있지 않다는 사실입니다. 관대함, 사랑, 연민심, 헌신처럼 지능과 무관한 마음의 성질도 있습니다.

붓다 생전의 시대부터 전하는 이야기 중에 내가 좋아하는 이야기가 있습니다. 붓다의 제자 가운데 머리가 우둔한 이가 있었습니다. 그는 붓다의 가르침에 감명을 받아 승려로 출가했습니다. 역시 붓다의 제자였던 그의 형은 반대로 머리가 아주 명석했습니다. 형은 완전한 깨달음을 얻

• 팔리어 원어는 『위숫디막가』이다. '위숫디'는 청정, '막가'는 길이란 뜻이다. 이 책은 40가지 명상 주제를 열거한다─옮긴이

어 아라한(깨달음을 이룬 성인의 단계인 수다원, 사다함, 아나함, 아라한 중 마지막 네 번째 단계-옮긴이)이 되었습니다. 마음은 비단처럼 곱지만 머리는 우둔한 동생이 안타까웠던 형은 붓다의 가르침을 네 줄로 요약한 시를 동생에게 외우게 했습니다.

그러나 우둔한 동생은 시 한 줄 외우기도 어려웠습니다. 둘째 줄을 외울라 치면 첫째 줄이 기억나지 않았습니다. 동생은 한 줄 이상을 외우지 못했습니다. 문제는 쉽게 해결되지 않았습니다. 네 줄밖에 되지 않는 시였지만 동생은 외울 능력이 되지 않았습니다. 아라한인 형은 결국 동생을 포기하고는 이렇게 말했습니다. "도저히 가망이 없구나, 아우야. 너는 승단을 떠나는 수밖에 없겠다." 불쌍한 동생은 그렇게 형으로부터도 버림을 받았습니다. 머리는 우둔했지만 다르마 수행에 대한 열정만큼은 누구에게도 뒤지지 않았던 동생은 무척 슬펐습니다.

동생은 풀이 죽은 채로 마을로 걸어 돌아오고 있었습니다. 이때 사정을 훤히 꿰뚫고 있던 붓다가 동생 곁에 다가왔습니다. 붓다는 가여운 동생의 머리를 쓰다듬으며 다독이고는 그에게 맞는 수행법을 일러 주었습니다. "너에게 적합한 명상 주제는 이것이다. 이 하얀 손수건을 가져가 뜨거운 햇볕이 내리쬐는 곳에서 손으로 계속 문질러 보아라." 손수건을 문지르는 것이 동생이 해야 하는 수행의 전부였습니다.

동생은 붓다가 준 손수건을 가져가 햇볕 아래에서 계속 문질렀습니다. 계속 문지르자 손에서 땀이 나 손수건이 점점 더러워졌습니다. 그렇게 한참을 문지르자 동생의 머릿속에 과거 전생에서 수행했던 기억이 떠올랐습니다. 아닌 게 아니라 동생은 전생에서 몸의 더러운 불순물을 지켜보는 수행을 했었습니다. 땀으로 더러워진 손수건을 계속 지켜보자 동생은 커다란 평정심을 되찾아 마음이 활짝 열렸습니다. 동생은 이렇게 해서 완전한 깨달음을 얻었습니다. 깨달음을 얻은 동생은 다르마에 대한 심오한 앎은 물론이고, 지력을 비롯한 온갖 신비한 초능력을 함께 얻었습니다. 동생이 크게 놀란 형을 초능력으로 장난스럽게 골려주는 장면으로 이야기는 끝을 맺습니다. 나는 이 우둔한 동생이 너무나 사랑스럽습니다.

> **수행 Tip!**
> - ❖ 영적 수행의 향상은 지능의 높고 낮음과 무관합니다.
> - ❖ 사람의 고귀하고 아름다운 성품을 나타내는 마음에는 관대함, 사랑, 연민심 등 지능과 무관한 것도 있습니다.

한 가지
맛

깨달음은 점진적으로 성취될까요, 아니면 한순간에 이뤄질까요? 실제로 이 문제를 두고 불교의 수많은 종파가 생기고 사라질 만큼 불교의 여러 종파에서 중요하게 다루는 문제입니다. 그런데 내가 보기에 벗어남, 즉 깨달음은 한순간의 사건인 동시에 점진적인 과정입니다. 한순간의 사건으로서 깨달음과 점진적 과정으로서의 깨달음이 반드시 서로 모순되는 것은 아닙니다.

깨달음은 언제나 한순간에 이뤄집니다. 그것은 일종의 은총으로, 깨달음에 필요한 적절한 조건이 갖춰지면 자동으로 일어납니다. 그러나 깨달음의 순간에 이르는 과정은 점진적일 수밖에 없습니다. 그래서 수행이라는 과정을 통해 깨달음에 필요한 터전을 닦고 기초를 놓습니다. 그렇게 하다 보면 마음은 어느 순간 저절로 활짝 열립니다. 그런데 한순간의 깨달음을 얻었다 해도 그렇게 깨달은 마음을 더욱 계발하고 성숙시키는 과제는 여전히 남습니다.

붓다는 말했습니다. 우리의 마음은 본래 순수한 상태이지만 불쑥불쑥 찾아오는 마음의 오염물 때문에 본래의 상태가 가려진다고 말입니다. 붓다는 어느 설법에서 "마음은 원래 환하게 빛나지만 순간순간 찾아오는 오염물로 더러워진다. 따라서 오염물을 제거하면 마음은 다시 자유로워질 수 있다."고 말했습니다.

불교의 다양한 수행법이 서로 달라 보여도 거기에는 공통점이 있습니다. 그것은 "괴로움의 성질과, 괴로움에서 벗어난 자유의 상태"에 관한 붓다의 핵심 가르침입니다. 다르마가 꽃을 피운 인도, 미얀마, 태국, 티베트, 중국, 일본, 한국, 스리랑카, 캄보디아, 베트남에는 수많은 형태의 수행법이 발전해 왔습니다. 오래 전 나의 스승 무닌드라는 미얀마의 통찰 명상법만도 무려 50가지가 넘는다고 말했습니다.

다르마를 닦는 단 하나의 옳은 방법이 있다고 여기는 것은 바람직하지 않습니다. 명상 수행의 향상을 평가하는 척도는 괴로움에서 벗어날 수 있는가, 그리고 모든 생명을 향한 자애의 마음을 낼 수 있는가 하는 것입니다. 그 밖의 것은 도구에 불과합니다. 수행을 하다 보면 다양한 경험이 일어납니다. 이때 나에게 맞는 수행법이라고 해서 "그래, 이거야!" 하고 집착하지 않도록 유의해야 합니다. 그렇게 집착하는 순간, 비어있음이라는 위대한 보석을 놓치게 됩니다. 집착은 또 하나의 편파적 견해를 만들어낼 뿐입니다.

나의 스승 중 한 분은 불교의 다양한 전통과 수행법, 관점에 모두 해당되는 말을 했습니다. "명상 수행이 우리 내면의 탐욕과 성냄, 어리석음의 불씨를 꺼뜨리지 못하면 아무짝에도 쓸모가 없다." 우리가 지금부터 해나갈 수행도 탐욕과 성냄, 어리석음의 불씨를 꺼뜨린다는 기준에 따라 평가해야 합니다.

오늘날의 다르마 수행에서 참으로 놀라운 사실이 있습니다. 그것은 각 전통의 다양한 수행법이 만나는 과정에서 서로가 서로에게 배움을 얻고 있다는 사실입니다.

남방불교인 **테라와다**Theravada, 대승불교인 **마하야나**Mahayana, 티베트불교의 금강승인 **바즈라야나**Vajrayana 등 위대한 불교 전통들은 말하자면 광대한 지혜의 보고입니다. 붓다는 이렇게 말했습니다. "다르마의 형식은 서로 달라도 그 맛은 한 가지다. 바로, 괴로움에서 벗어나는 자유의 맛이다."

그리고 무엇보다 중요한 것은 수행입니다. 티베트의 위대한 수행자 밀라레파에 관한 재미있는 일화가 있습니다. 생을 마감할 즈음 밀라레파는 비밀의 가르침을 전수하기 위해 자신이 머물던 외딴 산으로 제자를 불렀습니다. 제자는 커다란 존경심과 헌신의 마음으로 스승이 비법을 전수해 주기만을 기다렸습니다. 방에 누워 있던 밀라레파는 바지를 내려 등을 새우처럼 구부리고는 가죽처럼 굳은 엉덩이 살을 제자에게 보여주었습니다. 오랜 수행으로 생긴 굳은살이었습니다.

사람마다 서로 다른 수행 단계를 거칩니다. 장시간의 묵언 수련회에 참가할 정도로 수행의 에너지가 넘치는 때가 있습니다. 묵언 수련회는 알아차림을 강화시켜 우리를 새로운 차원의 통찰로 이끕니다. 그런데 수련회에 참가할 에너지마저 없다고 느끼는 때도 있습니다. 이처럼 수행에는 기복이 있게 마련입니다.

몇 개월에 걸친 명상 수련회에 참가한 수행자가 있었습니다. 그의 수행은 일정 수준에 도달했지만 어찌된 이유인지 거기서 더 이상 나아가지 못했습니다. 수행 지도자가 이유를 물었더니 집에 있는 가족이 못 견디게 보고 싶다는 것이었습니다. 지도자는 수행자가 집에 다녀오도록 조치했습니다. 가족을 만나고 온 수행자는 수행을 방해하는 마음의 장애가 깨끗이 사라져 끝까지 수행 과정을 마쳤습니다.

수행이 정해진 방식대로 전개되어야 한다는 생각에 유의해야 합니다. 세속과 동떨어진 수행처에서 홀로 자신의 마음을 깊이 들여다보고 싶은 때가 있는가 하면 그런 필요성이 느껴지지 않는 때도 있습니다. 자신의 자연스러운 수행 리듬을 따르는 것이 중요합니다. 벗어남이 당신의 삶에서 깊은 의미를 갖는 열망이라면 일정 기간 집중적으로 수행에 전념할 필요가 있습니다. 그렇게 함으로써 커다란 에너지와 힘, 통찰력을 키울 수 있습니다. 그런데 수행처에서 영원히 살 수는 없습니다. 우리는 수행처뿐 아니라 일상의 삶에서도 관대함과 도덕성, 진실됨, 연민심 같은 마음의 성질을 닦아야 합니다. 일상에서 닦은 이 마음들은 다시 우리의 집중된 수행에 더 힘을 실어줄 것입니다.

> 수행 Tip!
>
> ❖ 깨달음은 적절한 조건이 갖춰지면 자동으로 일어나지만 깨달음의 순간에 이르는 과정은 점진적입니다. 그래서 수행을 통해 깨달음에 필요한 기초를 놓고 터전을 닦습니다.
>
> ❖ 명상 수행의 향상을 평가하는 척도는 "괴로움에서 벗어날 수 있는가, 모든 생명을 향한 자애의 마음을 낼 수 있는가" 하는 것입니다.

네 가지 고귀한 진리

붓다의 가르침이 동양을 비롯한 세계 각지에 전파되는 과정에서 가르침에 관한 다양한 해석이 생겨났습니다. 각각의 해석은 그것이 강조하는 핵심과 원리 체계, 수행법이 서로 다릅니다. 하지만 모두에 공통되는 보석 같은 가르침이 있습니다. 그것은 바로 네 가지 고귀한 진리, 즉 **사성제**四聖諦입니다.

붓다가 설파한 첫 번째 고귀한 진리는 괴로움의 진리입니다. 즉 "괴로움이 존재한다"는 진리입니다. 괴로움을 팔리어로 **둑카**dukkha라고 하는데 고통, 불안, 불만족 등 다양한 의미를 갖습니다. 붓다는 삶이 곧 괴로움이라는 진실에 눈떴습니다. 그렇다고 붓다가 괴로움을 두려워한 것은 아닙니다. 또 괴로워하는 자신에 대한 연민에 빠지지도 않았습니다. 붓다는 괴로움의 문제를 매우 분명하게, 객관적으로 인식했습니다. 인간이 태어나 늙고 죽는 것이 괴로움이며, 슬픔과 비탄, 절망에 빠지는 것도 괴로움이라고 보았습니다. 좋아하는 사람과 헤어지는 것, 싫어하는 사람과 만나는 것, 원하는 것을 얻지 못하는 것도 괴로움이라고 알았습니다. 이 모든 것이 '둑카'입니다. 삶의 조건 지어진 현상을 미세하고 심오한 차원에서 살피면 그것이 본질적으로 불만족스러운 성질을 갖고 있음을 볼 수 있습니다.

좀 더 자세히 이야기해 보겠습니다. 몸과 마음에서 일어나는 고통스런 느낌이 괴로움이라는 사실은 누구나 쉽게 알 수 있습니다. 그런데 이런 명백한 괴로움이 아니라, 우리가 하는 경험의 일시적이고 순간적인 성질을 자각할 때도 우리는 둑카의 진리를 이해할 수 있습니다. 아무리 멋진 경험이라 해도 깊고 지속적인 만족을 주지 못합니다. 자세히 살펴보면 아무리 좋은 경험도 끊임없이 변화하고 있습니다. 모든 현상은 한시도 정지하지 않고 계속해서 흘러갑니다. 마치 거대한 폭포수가 잠깐의 멈춤도 없이 "쏴아" 하는 소리와 함께 아래로 떨어지는 것과 같습니다. 우리가 하는 모든 경험은 이처럼 끊임없이 변화하는 성질을 갖고 있습니다.

붓다는 우리의 몸과 마음에서 분명하게 드러나는 괴로움을 첫 번째 종류의 괴로움으로 들었습니다. 그리고 경험의 순간성과 일시성에서 비롯하는 괴로움을 두 번째 종류의 괴로움으로 들었습니다. 붓다는 그밖에도 〈불의 법문〉에서 세 번째 종류의 괴로움을 매우 사실적으로 묘사합니다. "우리의 눈이 타오르고 있다. 귀도 타오르고 있다. …… 몸도, 마음도 타오르고 있다. 무엇으로 타오르고 있는가? 탐욕과 성냄, 어리석음의 불길로 타오르고 있다."●

그런데 괴로움이라는 진실에 열리기란 결코 쉬운 일이 아닙니다. 왜냐하면 우리는 습관적으로 괴로움에서 도망치기 때문입니다. 우리는 즐거움을 주는 대상을 도피처 삼아 거기에서 행복을 구합니다. 그러나 즐거움을 주는 대상 역시 영원하지 않은 일시적 경험일 뿐입니다. 괴로움의 진리를 있는 그대로 보아야 합니다. 그러기 위해서는 잠시 멈추어 실제 일어나는 일에 마음을 열어야 합니다. 그리고 있는 그대로 알고자 해야 합니다. 그러나 평소 우리는 그런 노력을 잘 기울이지 않습니다.

괴로움의 진리에 담긴 위대한 역설이 한 가지 있습니다. 그것은 우리가 괴로움의 진리에 마음을 열고 그것을 이해할수록 마음은 더 가벼워지고 괴로움에서 더 크게 벗어난다는 사실입니다. 다시 말해 괴로움을 회피하거나 부정하지 않고, 있는 그대로 직면할 때 마음은 넓어지고 활짝 열리면서 더 행복해집니다. 이때 우리는 강박적 욕망과 탐닉에 조종당하지 않고 현상의 본질을 명료하게 볼 수 있습니다.

그런데 삶에 괴로움이 존재한다는 사실을 아는 것만으로는 충분하지 않습니다. 그래서 두 번째 고귀한 진리가 필요합니다. 그것은 괴로움의 원인에 관한 것입니다. 괴로움의 원인은 무엇일까요? 그것은 팔리어로 **킬레사**kilesa라고 하는 것입니다. 마음속의 번뇌라는 뜻입니다. 구체적으로는 욕심, 시기, 증오, 화, 두려움 등 우리가 흔히 갖는 괴로운 감정 상태입니다. 이러한 마음 상태는 우리를 괴롭히면서 고통을 만들어냅니다.

번뇌는 다양한 차원에서 나타납니다. 가장 거친 수준의 번뇌는 살인,

●
이 부분은 불교의 일반적인 가르침과 약간 차이가 있다. 불교에서 통상 세 번째 종류의 괴로움으로 드는 것은 '형성됨에 기인한 괴로움'이다. 열반을 제외한 삼계의 모든 물질과 정신은 조건 지어져 있고, 생겨나서 사라지기 때문에 '형성됨에 기인한 괴로움'이라고 한다. 『부처님을 만나다』(일창 스님 지음, 이솔 刊) p.20~21 참조─옮긴이

강도, 잘못된 성행위 등 자신과 타인에게 커다란 해를 끼치는 극악무도한 행위로 이어질 수 있습니다. 전 세계에서 일어나는 참상, 살인, 강간, 고문, 기아, 국가 간의 반목에서 우리는 마음의 거친 번뇌가 어떤 영향을 미치는지 쉽게 확인할 수 있습니다. 이러한 고통의 근본 원인은 모두 우리 자신의 마음에 뿌리를 두고 있습니다.

그렇다면 이러한 극악무도한 행위를 일으키는 고통을 어떻게 떨칠 수 있을까요? 그것은 도덕적 계율을 지키는 것입니다. 즉 남에게 해 끼치는 행동을 하지 않는 것입니다. 붓다는 극악무도한 행동을 하지 않도록 우리를 보호하는 행동 지침을 다섯 가지로 제안했습니다. 생명을 죽이지 말 것, 남의 물건을 훔치지 말 것, 잘못된 성행위를 하지 말 것, 거짓말 하지 말 것, 정신을 혼미하게 하는 술이나 약물을 먹지 말 것 등입니다. 하루가 멀다 하고 참혹한 테러가 벌어지는 오늘날입니다. 만약 지구상의 모든 사람이 이 다섯 계율 중 생명을 죽이지 말라는 계율 하나만이라도 철저히 지킨다면 세상이 얼마나 다르게 변할지 상상해 보십시오.

다음으로 중간 수준의 번뇌가 있습니다. 이 번뇌로 일어나는 행동과 말, 마음은 앞의 극악무도한 행위만큼 큰 영향을 주지는 않지만 이것 역시 바람직하지 못한 마음 상태입니다. 그 다음으로는 가장 미묘한 수준의 번뇌가 있습니다. '잠재 상태의 번뇌' 혹은 '잠재적인 고통 성향'이라고 하는 이것은 지금 이 순간 이미 일어난 번뇌는 아니지만 일어날 조건만 갖추어지면 언제든 일어날 잠재성이 있는 번뇌입니다. 사람들이 심한 스트레스를 받으면 평소 하지 않는 행동을 하는 경우가 있는데 이것은 잠재 상태의 번뇌가 작동한 것입니다. 번뇌에는 이처럼 다양한 차원이 존재합니다.

붓다는 이 외에도 고통의 근본 원인을 뿌리 뽑기 위해 제거해야 하는 번뇌가 있다고 말했습니다. 그것은 번뇌 가운데 가장 위험한 녀석입니다. 바로, 변치 않는 영원한 자아self가 존재한다는 강한 믿음과 견해가 그것입니다. 사실, 변치 않는 영원한 '나'란 존재하지 않습니다. 자아가 존재한다는 잘못된 견해와 부정확한 지각은 우리로 하여금 바람직하지 못한 행동을 하게 만들 위험이 있습니다. '나'에 대한 잘못된 견해를 갖게 되면 그것을 방어해야 하고 또 만족시켜 주어야 합니다. 그러면 이 잘못된 견해를 중심으로 우리의 행동이 전개됩니다. 작가인 웨이 우 웨이Wei Wu Wei는 자아가 존재한다는 근본 번뇌가 우리를 미망에 빠트린다는 점을 이렇게 비유했습니다. "개가 거기 있지도 않은 나무를 향해 짖어대는 것과 같다."

명상은 자아가 존재한다는, 우리 마음에 가장 깊이 뿌리박힌 번뇌를 제거합니다. 지금까지 우리 삶에 커다란 고통을 일으켜온 이 번뇌는 자신의 존재를 근본적으로 잘못 지각한 결과입니다. **깨어있는 알아차림** mindful awareness을 계발하면 "내가 없다"는 **무아**無我가 정말로 어떤 느낌인지 직접 맛볼 수 있습니다. 그럴 때 이론적이고 개념적인 무아가 아니라 지금 이 순간 경험하는 자유로서의 무아를 이해하게 됩니다.

심원한 벗어남을 선사하는 무아에 대한 깨달음은 어느 날 갑자기 하늘에서 떨어진 것이 아닙니다. 붓다와 붓다 이전의 수많은 붓다들도 무아를 깨달았습니다. 무아는 붓다가 "발명한" 것이 아닙니다. 그것은 다르마 자체의 본성입니다. 다양한 문화의 많은 사람이 무아에 대한 깨달음을 지혜의 언어로 표현했습니다. 14세기 일본의 어느 무사는 이런 글을 썼습니다.

돌봐주는 부모가 없는 나에겐
하늘과 땅이 나의 부모

편히 머물 집이 없는 나에겐
알아차림이 내가 머물 집

삶도, 죽음도 없는 나에겐
들숨과 날숨이 나의 삶과 죽음

친구가 없는 나에겐
나의 마음이 나의 친구

적이 없는 나에겐
부주의함이 나의 적

갑옷이 없는 나에겐
자비심이 나를 지키는 갑옷

> 머물 성채가 없는 나에겐
> 안정된 부동심(不動心)이 내가 머무는 성채
>
> 지켜주는 칼이 없는 나에겐
> 자아가 없다는 진실이 곧 나를 지키는 칼

우리는 누구나 무아의 진실을 자기 방어의 칼로 쓰는 무사입니다. 무아를 깨달은 지혜의 칼은 무지를 꿰뚫고 미망을 잘라냅니다.

첫 번째 고귀한 진리는 우리가 사는 세상에 여러 차원의 괴로움이 존재한다는 사실을 가리킵니다. 두 번째 고귀한 진리는 괴로움의 원인을 설명합니다. 두 번째 진리를 이해한 수행자는 괴로움의 원인을 알고 제거할 수 있습니다. 두 번째 진리를 통해 수행자는 마음의 근원적 괴로움, 그중에서도 자아에 관한 잘못된 견해를 뿌리 뽑을 수 있습니다.

세 번째 고귀한 진리는 우리가 번뇌라는 마음의 짐을 내려놓고 괴로움을 끝내는 일이 가능하다는 사실을 말합니다. 우리는 수행을 통해 괴로움이 사라지는 것을 직접 체험할 수 있습니다. 번뇌가 없어지는 순간, 우리는 잠시나마 괴로움에서 벗어나는 자유를 맛봅니다. 우리를 괴롭히는 감정에 꼼짝없이 붙들려 있을 때는 뜨겁고 답답한 느낌이 듭니다. 그런데 이 감정을 나의 본질로 동일시하지 않는다면 마음은 거기서 풀려날 수 있습니다. 이때 느끼는 자유는 매우 실제적인 것입니다. 그것은 관념으로서의 자유가 아니라 나의 경험에서 생생히 살아 있는 자유입니다. 감정뿐 아니라 생각도 마찬가지입니다. 생각에 빠져 있지 말고, 자신이 생각하고 있음을 알아차려 보십시오. 아마 생각에서 놓여나 마음이 활짝 열리는 것을 경험할 것입니다.

가까운 예로 영화관에서 영화를 볼 때 우리는 영화의 스토리에 푹 빠져 있습니다. 그러다 영화관을 나오는 순간, 영화의 스토리에서 풀려남을 느낍니다. 일종의 "현실 이동"을 경험하는 것입니다. "휴, 다행히 영화였어!" 하고 정신이 번쩍 드는 느낌입니다. 그런데 실제로 우리는 마음속에서 진행되는 끝없는 이야기에 빠져 지내는 일이 얼마나 많습니까? 몸의 감각이든 느낌이든 생각이든 나의 몸과 마음에서 일어나는 현상을 **깨어있는 마음**으로 알아차리십시오. 그 순간, 지금껏 빠져 있던, 스스로 지어낸 허상의 이야기에서 깨어날 수 있습니다. "그래, 그건 단지 생각일 뿐 내가 아는 것처럼 거대한 드라마가 아니야." 이때가 생각의 굴레에서 벗어나 마음이 활짝 열리는 순간입니다.

괴로움이 사라짐을 체험하는 또 하나의 방식이 있습니다. 그것은 **형성에 대한 평정**equanimity about formations•이라는 수행의 단계에서 일어납니다. 평정심으로 가득한 상태에서는 어떤 일을 경험하더라도 마음이 균형을 이루고 있습니다. 어떤 일이 일어나고 사라지는 동안 부드러움과 여유로움을 유지합니다. 평정한 마음은 반사적으로 대응하지 않습니다. 완전한 깨달음을 얻은 존재들의 마음 상태가 이와 같습니다. 하지만 괴로움에

• 위파사나 지혜의 열 단계 중에서 아홉 번째 단계로 '형성 평온의 지혜' 또는 '상카라 평온의 지혜'라고도 한다. 위파사나 지혜가 성숙되어 '상카라'라고 하는 모든 생겨난 정신과 물질 법들에 대해 균등하게, 평온하게 관찰하는 통찰지를 말한다. 『부처님을 만나다』(일창 스님 지음, 이솔 刊) p.193 참조—옮긴이

서 완전히 벗어나기 전이라도 평정한 마음을 경험하는 일은 가능합니다.

마지막으로 우리는 모든 조건 지어진 현상이 그친 경지에 활짝 열림으로써 괴로움이 끝나는 것을 경험할 수 있습니다. 이것은 조건 지어지지 않은 상태, 다시 태어나지 않는 상태인 열반을 이루었을 때입니다.

다음으로 붓다는 네 번째 고귀한 진리에서 괴로움에서 벗어나는 길을 완벽하게 펼쳐놓습니다. 괴로움에서 벗어나는 수행의 길은 커다란 인내와 헌신이 요구됩니다. 그것은 에둘러 갈 수 없는, 괴로움의 끝을 향하여 난 유일한 길입니다. 수행의 길은 크게 **계**戒, **정**定, **혜**慧라는 세 가지 훈련으로 구성됩니다. 첫째, **계**는 도덕성을 말합니다. 여기서 도덕성은 나를 포함한 모든 생명체에게 어떠한 해도 입히지 않는 태도입니다. 자신과 타인에 대한 기본적인 선의가 없는 상태로 수행한다면 수행의 향상을 이룰 수 없습니다. 배의 닻줄을 풀지 않은 채 노를 젓는 것과 같아서 수행이 앞으로 나아갈 수 없습니다. 아무리 노력해도 결실을 맺지 못합니다. 따라서 우리는 정직하고 진실 되게 살도록 끊임없이 노력해야 합니다.

두 번째, **정**은 집중력과 마음챙김을 계발하는 훈련입니다. 집중력과 마음챙김은 깨어남을 위한 명상적 도구인 동시에 삶의 도구이기도 합니다. 마음의 집중하는 힘과 깨어있는 힘이 충분하지 못하면 현재의 조건화된 행동 패턴에서 벗어나지 못한 채 그에 따라 사는 수밖에 없습니다.

'계'라는 도덕성과 '정'이라는 집중력과 마음챙김의 계발, 이 두 가지 훈련은 **지혜**의 발현이라는 세 번째 훈련을 위한 기초 작업입니다. 여기서 지혜란 모든 현상의 본질적 속성을 깨닫는 것입니다. 다시 말해 영원하지 않고 끊임없이 변화하는, 현상의 조건 지어진 속성을 분명히 꿰뚫어보는 것입니다. 일어난 현상은 무엇이든 사라진다는 속성을 통찰하는 것입니다. 현상의 이런 성질을 **무상**無常이라고 합니다. 무상을 통찰하면 더 이상 그것에 집착하지 않습니다. 무엇에도 집착하지 않을 때 괴로움이 끝난 상태에 이를 수 있습니다.

> 🧘 수행 Tip!
>
> ❖ 네 가지 고귀한 진리는 각각 괴로움이 존재한다는 진리, 괴로움의 원인에 관한 진리, 괴로움에서 벗어날 수 있다는 진리, 괴로움에서 벗어나는 방법에 관한 진리입니다.
> ❖ 괴로움에서 벗어나는 수행의 길은 크게 계(戒), 정(定), 혜(慧)라는 세 가지 공부로 이루어집니다.

수행의
이정표

　우리가 하는 일상의 행위 가운데 **조건 지어지지 않은 상태** unconditioned로 이어지는 행위는 거의 없습니다. 나의 몸과 마음에서 일어나는 모든 것은 조건 지어진 현상입니다. 우리의 경험을 구성하는 요소들은 무엇이나 일어나고 사라집니다. 일어나고 사라진다는 것은 원인에 의해 조건 지어져 있다는 의미입니다. 반대로 '조건 지어지지 않은' 상태는 원인에 의존하지 않습니다. 그것은 일어나고 사라짐을 초월한 상태입니다. 이런 상태가 과연 존재할까 의문이 들 수도 있습니다. 하지만 그것은 분명 존재합니다. 오히려 지금까지 존재하지 않은 적이 한 번도 없었습니다. 그것은 시간상으로 창조된 무엇이 아닙니다. 누군가가 만들어 낸 것도 아닙니다. 조건 지어지지 않은 상태는 모든 사물과 현상이 생겨나고 사라지는 바탕입니다. 우리는 그것을 **궁극적 실재, 열반, 태어남이 없는 경지** the unborn 등 여러 가지 이름으로 부릅니다. 그런데 산의 정상으로 향하는 길이 곧 산의 정상이 아니듯이 열반이라는 최상의 자유를 향한 수행이 그 자체로 열반인 것은 아닙니다.

따라서 우리가 할 수 있는 일은 수행의 길을 가는 것뿐입니다. 적절한 조건이 갖추어지면 마음은 조건 지어지지 않은 상태에 활짝 열릴 것입니다. 이러한 열림은 언제든 일어날 수 있습니다. 마음이 열리는 방식은 사람마다 다르지만 수행의 길에서 많은 사람이 공통적으로 만나는 이정표는 분명 존재합니다.

붓다는 집중된 마음에서 지혜가 생긴다고 말했습니다. 수행은 일어나는 대상, 예컨대 호흡 같은 대상에 주의를 기울임으로써 주의력을 일정하게 유지하는 연습입니다. 그런 다음 알아차림을 지속시킵니다. 다른 곳으로 달아나려는 마음을 하나의 대상에 묶어둡니다. 이렇게 하면 주의력이 일정하게 유지되면서 마음은 자연스레 현재에 머물게 됩니다. 때로 대상에서 주의가 달아나거나 머릿속 생각에 빠진다 해도 자각과 집중의 힘이 일정 수준에 이르면 고요하게 깨어있는 마음자리로 돌아와 계속 머물 수 있습니다.

집중의 힘을 바탕으로 우리는 지금까지와 다른 관점과 경험의 단계에서 몸과 마음을 관찰합니다. 우선, 커다란 행복감과 명료함을 경험하는 단계를 지나게 됩니다. 이것은 의식이 환하게 빛나는 단계입니다. 또 엄청난 밝음으로 사물을 바라보는 단계입니다. 그런데 이런 경험 역시 끝없이 지속되지 않습니다. 다음으로 우리는 고통에 대해 더 깊이 이해하는 단계를 거칩니다. 다르마가 가진 고통의 측면에 마음을 여는 것은 이론이 아닙니다. 고통에 대한 이해는 자신의 삶과 수행에서 직접 고통을 경험하는 데서 생겨납니다.

이렇게 우리는 수행에서 엄청난 기쁨과 밝음 그리고 커다란 고통을 모두 경험합니다. 그런 다음에는 심오한 평정의 경지와 만납니다. 기쁨과 고통의 단계를 모두 통과한 마음은 이제 흔들림이 없는 경지에 이릅니다. 더 이상 즐거운 것에 집착하지 않고, 불쾌한 대상을 싫어하지 않습니다. 이때 마음은 깊고 고요하게 흐르는 강물처럼 심원한 균형을 이룹니다. 이런 깊은 평정의 상태에서 어느 순간 조건 지어지지 않은 상태에 열립니다. 몸과 마음을 초월한 상태, 자유의 경지에 마음이 활짝 열리게 됩니다.

> **수행 Tip!**
>
> ❖ 적절한 조건이 갖추어지면 마음은 조건 지어지지 않은 상태에 열립니다. 그곳에 이르기까지 우리가 할 일은 수행의 길을 가는 것뿐입니다.
> ❖ 기쁨과 고통의 단계를 모두 통과한 마음은 흔들림 없는 평정의 경지에 이릅니다. 이때 마음은 조건 지어지지 않은 자유의 경지에 활짝 열립니다.

바라밀과
은총

순간순간의 알아차림moment-to-moment awareness, 이것은 자유를 향한 우리의 장대한 탐구를 가리키는 적절한 표현입니다. 그런데 수행의 길을 이렇게 설명할 수도 있습니다. 영적 수행이라는 넓은 맥락에서 볼 때 수행의 길은 우리를 자유로 이끄는 마음의 성질을 보살피고 계발하는 것입니다. 팔리어로 **빠라미**parami라고 하는 바라밀은 마음의 열 가지 **유익한**wholesome 성질과 그것이 지닌 축적된 힘을 의미합니다. 구체적으로는 베풂, 지계, 버림, 지혜, 노력, 인내, 진실, 결정심, 자애, 평정심의 열 가지입니다. 이를 **10바라밀**이라고 합니다.

불교는 **은총**grace에 대해 잘 이야기하지 않습니다. 불교 수행에서는 자신의 경험을 스스로 살핌으로써 새롭고 직접적인 방식으로 은총을 느낍니다. 바라밀은 우리가 이런 방식으로 은총을 느끼게 합니다. 바라밀은 신학적 교리나 철학적 관념으로서의 은총이 아닙니다. 바라밀을 닦을 때 우리는 '직접적으로' 은총을 느낄 수 있습니다.

바라밀에 대해 생각할 때 나는 시인 딜런 토머스Dylan Thomas의 시 구절이 떠오릅니다. "초록빛 심지를 타고 흐르며 꽃망울을 터뜨리는 힘"이라는 시구입니다. 바라밀은 우리 외부의 존재로부터 오지 않습니다. 스스로 조금씩 쌓아온 내면의 순수한 마음에서 바라밀이 생겨납니다. 불교는 전지전능한 힘에 의존하지 말라고 가르칩니다. 만약 불교에 '의존'이 있다면 우리 내면에서 계발한 순수한 마음에 대한 의존일 것입니다. 내면의 순수함이 가진 힘은 자아 위주의 작고 제한된 '나'를 넘어섭니다. 그것은 우리의 삶에서 은총의 원천이 되는 힘입니다.

이번 생生과 수많은 과거 생을 살아오는 과정에서 우리는 베풂과 자애, 이해와 지혜로 내면의 순수함이라는 힘을 쌓아 왔습니다. 이 힘이야말로 우리 삶에 축복을 가져오는 **업력**業力입니다. 우리는 외부의 힘이 아니라 내면을 계발함으로써 축복을 가져올 수 있습니다. 자기 내면에서 바라밀을 계발하고 키울 때 진정한 축복을 누릴 수 있습니다.

시인 갤웨이 킨넬Galway Kinnell은 우리 내면에서 발원하는 축복의 은총을 아름다운 시로 표현했습니다.

성 프란체스코와 암퇘지

새싹은 모든 존재의 상징
꽃을 피우지 않는 존재도
새싹만큼은 피운다네

사실, 모든 존재는
자기 내면에서
스스로 축복함으로 꽃피는 것

때로는 꽃이 얼마나 사랑스러운지
이마에 손을 얹고
알려줘야 할 때도 있지만

꽃이 자기 안에서
스스로 자기 축복의 꽃을 피우기까지
이마에 손을 얹어
그의 사랑스러움을
말과 손으로 다시 말해줘야 하지만

성 프란체스코는
암퇘지의 주름진 이마에 손을 얹고
녀석에게 내린 대지의 축복을
말과 손으로 알려 주었네

그리자 녀석은
자신의 두껍고 기다란 몸으로
기억해냈네

흙 묻은 주둥이에서
위장 속 여물을 거쳐
둥글게 말린 영혼의 꼬리에 이르기까지

또 튀어나온 척추의 딱딱한 돌기에서
부서지지 않는 위대한 심장을 거쳐
열네 개의 젖꼭지에 이르기까지

또 그 아래에서 부르르 떨며
어미젖을 빨아대는
열네 마리 새끼의 입에 이르기까지

암퇘지는 자신의
기다랗고 완벽한 사랑스러움을
기억해냈네

자아의 동일시에 빠져 있는 한 우리는 자유로울 수 없습니다. 붓다가 가르친 수행은 자아의 동일시를 넘어 실재, 즉 존재의 실상에 깨어나는 것입니다. 수행을 통해 바라밀을 쌓으면(우리는 지금까지 수많은 생을 살면서 바라밀을 쌓아 왔습니다) **담모자**dhammoja라는 다르마의 정수精髓를 경험할 수 있습니다('담모자'는 담마(다르마)와 오자(정수, 핵심)의 합성어이다—옮긴이). 수행이 점점 깊어지면 개념의 영역에서 벗어나 **알아차림**이라는 자각의 에너지 속으로 들어갑니다. 우리가 벗어남을 향해 나아가도록 돕는 에너지가 바로 담모자입니다. 그것은 수축된 자아보다 더 큰 무엇입니다.

내가 미얀마에서 수행하던 중 담모자를 강하게 경험한 일이 있습니다. 당시 아시아에 몇 달 동안 머물던 나는 급격히 체중이 줄고 기력이 약해졌습니다. 한번은 몸이 너무 약해져 좌선 중에 옆으로 고꾸라질 뻔한 적도 있었습니다. 당시 내 몸은 무척 허약한 상태였지만 수행을 지속할 수 있었던 원인은 내면에 흐르는 자각의 에너지 덕분이었습니다. 그 무엇도 수행에서 앞으로 나아가려는 담모자의 동력만큼은 멈출 수 없었습니다. 당시의 경험을 떠올리면 붓다가 병들고 죽어가는 사람들을 찾았던 이야기가 생각납니다. 붓다는 몸이 아파 죽어가는 사람들에게 이렇게 말했습니다. "비록 몸이 약하고 고통으로 가득해도 마음만은 항상 깨어 있도록 수행하라." 담모자를 맛본 이라면 붓다의 이 가르침을 실천할 수 있을 것입니다.

불교에서 은총을 말하는 또 하나의 방식이 있습니다. 불교의 세계관은 인간이 아닌 다른 세상의 존재들을 상정합니다. 불교 문화권에서는 **데와**deva라는 천신天神이 인간을 여러 상황에서 보호하고 인도하며 돕는다고 믿습니다. 그렇지만 붓다는 우리가 바라밀을 닦아 공덕을 쌓고 자애의 마음을 키울 때 천신이 도움을 준다고 말했습니다. 나 스스로 도덕성과 사랑을 계발할 때 천신이 보내는 긍정의 에너지와 자애로운 도움을 실제로 받을 수 있다는 것입니다.

불교적 우주관을 믿을 것인가 믿지 않을 것인가는 여러분 각자의 선택입니다. 괴로움에서 벗어나는 자유는 여러분 외부의 존재에 달려 있지 않습니다. 천신의 존재를 믿든 안 믿든 여러분은 괴로움에서 완전히 벗어날 수 있습니다. 지금 여러분에게 필요한 것은 새뮤얼 테일러 콜리지(영국의 시인, 평론가(1772~1834))가 말한 '불신을 일시 유보하는 태도'입니다. 아직 확실히 모르는 어떤 가능성에 마음을 열 필요가 있습니다. 맹목적 믿음도, 무조건적 불신도 아닌 중도中道의 자세입니다. 오늘날 당연시여기는 많은 일이 백 년 전만 해도 기적으로 불렸다는 사실을 떠올려 보십시오.

천신과 같은 눈에 보이지 않는 강력한 힘은 일정한 조건이 갖추어지면 우리를 도울 것입니다. 하지만 그런 외부적 힘이 우리의 영적 수행을 대신하지는 못합니다. 천신 등의 외부적 존재가 주는 도움은 우리 내면의 담모자와 바라밀이 지닌 벗어남의 힘에 비하면 부차적입니다.

내가 지금까지 어떤 바라밀을 닦아 왔고 지금 닦고 있는가가 중요합니다. 이에 대해 생각해 보는 것은 수행에 큰 도움이 됩니다. 평소 우리를 뒤덮고 있는 미망의 힘은 매우 강력합니다. 그래서 우리는 마음의 탐욕과 증오, 미망을 깨끗이 정화함으로써 괴로움에서 벗어날 수 있다는 데 생각이 잘 미치지 못합니다. 이때 지금까지 쌓아온 바라밀의 광대한 저장고가 있다면 명상 수행이라는 어렵지만 심원한 벗어남의 작업을 지속하는 동기와 관심을 일으킬 수 있습니다. 내가 닦은 바라밀에 대해 생각해 보는 것은 자존감과 기쁨의 커다란 원천입니다. 수행의 기복을 겪는 동안에는 자기 내면에 쌓은 바라밀의 강력한 힘을 잊기 쉽습니다. 하지만 스스로 닦은 바라밀이야말로 우리 삶에 참된 은총을 내리는 원천입니다.

> **수행 Tip!**
>
> ❖ 수행의 길은 우리를 자유로 이끄는 유익한 마음의 성질을 계발하는 것입니다. 마음의 유익한 성질과 그것이 지닌 축적된 힘을 '바라밀'이라고 합니다.
> ❖ 스스로 닦은 바라밀이야말로 우리 삶에 참된 은총을 내리는 원천입니다.

스승의
역할

　다르마 수행은 우리를 익숙한 영역의 가장자리로 데려갑니다. 일상의 삶에서 우리는 이른바 '안전지대'를 설정하고 살아갑니다. 안전지대 안에서는 모든 것이 '제자리'에 있습니다. 지금 내가 어디에 있는지 쉽게 알 수 있습니다. 내면에서 안정을 유지하려고 마음은 철통같은 방어 태세를 취합니다. 그런데 안정에 계속 머물면, 쉽게 지각되는 익숙한 영역을 벗어나지 못합니다. 조건화된 습관 너머에 지금과 다른 경험 세계와 존재 방식이 있다는 사실을 알지 못한 채 살게 됩니다. 당신은 미지의 영역을 탐험할, 가슴과 영혼에서 샘솟는 용기를 가지고 있습니까?

　스승, 안내자, 영적 친구는 다르마 수행이라는 영적인 길에서 큰 도움을 줍니다. 그들은 가려진 것을 드러내고 우리의 나아갈 길을 가리키며 우리의 가장 높은 영적 열망을 자극합니다.

　익숙한 영역을 벗어나는 과정에서 우리는 예상치 못한 방식으로 고통과 행복을 경험하기도 합니다. 고통이 반드시 나쁜 것은 아닙니다. 때로 고통에서 헤어 나오지 못할 때도 있지만 어떤 때는 고통 자체가 고통에서 벗어나려는 노력을 자극하기도 합니다. 반대로 행복이 우리의 발목을 잡는 수도 있습니다. 영적 수행의 길을 가다 보면 곳곳에서 안락한 '쉼터'를 만나게 됩니다. 그곳에서 우리는 커다란 평화와 조화로움을 느낍니다. 나에게 꼭 맞게 느껴지는 그곳에서는 무엇이든 더 수용하는 태도가 됩니다. 주변 사람과 관계가 좋아지고 삶이 더 수월해집니다. 그런 나머지 이 영혼의 쉼터에 오래 머물겠다고 마음먹습니다.

그러나 훌륭한 스승은 한곳에 정체되어 있는 제자를 알아봅니다. 훌륭한 스승이라면 (고통이든, 조건 지어진 행복이든) 한곳에 머물러 있는 제자에게 적절한 수단으로 깨달음의 불씨를 다시 일으킵니다. 우리는 누구나 부드러운 격려와 다정한 지지를 필요로 합니다만 벼락같은 일침을 내려야 할 때도 있습니다. 나의 명상 스승인 미얀마의 우 판디타U Pandita 사야도(큰스님)는 이런 스승의 자질을 잘 보여 주었습니다. 아무리 멋진 나의 명상 경험에도 사야도는 별다른 관심을 보이지 않았습니다. 그럴 때마다 내 마음에는 실망감이 일어났습니다. 하지만 그것으로 사야도는 나에게 선물을 주었습니다. 내가 고통에서 벗어나기 전에 지금 있는 곳에 안주하지 않도록 한 것입니다.

또 한 사람의 위대한 스승인 뇨슐 켄 린포체Nyoshul Khen Rinpoche는 이와 다른 방식으로 죄상의 자유를 가리켜 보였습니다. 내가 한번은 명상 경험에 대해 인터뷰하기 위해 린포체를 찾았습니다. 이때 린포체가 말했습니다. "금 가격이 오르내려도 금 자체의 성질은 변하지 않은 채

> 영혼의 쉼터에서 좀 쉬어야겠어요
>
> 다시 일어나 수행의 길을 가십시오

그대로입니다." 마찬가지로 명상 수행 중 다양한 체험이 일어나고 사라져도 마음의 순수한 본성은 변하지 않습니다. 훌륭한 스승은 말과 현존으로 우리가 일시적인 겉모습에 사로잡히지 않도록 인도합니다.

스승과 제자 관계에서 유의해야 할 점이 한 가지 있습니다. 그것은 제자가 가진 **힘**power과 스승이 가진 **권위**authority를 구분하는 일입니다. 제자는 자기 내면의 힘을 스승이 가진 권위로 잘못 알아서는 안 됩니다. 우리는 삶의 모든 영역에서 나보다 많이 아는 사람을 만나게 됩니다. 이때 상대와 나의 앎의 격차를 인정할 때 배움의 기회가 열리고 초심(初心)을 유지할 수 있습니다. 그런데 상대가 가진 특정한 지식을 인정한다 해서 내가 가진 힘까지 모두 내주어야 하는 것은 아닙니다. 상대방이 전하는 안내와 지침, 영감을 기꺼이 따르되 자기 내면의 힘과 고유한 방향감각을 잃지 않아야 합니다.

힘과 관련된 문제는 스승과 제자 모두 유의해야 하는 부분입니다. 스승은 자신이 일정 수준에서 참된 깨달음을 경험했다 해서 완전한 벗어남을 이루었다는 의미가 아님을 알아야 합니다. 이를 알지 못하면 제자에게 도에 넘는 가르침을 전하게 됩니다. 또 제자는 "영적 겸손함"이라는 구실을 내세워 자신의 지혜로운 분별력을 너무 쉽게 내려놓아서는 안 됩니다. 특정 분야에서 참된 이해력을 갖춘 사람이라고 해서 삶의 다른 영역에서도 반드시 그럴 것이라고 짐작해서는 안 됩니다.

테라와다 불교에서는 스승을 **깔야나 밋따**kalyana mitta라고 부릅니다. 수행의 길을 함께 가는 훌륭한 정신적 친구, 즉 "도반"이라는 뜻입니다. 진정한 도반은 모든 존재를 향한 친절과 연민의 마음으로 행동합니다.

지혜와 지식과 연민에서 우러나오는 권위가 참된 권위입니다. 스승이 지혜와 지식, 연민이라는 참된 권위로 행동할 때 제자는 스승의 지도에서 커다란 유익함을 얻습니다. 이처럼 스승 제자 관계는 제자의 삶에 커다란 축복이 될 수 있는 한편, 잘못 사용하면 위험한 학대 관계가 될 수도 있습니다. 두 가지 가능성을 함께 염두에 둘 때 스승 제자 관계가 축복의 관계인지 학대의 관계인지 더 분명하게 구분할 수 있습니다.

> **수행 Tip!**
> ❖ 스승 또는 영적 친구는 다르마 수행의 길에서 우리에게 가려진 것을 드러내고 우리가 나아갈 길을 가리키며 우리의 영적 열망을 자극합니다.
> ❖ 스승이 전하는 안내와 지침, 영감을 따르되 자기 내면의 힘과 고유한 방향감각을 잃지 않아야 합니다.

수행을 성공으로 이끄는 길

❀

붓다는 수행을 성공으로 이끄는 네 가지 길을 가르쳤습니다. 개인의 성격 특성으로 볼 수도 있는 이 네 가지 길은 각각 나름의 성격적 장점을 반영합니다. 이중 어떤 것이 나의 특별한 장점인지 살펴보십시오. 그러면 이미 가진 자신의 장점을 키우는 동시에 수행의 길에서 자신의 모자란 부분을 보완할 수 있습니다.

때로 사람들은 다르마 수행을 열정과 열의가 없는 차갑고 무미건조한 무엇으로 여깁니다. 그러나 수행이 수동적인 것이라는 생각은 사실과 다릅니다. 수행을 성공으로 이끄는 네 가지 길은 우리 내면의 커다란 열정과 뜨거운 열망을 일깨웁니다. 이러한 열정과 열망에 자극받아 다르마를 필생의 목표로 삼는 사람도 있습니다.

다르마 수행을 성공으로 이끄는 첫 번째 길은 목표를 이루겠다는 강한 열망을 갖는 것입니다. 무엇인가 이루고자 하는 강력한 열정을 갖는다면 무엇도 우리를 방해할 수 없습니다. 목적을 달성하기 전에는 결코 안주하지 않는 열망은 완성의 경지에 부단히 다가가는 운동선수나 위대한 음악가의 특별한 열정과 동기와 비슷합니다. 열망과 열의는 그들의 삶을 움직이는 동력입니다. "이걸 해낼 거야. 꼭 해내고 말 거야!" 그들은 단단한 결심과 확고부동한 목표의식으로 실천에 임합니다. 이루어내고자 하는 강한 열망과 동기는 수행을 성공으로 이끄는 첫 번째 길입니다.

수행을 성공으로 이끄는 두 번째 길은 노력입니다. 가슴속에 단단한 결심을 지닌 사람은 일종의 도전의식을 느낍니다. "이 일에는 엄청난 노력이 필요해. 그렇지만 해내고 말 거야."라고 생각합니다. 지금부터 기울여야 하는 노력에 기가 죽지 않습니다. 더 나아가 지금 주어진 도전에서 영감을 받습니다. 노력으로 이룰 수 있는 것이면 무엇이든 해낼 수 있다고 생각합니다.

얼마 전 세크리태리엇Secretariat이라는 전설적인 경주마에 관한 신문 기사를 읽었습니다. 출전한 모든 경주에서 이 말이 보여준 용기를 칭송하는 기사였습니다. 마찬가지로, 주저함 없이 모든 노력을 쏟으며 용기 있는 가슴으로 행동할 때 우리는 엄청난 힘을 일으킬 수 있습니다.

인도에 있는 나의 스승 디파 마Dipa Ma는 이런 용기 있는 노력을 몸소 보여주었습니다. 한번은 그녀가 몸이 너무 아파 명상 홀에 이르는 계단을 기어서 오른 적이 있었습니다. 그녀는 이렇게 해서라도 명상을 계속했습니다. 무엇도 그녀를 방해하지 못했습니다. 세상을 뜨기 직전에 그녀는 마지막으로 이렇게 말했습니다. "자네도 일겠지만 이틀을 앉아서 수행해야 하네." 그녀가 말한 것은 이틀간의 명상 수련회가 아니었습니다. 정말로 48시간 동안 식사와 화장실을 빼고는 한 번도 자리에서 일어나지 않는 것이었습니다! 이 말을 듣고 나는 말도 되지 않는다며 웃어넘겼습니다. 그것은 내 능력 밖의 일이었습니다. 그러나 디파 마는 깊은 연민심으로 나를 보며 이렇게 말했습니다. "절대 게을러서는 안 되네."

디파 마는 놀라운 노력의 능력을 갖고 있었습니다. 그리고 노력이라는 마음의 힘이 가져오는 결과를 실제로 얻었습니다. 노력을 기울이는 힘과 능력을 가진 사람은 얼마나 오래 걸리든 얼마나 어렵든 개의치 않습니다. 수개 월, 아니 수년이 걸리더라도 그들에게는 문제가 되지 않습니다. 가슴에서 솟아나는 용기가 있기 때문입니다.

붓다 역시 이런 노력을 몸소 보여주었습니다. 깨달음을 얻기 전, 우리처럼 아직 진리를 찾고 있을 때 붓다는 속으로 이렇게 결심했습니다. "인간의 능력으로 이룰 수 있는 것이면 그것을 얻기까지 노력을 멈추지 않으리라. 살갗과 힘줄, 뼈만 남아도 좋다. 살과 피는 모두 말라 버려라."

수행을 성공으로 이끄는 세 번째 길은 다르마에 대한 강렬한 사랑입니다. 진실에 대한 사랑이 있을 때 지속적으로 수행에 전념할 수 있습니다. 진실에 대한 사랑은 지극한 열망이 깃든 순수한 의식입니다. 낭만적 사랑에 처음 빠지면 사랑하는 이에 대한 생각 외에는 아무 생각도 나지 않습니다. 다르마에 대한 사랑도 이와 비슷합니다. 진실에 대한 사랑이 마음에 가득할 때 그것은 깨달음으로 이어지는 통로가 됩니다. 이때 우리는 끊임없이 법에 대해 숙고하고 수행합니다. 법에 대한 숙고와 수행보다 중요한 일은 없다고 생각됩니다. 다르마에 대한 사랑이 있을 때 수행의 길에서 앞으로 나아갈 수 있습니다. 다르마에 대한 사랑은 이제 우리의 가장 높은 사랑, 가장 고귀한 가치로 격상됩니다.

수행이 성공으로 이어지기 위한 마지막 길은 법의 가르침을 스스로 탐구하고 조사하는 태도입니다. 가르침의 심오한 측면을 이해하는 데 관심을 가진 사람은 겉만 대충 훑는 데 만족하지 않습니다. 이들은 끊임없이 태어나고 죽는 윤회와 존재 세계의 광대함에 대해 숙고합니다. 나아가 윤회와 존재 세계의 광대함에 비추었을 때 과연 어떻게 살아야 하는지 성찰합니다. 이들은 의식의 심오한 신비를 조사하고 탐구하는 데서 가장 깊은 만족감을 느낍니다.

지금까지 말한 네 가지 힘 가운데 '하나라도' 갖춘 이는 틀림없이 벗어남에 이를 수 있습니다. 수행의 길을 가겠다는 커다란 열망으로 우리는 고통에서 벗어날 수 있습니다. 용기 있는 노력을 통해서도 고통에서 벗어날 수 있습니다. 또 다르마에 대한 헌신과 사랑을 통해 깨달음에 이를 수도 있습니다. 법의 가르침을 직접 조사하고 탐구하는 태도를 통해서도 자유를 경험할 수 있습니다. 이 모두가 수행의 성공으로 나아가는 길이 됩니다.

이제 우리가 할 일은 자신의 장점을 알고 그것을 더욱 키워가는 것입니다. 깨어남의 작업은 삶이 우리에게 던지는 가장 위대한 도전입니다. 수행의 길은 괴로움에서 벗어나는 마음의 성질을 매순간 구현하는 것입니다. 깨달음에 이르는 길은 순간순간 우리 앞에 펼쳐져 있습니다. 그것은 '지금 여기'에 존재하고 있습니다. 이러한 비전을 가지고 지금 이 순간에 온전히 주의를 기울여야 합니다. 수행이 결코 자신만을 위한 것이 아님을 기억하며 진실과 진리에 영감을 받아야 합니다. 우리가 수행하는 목적은 모든 살아 있는 존재에게 이로움과 행복을 주는 것입니다.

붓다는 수행이 성공에 이르는 네 가지 길을 위와 같이 펼쳐 보였습니다. 이제 그 길을 실제로 걸어가는 것은 우리들 각자의 몫입니다.

> **수행 Tip!**
>
> ❖ 다르마 수행을 성공으로 이끄는 네 가지 길은 목표에 대한 열망, 용기 있는 노력, 다르마에 대한 헌신과 사랑, 법의 가르침을 스스로 탐구하고 조사하는 태도입니다.
> ❖ 수행의 길은 괴로움에서 벗어나는 마음의 성질을 매순간 구현하는 것입니다. 이러한 비전을 가지고 지금 이 순간에 온전히 주의를 기울여야 합니다.

수행의 방법

How to Practice

목적,
노력,
내맡김

❦

어떻게 하면 명상 수행에서 일정한 목적을 지닐 수 있을까요? 수행의 목적의식과 방향감각을 유지하되 지나치게 긴장하고 애쓰는 덫에 걸리지 않는 방법은 무엇일까요? 이것은 영적 여정에 오른 이라면 누구나 갖게 되는 중요한 질문입니다.

살면서 어떤 결정을 내릴 때 거기에는 언제나 일정한 목표와 목적이 있습니다. 목적지를 분명하게 의식할 때 거기에 이르는 길을 현명하게 선택할 수 있습니다. 명상 수행에서도 내가 무엇을 목표로 하는지 분명히 알아야 합니다. 그럴 때 영적 도정道程이 지닌 커다란 의미를 깨닫게 됩니다. 이러한 깨달음은 영적 도정에 필요한 영감과 에너지를 제공합니다.

붓다의 가르침은 우리의 영적 도정에 영감을 줍니다. 붓다는 우리가 수행의 길을 걸으면 깊은 통찰과 자유의 경지에 이를 수 있다고 분명하게 말했습니다. 수행을 통해 집착과 증오, 어리석음에서 벗어나 마음의 순수함과 행복의 상태에 이르게 된다고 말했습니다.

자유를 향한 이 중차대한 여정에는 노력과 에너지가 필요합니다. 수행의 노력과 활기를 일으키기 위해 다음 두 가지를 숙고해 보기 바랍니다. 우선, 경험의 일시성과 순간성, 변화성에 대해 생각해 보는 것입니다. 일순간 일어났다 사라지는 경험의 성질을 무상이라고 합니다. 그런데 무상을 머리로 이해하는 것으로는 충분하지 않습니다. 깊은 차원에서 이해하고 느껴야 합니다. 그러기 위해서는 신중하고 현명한 주의력이 필요합니다. 이제까지 살면서 겪은 당신의 모든 경험은 지금 어디로 사라졌습니까? 경험은 매순간 일어났다 사라지고 있습니다. 특정한 생각과 기억을 붙들고 있어도 조금 지나면 그것 역시 가고 없는 일시적인 경험이 되고 맙니다. 영속하는 것은 아무것도 없다는 분명하고 거스를 수 없는 진실 앞에서 우리는 무엇을 추구해야 할까요? 정말로 계발할 가치가 있는 것은 무엇일까요?

장차 붓다가 될 보살은 무상에 대한 숙고를 통해 깨달음을 추구하는 동기를 일으켰습니다.* 아직 왕궁에서 왕자로 살던 시절에 그는 스스로에게 물었습니다. "늙음과 질병, 죽음에서 결국 벗어날 수 없다면 무엇 때문에 이것들을 다시 추구한단 말인가?"

붓다는 일어난 것은 무엇이든 사라진다는 위대한 진실을 깨달았습니다. 그리고 이러한 깨달음에서 일어나는 긴박감을 느끼도록 사람들을 독

●
'보살'은 붓다가 전생에서 수행하던 시절, 수기(授記)를 받은 이후의 몸을 가리킨다. 수기는 이전 시기의 부처님으로부터 내생에 붓다가 되리라는 예언을 받는 것을 말한다. 팔리어로 보디삿타(boddhisatta)라고 하며 '보디'는 '깨달음', '삿타'는 '중생, 사람, 존재'의 의미다. 깨달음을 성취하려고 노력하는 사람을 가리킨다 – 옮긴이

려했습니다. 붓다는 남녀 승려와 재가자에게 당부했습니다. "나중에 후회하지 않도록 지금 바로 나무 아래 앉아 수행하라." 붓다가 살던 당시에 나무는 편리한 수행 장소였습니다.

붓다는 우리의 삶이 변화무쌍하며 지극히 빠르게 지나간다는 사실을 분명히 알았습니다. 그리고 수행을 통해 삶의 진실에 깨어나는 기회가 매우 드물고 귀한 선물이라는 사실도 알았습니다. 자신에게 주어진 삶을 지혜롭게 사용해야 합니다. 그러지 않으면 나중에 인생의 가장 소중한 것을 놓치고 말았다는 뼈아픈 후회가 남을지 모릅니다.

두 번째로 숙고해 볼 점은 당신이 깨달음을 향한 여정에 관심을 가진 최초의 동기입니다. 당신이 깨달음의 여정에 처음 관심을 가진 계기는 무엇이었습니까? 그것은 커다란 개인적 고통이었을 수도 있고, 타인의 고통에 대한 연민이었을 수도 있을 것입니다. 아니면 삶의 의미와 목적을 찾으려는 내면의 추구였는지도 모릅니다. 그러나 수행을 하다 보면 수행의 영감을 일으킨 처음의 동기를 잊는 수가 있습니다. 이럴 때마다 수행을 시작했을 때의 관심과 영감을 되새겨 보기 바랍니다. 이렇게 해서 수행의 노력에 다시 불을 지필 수 있습니다. 깨어남으로 자유에 이르는 이 위대한 길을 가겠다는 열망을 다시 일으킬 수 있습니다.

이런 노력의 불꽃을 지피지 않고는 아무 일도 일어나지 않습니다. 지속적인 수행의 노력을 경주하지 않는다면 조건화된 낡은 습관에 갇힌 채로 사는 수밖에 없습니다. 낡은 습관에서 벗어나 자신에게 일어나는 일을 명료하고 새롭게 바라보는 것은 매우 어려운 일입니다. 조건화된 반사적 반응이 아니라 지혜의 토대 위에서 선택을 내리는 것은 결코 쉽게

2부 | 수행의 방법

되는 일이 아닙니다. 그래서 수행의 노력이 반드시 필요합니다.

그런데 노력만으로는 충분하지 않습니다. 노력이 수행에서 매우 중요한 조건이지만 노력이 과하면 수행의 과정에서 오히려 길을 잃기도 합니다. 깨달음이라는 목표에 집착한 나머지 과도한 '야망'을 품는 수도 있습니다. 일종의 '영적 경쟁심'에 휩쓸리는 것입니다. 자신의 영적 향상에 대한 지나친 판단은 바람직하지 않습니다. 과한 조급함으로 힘들게 분투하면 오히려 쉽게 좌절하고 맙니다. 지금 당장 결과를 보려는 성급한 마음은 현상을 있는 그대로 보지 못하게 방해합니다. 그것은 우리를 낙담과 실망, 좌절로 이끌 뿐입니다.

고통스러운 개인적 경험을 당했을 때 수행자는 흔히 '애쓰는 마음'을 내고는 합니다. 지금 당장 고통에서 벗어나기를 원합니다. 이것은 오히려 수행자를 힘들게 합니다. 그런 나머지 수행의 목적의식을 완전히 버리기도 합니다. 이것 또한 잘못된 태도입니다. 목적의식을 완전히 버린 채로 단지 지금 순간만 알아차리면 된다고 생각한다면 이것 역시 커다란 힘과 영감의 원천을 잃는 것입니다.

삶의 다른 영역도 마찬가지입니다만 명상 수행에서도 균형을 이루는 것이 중요합니다. 무엇과 무엇의 균형입니까? **노력** effort과 **내맡김** surrender의 균형입니다. 얼핏 보기에 이 둘은 서로 모순되는 것처럼 보입니다. 어떻게 하면 목적의식을 갖고 노력을 경주하되, 내맡김의 태도로 지금 일어나는 일을 있는 그대로 받아들일 수 있을까요? 이러한 역설을 이해하는 일이야말로 영적 여행의 전 과정을 바르게 이해하는 결정적 전기가 됩니다.

내맡김은 수동적인 체념을 의미하지 않습니다. 그것은 다르마, 즉 지금 이 순간 경험되는 진실에 자신을 내맡기는 것입니다. 지금 이 순간의 진실을 받아들이는 것입니다. 이러한 **받아들임**을 통해 우리는 안달하거나 집착하는 마음을 내지 않은 채로 수행에 필요한 노력을 기울이고 수행을 향한 활력을 일으킬 수 있습니다. 영적 긴박감을 갖되 매순간 일어나는 현상에 부드럽게 자신을 내맡길 수 있습니다. 지금 이 순간, 다음 순간, 그리고 그 다음 순간……

내가 수행 초기에 내맡김의 마음 태도를 갖는 데 도움이 된 방법이 있습니다. 그것은 명상 수련회에서 내가 할 일이란 자리에 앉거나 걸으면서 명상하는 일밖에 없다고 반복해서 상기하는 것이었습니다. 앉고 걸은 뒤에 다시 앉고 걷는 것. 내가 할 일은 이것밖에 없다는 생각이었습니다. 앉고 걷는 이외의 일은 일어날 테면 일어나도록 놓아두자고 생각했습니다. 나는 이런 단순한 방법으로 수행에 필요한 노력을 지속했습니다. 그러자 수행이 잘 될 때나 안 될 때나 편안한 마음으로 매순간 경험에 나를 내맡길 수 있었습니다. 수행에는 순조롭고 수월하게 경이로운 경험을 하는 때가 있는가 하면, 고통과 어려움으로 가득한 때도 있습니다. 당시 나는 그저 앉고 걷기만 했습니다. 그러자 다르마, 즉 매순간의 진실이 스스로 모습을 드러내기 시작했습니다.

노력과 내맡김의 균형을 이렇게 이해할 수도 있습니다. 칠흑같이 깜깜한 어느 날 밤에 나는 숲속 수행처의 내 숙소에서 근처 수행홀로 이어지는 숲길을 걷고 있었습니다. 나는 숲 반대편의 수행홀 건물에 가려는 분명한 목적의식 덕분에 그곳을 향해 멈추지 않고 갈 수 있었습니다. 그런데 동시에 나는 깜깜한 숲길의 어느 지점에 발을 디뎌야 할지 매순간 주의를 기울여야 했습니다. 지금 걷고 있는 길에 신중하게 주의를 기울이지 않으면 바위에 부딪히거나 발을 헛디뎌 넘어졌을 것입니다.

노력과 내맡김의 균형을 산에 오르는 데 비유할 수도 있습니다. 산에 오르는 흥미와 열의를 유지하기 위해서는 부분을 살피는 눈과 전체를 조망하는 시야가 균형을 이뤄야 합니다. 즉, 매순간 내가 어디에 발을 딛고 있는지, 지금 내딛는 땅이 어떤 상태인지 알아야 할 뿐 아니라 내가 오르려는 산의 정상이 어디이고 어느 길을 따라 올라야 하는지도 염두에 두어야 합니다. 다시 말해, 지금 발 딛은 곳에 세밀하고 정확하게 주의를 기울이는 동시에 걷고 있는 길의 전체 맥락을 놓치지 않아야 합니다. 수행도 마찬가지입니다. 지금 이 순간을 알아차리는 동시에 영적 여정이라는 장대한 길의 전체 맥락에 유념해야 합니다. 이렇게 할 때 우리의 최종 목표인 벗어남을 이루는 데 필요한 균형감과 에너지를 얻을 수 있습니다.

> 🧘 수행 Tip!
>
> ❖ 수행의 노력과 활기를 일으키기 위해서는 경험의 무상한 성질과, 당신이 깨달음의 여정에 처음 관심을 가졌던 동기에 대해 생각해 보십시오.
> ❖ 수행의 길에서 노력이 지나치면 '영적 경쟁심'에 휩쓸릴 수도 있습니다. 명상 수행에서도 노력과 내맡김의 균형을 이루는 것이 중요합니다.

가슴을
수련
하다

의식은 과연 어디에 존재할까요? 이 문제를 두고 지난 2천5백 년간 흥미로운 논쟁이 이어져 왔습니다. 의식은 예컨대 뇌에 존재할까요, 아니면 가슴에 존재할까요?

이 질문에 대한 명확한 답을 내놓기는 쉽지 않아 보입니다. 다만 나는 명상하는 중에 가슴 한가운데서 의식이 뿜어져 나오는 것을 강하게 경험하고는 합니다. 여기서 **가슴**heart이란 신체 기관인 심장이 아니라 상체 중앙에 위치한 마음의 에너지 중심을 말합니다. 뇌에서 발원한 의식 에너지가 가슴에서 느껴지는 것일 수도 있고, 가슴의 중심에서 생겨난 의식이 뇌에서 처리되는 것일 수도 있습니다.

그런데 동아시아의 일부 언어에서는 이 문제가 자연스레 해결됩니다. 특히 한자는 心이라는 하나의 단어로 **가슴**heart과 **마음**mind을 모두 의미합니다. 가슴과 마음이 다르지 않다고 인식하는 것입니다. 불교에서 '마음'이라는 것은 단지 뇌와 지능을 의미하지 않습니다.• 불교에서 마음은 대상을 알고 의식하는 기능을 말합니다. 그리고 마음의 대상에는 매순간 다르게 조합되어 일어나고 사라지는 다양한 정신적, 감정적 상태가 포함됩니다. 이처럼 명상적 앎에서 마음과 가슴은 서로 다르지 않습니다.

그렇다면 '가슴을 수련한다, 의식을 변화시킨다'는 말은 구체적으로 무엇을 의미할까요? 위에서 말했듯 의식consciousness은 단지 아는 기능만 합니다. 그리고 매순간의 앎에는 매번 서로 다른 정신적, 감정적 상태가 조합되어 함께 일어난다고 했습니다. 불교 심리학인 **아비담마**abhidhamma는 의식과 함께 일어나는 정신적, 감정적 상태에 관하여 자세히 설명합니다.⁕⁕ 예컨대 탐욕, 증오, 어리석음 등의 유익하지 못한 마음 상태가 있는가 하면 알아차림, 연민심, 자애, 지혜와 같은 유익한 마음 상태도 있다고 봅니다. '가슴의 수련' 또는 '의식의 변화'란 유익한 마음 상태는 키우고, 유익하지 못한 마음 상태는 줄이는 것을 말합니다.

가슴의 수련을 붓다가 말한 '네 가지 바른 노력'의 관점에서 이해할 수도 있습니다. 네 가지 바른 노력이란 명상 수행에서 기울여야 하는 노력을 말합니다. 구체적으로는, 이미 일어난 유익하지 못한 마음은 줄이며, 아직 일어나지 않은 유익하지 못한 마음은 앞으로도 일어나지 않게 해야 합니다. 또 이미 일어난 유익한 마음은 지속하고 강화하며, 아직 일어

⁕ 서양에서 **마음**(mind)은 주로 인간 정신의 이지적 측면을, **가슴**(heart)은 주로 인간 정신의 정성(情性)적 측면을 가리킨다.—옮긴이

⁕⁕ 여기서 의식은 **마음**(citta), 정신적·감정적 상태는 **마음부수**(cettasika)라고 한다. 5온으로 말하면 마음은 식 1가지, 마음부수는 수·상·행 52가지를 말한다.—옮긴이

나지 않은 유익한 마음은 새롭게 일어나도록 북돋고 계발시켜야 합니다.

진정한 변화의 공식이 있다면 이것입니다. 우선 자신의 가슴과 마음을 면밀하게 관찰해 '무엇이 무엇인지' 보아야 합니다. 면밀히 관찰하는 수련을 통해 분별의 지혜를 키워야 합니다. 무엇이 우리를 고통에 이르게 하는 유익하지 못한 마음이고, 무엇이 행복으로 이끄는 유익한 마음인지 지혜롭게 분별해야 합니다. 이렇게 자신의 경험과 스스로 분명히 본 바를 토대로 위의 네 가지 바른 노력을 기울여야 합니다. 이것이 우리가 지금부터 하고자 하는 가슴의 수련입니다.

> **수행 Tip!**
>
> ❖ 우선, 자신의 가슴과 마음을 면밀히 관찰해 유익한 마음과 유익하지 못한 마음을 분별하는 지혜를 기르십시오.
> ❖ 그런 다음 유익한 마음은 키우고 유익하지 못한 마음은 버리는 네 가지 바른 노력을 기울이십시오.

명상
하는
법

❦

편안한 자세로 자리에 앉아 허리와 등을 곧게 펴되 긴장하지 않도록 합니다. 부드럽게 눈을 감은 채로 공기가 콧구멍이나 윗입술을 스치며 드나드는 감각을 느껴 봅니다. 들숨의 감각은 단순하고 자연스럽게 느껴질 것입니다. 그렇다면 날숨이 어떻게 느껴지는지 관찰해 보십시오. 아니면 숨이 들어오고 나갈 때 가슴과 배에서 느껴지는 움직임을 관찰해도 좋습니다.

콧구멍의 감각이든 가슴과 배의 감각이든 하나의 관찰 대상을 정해 호흡 감각을 따라가십시오. 이때 중요한 것은 들숨이 시작되는 순간을 분명하게 알아차리는 것입니다. 그런 다음 한 차례의 들숨이 이어지는 동안 처음부터 끝까지 끊어지지 않고 주의를 기울여 보십시오. 들숨이 끝나면 이번에는 날숨의 시작점을 명료하게 알아차린 다음 날숨이 끝날 때까지 끊어지지 않고 주의를 기울입니다.

잘 해야 한다는 생각을 내려놓아야 합니다. 한 차례 호흡을 시작부터 끝까지 온전히 지켜보는 능력은 누구나 가지고 있습니다. 그런데 한 차례 호흡이 아니라 지금부터 30분 동안 한 번의 호흡도 놓치지 않겠다고 작정한다면 능력에 버거운 일이 되고 맙니다. 30분 동안 한 번도 끊어지지 않고 호흡을 알아차리겠다고 결심한다면 쉽게 좌절할 것입니다. 한 차례의 호흡이라도 시작부터 끝까지 온전하게 알아차리는 것이 더 중요합니다. 그런 뒤에 다음 호흡을 알아차리면 됩니다. 이런 식으로 우리는 자기 능력의 범위 안에서 수행할 수 있습니다. 이렇게 할 때 마음은 점차 호흡이라는 대상에 편안하고 단순하게 집중할 것입니다.

호흡을 관찰하다 보면 때로 호흡이 아닌 다른 대상이 주의를 잡아당깁니다. 특정한 신체감각과 생각, 이미지 또는 감정이 그것입니다. 이럴 때는 이 모든 현상이 **알아차림**이라는 열린 공간에서 일어나고 변화하는 과정을 관찰해 보십시오. 신체감각과 생각, 이미지와 감정으로 주의가 산만해지거나 거기에 빠져 있는 동안에는 마음이 깨어있을 수 없습니다. 이럴 때는 지체 없이 알아차림이라는 단순한 상태로 돌아오십시오.

처음에는 호흡에 주의를 집중하는 것이 좋습니다(반드시 호흡에만 집중해야 하는 것은 아닙니다). 호흡이라는 하나의 대상에 집중하면 주의력이 안정되어 깨어있는 마음 상태를 유지하는 데 도움이 됩니다. 호흡 등 주의 기울임의 주 대상으로 자꾸자꾸 마음을 가져오려면 노력이라는 마음의 성질이 필요합니다. 마음은 이러한 노력을 통해 활력을 얻습니다. 근력 운동을 많이 할수록 몸의 근육이 붙는 것처럼 마음을 주의 기울임의 대상에 반복해서 되가져오는 작업은 '마음의 근력 운동'이라고 할 수 있습니다. 호흡에서 다른 대상으로 주의가 달아날 때마다 자꾸 되가져오는 연습을 하십시오. 그러면 마음이 안정될 뿐 아니라 마음의 활력도 커집니다. 그런 뒤에는 호흡뿐 아니라 어떤 대상이라도 알아차려 보십시오. 이것을 **선택 없는 알아차림** choiceless awareness이라고 합니다. 그러면 대상을 더 정밀하고 선명하게 지각할 수 있습니다.

수행 중에 긴장감이 느껴진다면 호흡 등 특정 대상에 주의를 기울이는 노력을 잠시 내려놓고 활짝 열린 알아차림의 공간에 머물러 보십시오. 호흡은 잠깐 제쳐두고, 자각되는 어떤 대상이든 일어나는 대로 알아차립니다. 여섯 감각의 문에서 일어나는 모든 대상을 단순하게 관찰합니다. 눈에 보이는 시각 대상, 귀에 들리는 청각 대상, 코로 냄새 맡는 후각 대상, 혀로 맛보는 미각 대상, 몸으로 느끼는 촉각 대상, 생각이나 감정 등 마음의 대상에도 주의를 기울여 봅니다. 또는 주변에서 들려오는 소리에만 주의를 기울이는 채로 **열린 알아차림** open awareness에 머물러 보십시오. 이런 식으로 주의의 초점을 확장하면 마음이 균형을 이루고 마음의 공간이 여유로워집니다.

깨어있는 알아차림 mindful awareness을 강화하는 또 다른 방법이 있습니다. 특정 대상에 대해 마음속으로 명칭을 붙이는 방법입니다. 명칭 붙이기 방법을 명상의 도구로 유용하게 사용하려면 일정한 연습과 실험이 필요합니다. 경험의 대상이 일어남과 동시에 그것에 명칭을 붙여야 합니다. 제대로 사용한다면 명칭 붙이기는 알아차림을 키우는 데 크게 도움이 됩니다.

명칭은 마음의 귀에 대고 속삭이듯 부드럽게 붙여야 합니다. 그러면서 지금 일어나는 대상과 밀착되도록 정확하게 붙여야 합니다. 예를 들어 호흡에 명칭을 붙일 때는 "들숨, 날숨…" 혹은 "일어남, 사라짐…"과 같이 명칭을 붙이면 됩니다. 그밖에 명상 중에 일어나는 모든 현상에 명칭을 붙일 수 있습니다. 생각이 일어나면 "생각, 생각…" 하고 속으로 명칭을 붙이며 알아차립니다. 특정 신체감각이 두드러지게 느껴지면 그 감각의 성질에 맞게 "조임, 떨림, 긴장, 따끔거림…" 등의 명칭을 붙여 알아차립니다. 또 특정 소리와 이미지가 의식의 **전경**前景에 드러나면 "들림, 보임…"과 같이 알아차리면 됩니다.

명칭 붙이는 행위 자체가 마음에서 지각되는 또 하나의 현상으로 느껴질 수도 있습니다. 그러나 명칭 붙이기는 특정 대상에 일정하게 주의를 잡아두려는 목적입니다. 그림에 액자를 두르면 그림이 선명하게 드러나듯이 명칭 붙이기를 통해 대상을 더 또렷하게 지각할 수 있습니다. 명칭을 붙이면 정확하고 정밀하게 대상을 관찰할 수 있습니다.

또 명칭 붙이기를 통해 내가 지금 대상을 자동반사적으로 지각하고 있는지, 아니면 진정 깨어있는 마음으로 알아차리고 있는지 알 수 있습니다. 예컨대 몸에서 일어나는 통증을 지각할 때도 우리는 혐오감이라는 '자동 필터'를 통해 지각하는 경우가 많습니다. 이때 명칭을 붙이지 않으면 통증 감각에 미묘하게 달라붙은 혐오감이라는 필터를 인지하기 어렵습니다. 또 속으로 명칭을 붙이고 있는 현재의 목소리 톤을 살피면 자신의 마음 상태가 더 잘 드러납니다. 우리는 자리에 앉아 이를 악물고는 긴장된 상태로 "통증, 통증…" 하고 명칭을 붙이기도 합니다. 놀라운 것은 명칭을 붙이는 목소리 톤을 바꾸기만 해도 마음 상태가 변화한다는 사실입니다. 이처럼 명칭 붙이기는 마음챙김의 질을 높여 줍니다. 명칭 붙이기를 통해 자동반사적 지각으로부터 자동 반응하지 않는 알아차림으로 이동할 수 있습니다.

명칭 붙이기는 또한 마음의 노력과 활기라는 요소를 강화시킵니다. 명칭을 붙이는 데는 일정한 노력이 요구되므로 처음에는 어색하거나 어렵게 느낄 수 있습니다. 그러나 지속적인 노력은 나태와 무기력을 극복합니다. 매순간 일어나는 대상에 부드럽게 명칭을 붙이는 노력 자체가 마음에 활력을 일으킵니다. 이런 노력과 활력으로 수행은 향상하고 깊어집니다.

명칭 붙이기를 적절하게 사용하면 마음은 에너지를 얻어 정확한 알아차림을 지속할 수 있습니다. 다음번에 당신이 좌선을 할 때 잠깐이라도 명칭 붙이기를 시도해 보십시오. 순간순간 자신에게 일어나는 현상에 대해 명칭을 붙여 보십시오. "(배가) 부름, 꺼짐… 생각, 생각… 통증, 통증… 부름, 꺼짐…"처럼 당신이 경험하는 매순간의 현상에 마음속 명칭으로 일정한 틀을 잡아 주십시오. 그리고 이렇게 했을 때 당신이 기울이는 주의의 질이 어떻게 달라지는지도 관찰해 보십시오.

인내심을 갖고 '명칭 붙이기'라는 명상 도구를 익혀 보십시오. 속으로 너무 강하게 명칭을 붙이면 명칭 때문에 현재 순간의 경험이 덮여 버리는 수도 있습니다. 또 너무 애써서 힘들게 명칭을 붙이면 마음이 경직되거나 긴장하기도 합니다. 나비가 꽃잎 위에 사뿐히 내려앉는 것처럼 명칭이 알아차림의 대상, 즉 지금 나에게 일어나는 현상 위에 가볍게 내려앉는다는 느낌으로 해보십시오. 혹은 거품이 물 위로 가볍게 솟아오르는 것처럼 명칭이 대상과 함께 가볍게 떠오르도록 해보십시오. 어느 경우든 가볍고 부드러우며 경쾌한 태도로 명칭을 붙여야 합니다.

스스로 실험을 통해 자신에게 적합한 명칭 붙이기 방법을 찾는 것도 좋습니다. 나의 경우를 잠깐 소개합니다. 한번은 내가 발의 움직임을 알아차리는 걷기 명상을 할 때였습니다. 원래대로 하면 "듦lifting, 나아감moving, 내려놓음placing…"처럼 명칭을 붙여야 합니다. 그러나 나는 간략하게 앞글자만 따서 "l, m, p, l, m, p…" 하는 식으로 명칭을 붙였습니다.●
이렇게 하자 걸음의 각 동작이 시작되는 순간에 자연스럽게 명칭을 붙일 수 있었습니다. 그러면서도 걷는 과정의 전 동작에 마음을 두고 안정시키는 명칭 붙이기의 목적은 그대로 유지할 수 있었습니다.

자신에게 맞는 명칭 붙이기 방법을 찾아보십시오. 만약 명칭이 대상을 알아차리는 데 방해가 되거나 명칭이 대상의 변화를 따라가지 못한다면 잠시 명칭을 붙이지 않는 것도 방법입니다. 명칭을 붙이는 내면의 목소리 크기를 바꿔보기도 하고, 나의 경우처럼 약자로 명칭을 붙여도 보십시오. 어느 경우든 명칭 붙이기는 수행을 돕는 도구란 점을 잊지 말고 자신에게 적합한 방법을 스스로 찾으십시오. 지속적인 주의를 유지하는 데 명칭이 실제로 도움이 되는지 살펴보십시오. 명칭이 실제로 당신에게 어떤 작용을 하는지 스스로 알아보십시오. 어느 경우든 유연한 자세로 신나는 탐험을 즐기듯 하십시오.

● 걸음의 각 동작이 시작되는 순간에 정확하고 간략하게 명칭을 붙이려는 의도이다. 한국의 수행자라면 "듦, 감, 놓음 …" 정도로 명칭을 붙이면 될 것이다─옮긴이

> **수행 Tip!**
>
> ❖ 한 차례의 호흡을 시작부터 끝까지 온전히 알아차리십시오. 그런 뒤에 다음 호흡을 알아차리면 됩니다.
>
> ❖ '명칭 붙이기' 방법을 명상의 도구로 유용하게 사용하기 위해서는 일정한 연습과 실험이 필요합니다. 어느 경우든 가볍고 부드럽게 명칭을 붙이십시오.

비디오게임과
다르마

❀

자기가 좋아하는 활동에 몰입하기란 아주 쉽습니다. 스포츠, 영화 관람, 독서 같은 활동이 그렇습니다. 어른 아이 할 것 없이 좋아하는 비디오게임도 마찬가지입니다. 그렇다면 우리는 왜 비디오게임에는 정신이 쏙 빠진 채 몰두하면서 명상을 할 때면 정신이 산만해져 집중하지 못하는 걸까요? 이 질문에 대한 답을 살펴보면 놀랍게도 고통과 자유에 관한 심오한 이해에 이를 수 있습니다.

우리가 '마음'이라고 부르는 이것은 순수하고 자연스러운 앎의 기능을 갖습니다. 마음은 눈에 보이지 않는 깨끗하고 명료한 무엇입니다. 티베트 불교 문헌에는 마음을 "텅 비어 있되 대상을 아는 힘"으로 설명합니다. 그런데 마음에는 아는 기능 외에 다른 요소도 들어 있습니다. 우리가 매 순간 어떤 것을 경험할 때는 마음과 함께 다양한 마음의 성질, 즉 서로 다른 **정신 요소**mental factors가 같이 일어납니다. 이렇게 마음과 함께 일어난 정신 요소들은 다양한 방식으로 우리의 앎에 색을 칠합니다. 예컨대 탐욕, 증오, 사랑, 알아차림, 집중, 지혜 같은 마음의 성질이 이러한 정신 요소입니다. 이 정신 요소들은 매순간 일어나고 사라지면서 나름의 방식대로 일정한 작용을 합니다.

어떤 활동에 임하느냐에 따라 정신 요소들도 다른 방식으로 일어납니다. 예컨대 비디오게임을 할 때는 게임에 **집중**concentration해야 합니다. 그러지 않으면 게임에 지고 말 것입니다. 이때 마음은 강한 집중력을 유지한 상태로 한 지점에 안정적으로 머물러야 합니다. 그런데 집중 외에 반드시 필요한 마음의 성질이 있습니다. 바로 **지각**perception이라는 정신 요소입니다. 지각은 각 사물이 지닌 고유한 특징을 가려내 '무엇이 무엇인지' 알아보는 기능을 합니다. 우리의 경험에 나타나는 수많은 대상들, 예컨대 여자, 남자, 소나무, 링컨 대통령, 컴퓨터, 자동차 등 수많은 사물을 '그것'이라고 알아보고 이름을 붙여 기억하는 것도 지각의 기능입니다. 사실 비디오게임만이 아니라 삶이라는 '게임'에서도 우리가 몰입할 수 있는 이유는 집중과 지각 때문입니다.

그런데 명상 수행은 이와 조금 다릅니다. 명상을 통한 통찰력과 지혜를 계발하려면 집중과 지각이라는 정신의 방정식에 또 하나의 정신 요소를 더해야 합니다. 바로 **마음챙김**mindfulness이라고 하는 '깨어있는 마음'이 그것입니다. 마음챙김은 단순히 마음을 집중하거나 대상을 지각하는 것을 넘어섭니다. 강력한 관찰의 힘을 가진 마음챙김은 현상의 **본질적인 성질**을 드러냅니다.

여기서 현상의 본질적 성질이란 현상의 일시성, 즉 무상을 의미합니다. 또 모든 현상에 본질적 실체가 없다는 무아의 성질을 말합니다. 영화나 비디오게임에 몰입한다고 해서 현상의 일시성이 드러나지는 않습니다. 집중만으로는 모든 사물과 현상에 내재한 무상과 실체 없음의 성질을 볼 수 없습니다. 뿐만 아니라 의식 자체의 텅 빈 성질도 관찰하지 못합니다. 지각과 집중은 삶의 모든 순간에 일어납니다. 마음이 생각에 홀딱 빠져 있을 때에도 내가 '무엇을' 생각하는지는 압니다. 그런데 내가 생각하고 있다는 '사실 자체'를 알지는 못합니다. 이때 내가 생각하고 있다는 사실을 알게 하는 것이 마음챙김입니다. 생각의 '내용'이 무엇인지 아는 것과 내가 생각하고 있다는 '사실 자체'를 아는 것은 완전히 다릅니다. 지각만으로는 무상과 무아에 대한 통찰에 이르지 못합니다. 지각은 현상의 내용과 이야기에 우리를 얽어맵니다. 반대로 마음챙김은 우리 스스로 지어낸 이야기에서 빠져나와 자신을 관찰하게 합니다. 매순간 일어나고 사라지는 감각 인상과 생각, 그리고 의식 자체를 관찰하는 것이 마음챙김이 하는 일입니다.

집중과 지각 그리고 마음챙김은 마음을 구성하는 세 가지 중요한 정신 요소입니다. 이 정신 요소에 대해 알고 이것들 사이의 균형을 이룰 때 우리가 추구하는 자유의 터전이 마련됩니다.

> 🧘 수행 Tip!
>
> ❖ 마음은 순수하고 자연스러운 앎의 기능입니다. 마음이 일어날 때는 다양한 정신 요소가 함께 일어나 앎에 색을 더합니다.
>
> ❖ 깨어있는 마음인 마음챙김은 마음을 집중하거나 대상을 지각하는 것을 넘어 현상의 본질적인 성질을 드러냅니다. 마음챙김은 매순간 일어나고 사라지는 감각 인상과 생각, 의식 '자체'를 관찰합니다.

받아
들임

❈

　명상을 가르치는 지도자들은 수행자들에게 "부드럽고 넓은 마음을 가지라"고 조언합니다. 한번은 내가 호주에서 이 구절을 말한 적이 있습니다. 그런데 호주 사람들이 생각하는 '부드러운 마음'이란 내가 의미했던 것과는 조금 달랐습니다. 여기서 '부드러운 마음'이 어떤 의미인지 알아볼 필요가 있습니다.

　여기서 말하는 '부드럽고 넓은 마음'이란 **받아들임**acceptance이라는 마음의 성질을 말합니다. 예를 들어 명상에서 호흡을 관찰하는 중에 무언가 애쓰며 긴장하는 느낌이 일어난다고 합시다. 이것은 호흡 외에 당신이 인지하지 못하고 허용하지 않는 어떤 일이 당신의 경험에 일어나고 있다는 신호입니다. 예컨대 당신은 몸의 불편감 같은 신체 감각이나 마음 밑바닥에 깔린 특정 감정을 거부하고 있는지 모릅니다. 아니면 이 순간의 경험이 지금과 다르게 되기를 바라면서 과도한 기대감으로 애쓰고 있는지도 모릅니다.

여기서 부드러움이란 지금 존재하고 있는 현상에 부드럽게 열려 그 속으로 이완해 들어가는 것입니다. 이때 속으로 자신에게 이렇게 말해도 좋습니다. "괜찮아. 지금 있는 그대로 무엇이든 느껴보는 거야." 이것이 내가 말하는 부드러운 마음입니다. 다시 말해 통증, 생각, 감정 등 지금 나의 경험의 장에서 일어나는 모든 것을 있는 그대로 존재하도록 허용하면서 그것과 함께하는 것입니다.

마음을 부드럽게 하기 위해서는 두 가지 과정이 필요합니다. 첫째, 지금 가장 두드러지게 드러나는 현상을 깨어있는 마음으로 알아차립니다. 이것은 통찰 명상에서 가장 중요한 지침입니다. 무엇이든 있는 그대로의 현상에 열린 채 깨어있는 마음으로 그것을 지켜보는 것입니다.

두 번째 단계는 지금 일어나고 있는 현상에 '내가 어떻게 관계 맺고 있는지' 관찰하는 것입니다. 지금 일어나는 현상과 함께한다고 여기면서도 실은 자동반사적으로 반응하는 때가 자주 있습니다. 지금 일어나는 현상이 마음에 들면 계속 붙들고 집착하며, 반대로 괴롭거나 하는 이유로 마음에 들지 않으면 두려움, 짜증, 불편감으로 반응하며 움츠러들고 밀쳐냅니다. 이런 자동반사적 반응은 앞서 말한 받아들임과 정반대의 마음 태도입니다.

지금 존재하는 경험에 편안하게 이완해 들어가는 쉬운 방법이 있습니다. 그것은 자신에게 일어나는 현상을 지금과 다르게 바꾸려고 하지 않는 것입니다. 지금과 '다른' 상태를 만들려고 애쓰기보다 무엇이든 일어나는 대로 존재하도록 허용하면서 마음의 여유 공간을 만드는 것입니다. 예컨대, 분주한 일상에서 마음이 들뜨고 뒤죽박죽인 상태로 자리에 앉아 명상을 한다고 합시다. 이때는 들뜨고 혼란한 마음 상태를 있는 그대로 바라보며 받아들입니다. 이때 자신의 몸과 마음에서 일어나는 경험에 "들뜸, 들뜸… 혼란, 혼란…"처럼 속으로 명칭을 붙여도 좋습니다. 지금 내가 느끼는 에너지 기운을 바꾸려 하지 않습니다. 받아들임이라는 단순한 열쇠를 가지고 지금 존재하는 에너지에 열리도록 합니다. 그렇다고 들뜨고 뒤죽박죽인 생각에 푹 빠져 있으라는 말은 아닙니다. 받아들임을 통해 지금 존재하는 현상을 자연스럽고 편안하게 알아차리라는 의미입니다.

마음을 부드럽게 만드는 것은 어렵지 않습니다. 잊지 않으면 가능합니다. "괜찮아, 지금 있는 이대로 느껴볼 테야."라며 잊지 않는 것이 중요합니다. 이렇게 하면 모든 것이 자연스럽게 자리를 찾아갈 것입니다. 지금 존재하는 현상을 있는 그대로 받아들이지 않을 때 마음에 힘이 들어갑니다.

명상을 가르치고 배울 때 흔히 "모든 것을 내려놓으라 let go of."고 말합니다. 생각도 내려놓고 감정도 내려놓고 통증도 내려놓으라고 합니다. 그런데 내가 보기에 이것은 그리 정확한 표현이 아닙니다. 왜냐하면 '내려놓는다'는 말에는 당신이 무언가를 '해야 한다'는 의미가 포함되기 때문입니다. 그보다 더 정확한 표현은 "있는 그대로 놓아둔다 let it be"일 것입니다. 그렇습니다. 일체의 모든 것을 있는 그대로 놓아두는 것입니다. 이것 외에 우리가 '해야 하는' 일은 없습니다. 모든 것은 스스로 일어나고 사라지게 마련입니다. 무엇도 일어나게 하거나 사라지게 하려고 애쓰지 않아도 됩니다. 그저 있는 그대로 '놓아두어도' 좋습니다.

그런데 있는 그대로 놓아두기 위해서는 명상 수행의 어렵고도 핵심적인 한 가지 교훈을 터득해야 합니다. 사실 이것은 명상뿐 아니라 삶의 모든 측면에 적용되는 교훈이기도 합니다. 그것은 수행의 목적이 즐거운 느낌을 좇고 불쾌한 느낌을 피하는 것이 아니라는 점입니다. 마음챙김 수행의 목적은 괴로움에서 벗어나 자유에 이르는 것입니다. 우리의 마음에서 탐욕과 성냄, 어리석음이라는 괴로운 감정을 정화시키는 것입니다. 이렇게 마음이 깨끗해질 때 괴로움을 끝낼 수 있습니다. 따라서 명상 수행에서 중요한 것은 즐겁거나 불쾌한 느낌의 경험 여부가 아니라 이 느낌들에 '어떤 방식으로 관계 맺는가'입니다. 이 느낌들에 **알아차림**이라는 단순한 관찰의 방식으로 관계 맺는다면 그 순간 마음은 깨끗이 정화됩니다. 알아차림을 두는 순간, 우리는 즐거움에 대한 탐욕과 불쾌함에 대한 혐오, 지금 일어나는 현상에 대한 무지에서 벗어날 수 있습니다.

> 모든 것을 '내려놓으라'고 합니다
> '있는 그대로 두다'는 표현이 더 적절합니다

명상은 유쾌한 경험만 하는 여행이 결코 아닙니다. 끔찍한 경험을 하는 경우도 수없이 많습니다. 그래도 괜찮습니다. 명상 수행에서 우리가 바라는 것은 몸과 마음에서 일어나는 모든 현상에 열리는 것입니다. 멋지고 행복하며 영감어린 체험을 하는 때도 있고 지금껏 몰랐던 괴로운 경험을 하는 수도 있습니다.

자신에게 일어나는 모든 현상을 기꺼이 살피려는 의지를 내야 합니다. 그러려면 용기와 결단이 필요합니다. 누구나 살아오는 과정에서 들여다보기 싫은 마음속 어두운 면을 가지고 있습니다. 명상을 하면 이 어두운 면들이 마음 표면에 떠오르기도 합니다. 수행 중에 일어나는 강한 에너지 때문에 불편함을 느끼는 수도 있습니다. 그러나 삶의 불만족스러운 경험도 명상 수행의 일부입니다. 불편한 느낌과 불만족을 경험하지 않고 자유를 얻을 수는 없습니다. 수행은 내가 열리는 것, 확장되는 것입니다. 무엇보다 수행은 괴로움에서 벗어나는 것입니다.

수행에 대한 바른 이해는 손쉽게 얻어지지 않습니다. 수행이 즐거운 느낌을 추구하는 것이 아니란 점을 마음 깊이 받아들일 수 있어야 합니다. 즐거운 느낌만 받아들이려는, 완고하게 조건화된 마음에 맞설 수 있어야 합니다. 명상 수행을 하면 우리를 괴로움에 얽매는 오래된 조건화가 아닌, 전혀 다른 과정이 펼쳐집니다. 명상을 통해 참된 받아들임과 균형 감각이 생길 때 즐거운 느낌과 불쾌한 느낌에 모두 열릴 수 있습니다.

몇 해 전에 내가 여름 몇 개월을 지낼 요량으로 인도의 산골 피서지 마을에 작은 주택을 임대한 적이 있습니다. 고산 지대에 위치한 집으로 아름다운 절경과 고요한 분위기를 갖추었습니다. 나는 그곳에서 명상 수행을 하며 4개월을 보낼 작정이었습니다.

그런데 그곳에 도착한 지 몇 주 뒤에 내가 머물던 집 아래에 델리 걸 Delhi Girls이라는 걸스카우트 단체가 캠프를 차렸습니다. 이 단체는 스피커를 설치하고 아침 6시부터 밤 11시까지 쉬지 않고 시끄러운 음악을 틀어댔습니다. 나는 이 상황을 받아들이기 어려웠습니다. 마을 촌장에게 불만을 제기할까 생각하면서 화가 잔뜩 난 편지를 마음속으로 수차례 쓰기도 했습니다. 하지만 나 말고는 시끄러운 소음을 불편하게 여기는 사람이 없는 듯했습니다.

이 일은 나의 평정심에 커다란 도전으로 다가왔습니다. 분노로 한참 속을 태운 뒤 어느 순간 나는 마음으로 모든 것을 내맡겼습니다. 내맡기는 것 외에 그때 내가 할 수 있는 일은 없었습니다. 그저 모든 것을 내맡기면 그만이었습니다. 소음은 계속되었지만 문제 될 것은 없었습니다. 마침내 나는 모든 것을 있는 그대로 놓아둘 수 있었습니다.

> **수행 Tip!**
>
> ❖ 받아들임이라는 단순한 열쇠를 가지고 지금 존재하는 현상을 있는 그대로 자연스럽고 편안하게 알아차려야 합니다.
>
> ❖ 수행의 목적은 즐거운 느낌을 쫓고 불쾌한 느낌을 피하는 것이 아니라 탐욕과 성냄, 어리석음을 정화시켜 괴로움에서 벗어나는 것입니다. 수행 중 일어나는 즐겁고 괴로운 느낌을 알아차림이라는 단순한 방식으로 관찰하십시오.

괴로움을
보지 않는 것이
괴로움이다

﹡

불쾌한 경험에 대해 바르게 관계 맺으려면 우선 불쾌한 경험이 존재함을 알아야 합니다. 지금 존재하고 있는 괴로움을 똑바로 보지 않으면 괴로움에서 벗어날 수 없습니다. 명료하고 정확하게 괴로움을 볼 때 모든 형태의 괴로움에 열릴 수 있습니다. 이런 열림과 받아들임이 있을 때 불편감은 우리의 의식에 들어왔다가도 그대로 흘러나갈 것입니다.

지금 당신의 몸에 커다란 불편감과 긴장감이 일어났다고 합시다. 그럼에도 당신은 그것을 자각하지 못한 채 이리저리 몸을 끌고 다닙니다. 그러면 불편감은 무의식적으로 당신의 마음 상태와 느낌에 영향을 미칩니다. 이윽고 신체적 불편이 겉으로 드러난 뒤에야 당신은 그곳으로 주의를 향합니다. 그런데 이때라도 받아들임의 자세로 몸의 불편감에 열리면 됩니다. 그렇게 하면 이완되는 감각이 일어납니다. 분명하게 보되 받아들임의 태도로 본다면 편안한 이완감이 생겨날 것입니다.

고통 감각 자체는 그대로일지라도 받아들임의 태도로 분명하게 고통을 본다면 이전과 완전히 다른 방식으로 고통과 관계 맺을 수 있습니다. 이제 당신은 고통을 제대로 보지 않는 미혹한 상태가 아니라 평온한 마음으로 고통과 관계 맺습니다. 우리는 고통스러운 신체 감각뿐 아니라 괴로운 감정에 대해서도 이런 방식으로 관계 맺을 수 있습니다.

얼마 전 나는 매우 당혹스러운 상황에 처한 적이 있었습니다. 매우 불편한 상황이라는 건 알았지만 내가 정확히 어떻게 느끼고 있는지는 잘 몰랐습니다. 내가 어떻게 느끼는지 알기까지 나는 커다란 고통을 겪어야 했습니다.

나는 괴로움을 일으키는 상황에서 벗어나려고 온갖 방법을 시도했습니다. 이렇게 얼마간 괴로움을 당한 뒤에 스스로에게 물었습니다. "지금 내 마음에서 무슨 일이 일어나고 있지?" 나는 한발 물러서서 가만히 마음을 들여다보았습니다. 그러자 "아, 이게 바로 당혹스러운 느낌이구나." 하고 알게 되었습니다. 이 느낌을 분명히 본 나는 그것과 함께하겠다는 의지를 냈습니다. 그러자 괴로움이 사라졌습니다. 팔리어 **둑카**dukkha는 불만족과 괴로움을 의미합니다. 나는 당시에 느낀 당혹스러움이 특정한 조건에서 일어난 불쾌한 감정이라는 사실을 알았습니다. 그리고 그 불쾌한 느낌을 단지 느껴보는 것도 괜찮다고 생각했습니다. 그러자 당혹스러운 느낌은 사라졌습니다. 이것은 당혹스러운 느낌을 피하려고 온갖 수단을 동원하는 것보다 훨씬 수월하고 효과적인 방법입니다.

이처럼 괴로움을 제대로 보지 않는 것이 괴로움입니다. 괴로움을 보지 않는 것이 괴로움인 이유는 또 있습니다. "무지가 축복이다"라는 잘 알려진 격언이 있습니다. 이 격언은 자신의 행동이 바르지 못함을 스스로 모르는 편이 차라리 낫다고 가르칩니다. 무지가 자신의 그릇된 행동에 변명의 구실을 제공한다는 것입니다. 그러나 진실은 이와 반대입니다.

당신이 바르지 못한 행동을 했다고 합시다. 이때 그것이 옳지 못한 행동임을 알고 하는 것이 모르고 하는 것보다 더 낫습니다. 불교의 관점에서 이러한 앎은 지혜의 씨앗이 됩니다. 자신의 행동이 바르지 못하다는 앎이 있으면 언젠가 그 행동을 멀리할 가능성이 생깁니다. 비록 그릇됨에 대한 앎이기는 해도 이 앎은 행동의 그릇된 성질을 '완화하는' 역할을 합니다. 반대로 자기 행동의 그릇됨을 알지 못하는 무지와 미망은 행동의 그릇된 성질을 배가시킵니다. 이처럼 무지는 세상의 괴로움을 일으키는 커다란 원천입니다. 우리는 이러한 진실을 매일 아침 신문의 1면에서 목격합니다.

자신의 행동이 일으키는 해악에 대해 알지 못하면 무엇이 올바른 행동이고 그릇된 행동인지 분별할 수 없습니다. 이렇게 되면 무의식적으로 습관과 욕망의 노예가 되고 맙니다. 옳은 행동과 그릇된 행동을 분별하는 지혜가 없으면 현명한 선택을 내릴 기회도 없습니다. 그릇된 행동이 일으키는 괴로움에 대해 아는 것은 괴로움에 얽힌 채 거기에 동일시되어 있는 무지의 상태보다 훨씬 자유로운 경지입니다.

온갖 종류의 괴로움에 열릴 때 우리에게 필요한 것은 괴로움에 열림으로써만 괴로움을 이해할 수 있다는 확신입니다.

> **수행 Tip!**
>
> ❖ 지금 존재하고 있는 괴로움을 똑바로 볼 때 모든 형태의 괴로움에 열릴 수 있습니다. 괴로움에 열림으로써만 괴로움을 이해할 수 있습니다.
> ❖ 무지는 세상의 괴로움을 일으키는 커다란 원천입니다. 그릇된 행동이 일으키는 괴로움에 대해 아는 것은 그것을 모르는 무지의 상태보다 훨씬 자유로운 경지입니다.

몸의
통증
이해하기

❦

불쾌한 정신적, 감정적 경험에 저항하지 않고 그것에 열리는 것과 같은 방식으로 우리는 몸의 통증에 대해서도 능숙하게 관계 맺을 수 있습니다. 신체적 통증을 이해하고 그것에 열리는 법을 배우는 것이 중요한 이유는 명상 중의 신체 통증과 관계 맺는 방식이 삶의 수많은 불쾌한 사건과 관계 맺는 방식을 그대로 예시하기 때문입니다.

붓다는 태어남은 필연코 늙음과 쇠약, 죽음에 이른다는 위대하고 분명한 진실을 가르쳤습니다. 우리는 자신의 몸이 때로 고통과 병에 시달릴 것이며 결국 죽음에 이를 것이라는 사실을 분명히 알아야 합니다. 명상 수행은 죽음이라는 필연적 현실에 직접적으로 열리는 작업이기도 합니다. 명상은 언젠가 닥칠 우리의 죽음에 대해 단지 머리로 생각하는 것이 아니라 직접적으로 깊이 있게 체험하는 것입니다.

수행 중 몸의 통증이 나타날 때 알아차림을 이용한 몇 가지 전략을 시도할 수 있습니다. 첫째, 무릎이나 허리 등 통증 감각이 느껴지는 부위를 전체적으로 관찰합니다. 해당 부위를 전체적으로 알아차리면서 거기서 일어나는 신체 감각에 편안히 머물러 봅니다. 둘째, 해당 감각의 특수한 성질을 정확히 관찰합니다. 쑤시는 감각인지, 누르는 감각인지, 뜨거운 감각인지, 조이는 감각인지 그 밖의 다른 감각인지 자세히 관찰합니다. 지금 느껴지는 신체 감각의 정확한 성질을 관찰할 때 마음의 집중력은 더 커집니다.

지금 어떤 감각이 느껴지는지 알았다면 이제 그 감각 속으로 더 깊이 들어가 봅니다. 감각이 가장 강하게 느껴지는 지점에 알아차림을 가져갑니다. 그런 다음 감각의 극점極點에서 어떤 일이 일어나는지 관찰합니다. 대개 감각 극점은 시시각각 위치가 변합니다. 하나의 극점을 느끼고 있으면 조금 지나 다른 부위에서 극점이 느껴질 것입니다. 그러면 다시 그 부위로 주의를 향합니다. 조금 뒤 또 다른 부위에서 감각 극점이 감지되면 또 다시 그곳으로 주의를 옮깁니다. 이들 감각 극점을 각각의 점이라 여기고 점들을 하나의 선으로 연결한다고 생각해 보십시오.

이렇게 하다가 마음이 피로해지면 다시 해당 신체 부위를(아니면 호흡을) 전체적으로 알아차립니다. 이처럼 신체 특정 부위의 통증 감각과 호흡 사이를 수 분 간격으로 왔다 갔다 하십시오. 이렇게 하는 이유는 강한 불쾌한 감각에 오래 머물면 마음이 위축되고 지치기 때문입니다. 통증을 적절히 다루지 못해 마음이 기진맥진하면 마음의 깨어있는 성질과 활력이 시들해집니다. 이럴 때 통증 감각과 호흡 사이에서 주의를 번갈아 이동시키면 마음이 기민하게 깨어있고 활력을 얻는 데 도움이 됩니다.

통증 감각에서 호흡으로(또 호흡에서 통증 감각으로) 번갈아 주의를 이

동시키는 방법은 또 다른 방식으로 마음의 활력을 키웁니다. 통증이 강할 때 마음은 별다른 정신적 노력을 기울이지 않아도 그곳으로 향합니다. 이때 마음은 좀처럼 방황하지 않습니다. 통증 감각에 주의를 머무는 데는 노력이 그다지 필요하지 않으므로 오히려 마음의 활력이 시들해지고는 합니다. 이때 강한 통증 감각에도 불구하고 틈틈이 호흡으로 주의를 되가져오는 연습을 통해 노력을 기울이려는 의도성을 키울 수 있습니다. 통증 감각에서 호흡으로 주의를 이동시키는 연습을 할수록 마음은 점점 활력을 얻습니다. 이렇게 활력이 생긴 마음으로 통증을 관찰해 보십시오. 아마 이전과 전혀 다른 차원에서 통증을 경험할 것입니다.

 이처럼 마음에 탄력이 붙을 때 수행이 깊어집니다. 이것은 핵물리학에서 사용하는 입자가속기의 원리와 비슷합니다. 입자의 이동 속도가 빨라지면 마침내 원자를 쪼갤 수 있는 속도에 이릅니다. 마찬가지로 우리의 마음도 힘을 얻으면 지금까지와 완전히 다른 차원으로 변화합니다. 명상 수행으로 알아차림의 힘을 키우면 지금과 전혀 다른 차원의 실재가 우리 앞에 모습을 드러냅니다.

 이 마음의 가속도는 어디에서 생길까요? 그것은 끊어지지 않고 알아차림을 지속하는 노력에서 생깁니다. 또 주의를 명상의 주 대상으로 반복해서 되가져오는 노력에서 생깁니다. 이때 유의할 점은 통증 감각에서 호흡으로 '억지로' 주의를 가져오면 안 된다는 것입니다. 이것은 오히려 역효과를 일으킵니다. 부드럽게 통증 감각에서 호흡으로 마음을 데려와야 합니다. 그럴 때 마음은 기존의 활력을 보존하는 동시에 새로운 활력을 보탤 수 있습니다. 이럴 때 우리 내면에 가진 힘을 끌어낼 수 있고, 비로소 깊은 차원의 앎이 가능해집니다.

명상 중 신체 통증에 열리는 과정에서 우리는 통증에 관한 자신의 조건화에 관해서도 많은 것을 알게 됩니다. 자신이 통증을 회피하고 두려워하고 있다는 것을 알게 됩니다. 또 자신의 마음이 통증을 비난하며 차단하고 있다는 사실도 보게 됩니다. 우리는 누구나 마음의 평화를 방해하는 방식으로 통증과 관계를 맺고는 합니다. 이때 수행을 통해 깨어있는 마음으로 통증에 주의를 기울여 보십시오. 그러면 통증과 관계 맺는 방식에 변화가 일어날 것입니다. 이 변화를 지켜보는 것은 매우 멋진 일입니다.

나는 처음 좌선을 할 때 무릎 통증이 매우 심해 10분도 다리를 포개고 앉지 못했습니다. 조금만 지나도 자세를 바꾸고 싶었습니다. 그래서 의자에 앉는 게 좋겠다고 생각했습니다. 그런데 평균보다 키가 훨씬 큰 나에게 보통 의자는 높이가 맞지 않았습니다. 그래서 의자에 벽돌 몇 개를 얹었더니 높이가 적당했습니다. 그렇게 의자에 앉았는데 이번에는 모기가 나를 가만두지 않았습니다. 나는 의자 주변에 모기장을 쳤습니다. 가장 편한 자세를 취하려는 욕심에 나의 명상 자리는 어느새 '왕의 자리'처럼 되어 버렸습니다. 스승 무닌드라가 나의 자리를 찾을 때마다 명상을 하느라 야단법석을 떠는 내가 창피했습니다.

처음에 나는 통증을 잘 견디지 못했습니다. 그런데 마음이 점차 힘을 얻자 통증에 대한 두려움도 줄었습니다. 통증이 일어날 때 긴장하고 위축하는 대신 통증 속으로 편안히 이완해 들어가는 법을 알게 되었습니다.

> 다리가 아파, 의자가 너무 낮아, 이놈의 모기...

> 어느새 '왕의 자리'처럼 되어버렸군요

통증에 대한 관계를 변화시키는 작업은 그저 어떤 자세로, 어느 자리에 앉느냐의 문제가 아닙니다. 통증과의 관계 변화는 그보다 더욱 큰 의미를 갖습니다. 즉, 명상 중에 느끼는 신체적 불편함은 삶의 수많은 불편한 상황에서 우리가 어떻게 자유를 수련할 수 있는지 가르쳐 줍니다. 지금 이 순간 우리는 삶의 불편감이나 고통과 어떻게 관계 맺고 있습니까? 원하는 바를 얻지 못하는 상황에 어떻게 응대하고 있습니까?

내가 거듭 알게 된 흥미로운 사실이 있습니다. 그것은 견딜 수 없다고 느끼는 상황에서 실제로 그 상황을 못 견디게 '만드는' 요인은 자신의 저항이라는 사실입니다. 문제는 외부의 상황이 아니라 그 상황과 함께하지 못하는 나의 마음 태도에 있습니다. 그 상황에 열리지 못하는 자신이 문제입니다.

그렇지만 특정 상황에서 자신의 한계를 인식해야 하는 경우도 있습니다. 우리를 완전히 압도하는 경험에 한 번에 완전히 열리기란 어려운 일입니다. 그런 경험에서 한동안 뒤로 물러선 다음 조금씩 다시 다가갈 필요도 있습니다. 이런 균형감각을 익히는 일이야말로 명상 수행을 꾸준히 지속하는 열쇠입니다. 너무 힘들다고 느낀다면 자신이 부드럽고 편안하게 함께할 수 있는 경험이 어디까지인지 알아보십시오. 자신의 한계를 알고 그것을 점차 확장해 갈 때 우리는 더 강해집니다. 이런 단순한 방식으로 수행을 지속할 때 마음은 힘을 얻습니다. 그러면 고통스러운 상황과 함께하는 능력도 커집니다. 고통스러운 상황과 함께할 수 있는 힘이 생길 때 우리의 삶은 완전히 변화합니다.

> **수행 Tip!**
>
> ❖ 수행 중 몸의 통증이 나타날 때는 해당 부위를 전체적으로 알아차린 뒤 통증의 특정한 성질을 정확히 관찰해 보십시오. 또 시시각각 변하는 통증 감각의 극점을 하나의 선으로 연결해 보십시오.
>
> ❖ 통증 감각과 호흡에 번갈아 주의를 기울일 때 마음은 활력을 얻어 이전과 다른 차원에서 통증을 경험할 수 있습니다. 수행으로 키운 알아차림의 힘은 지금과 다른 차원의 실재를 드러냅니다.

즐거운 느낌, 괴로운 느낌
그리고
수행의 향상

❀

　우리는 대개 고통을 피하고 쾌락에 집착합니다. 뿌리 깊이 프로그래밍된 우리의 이런 성향은 명상 수행에서도 그대로 드러납니다. 명상에 관하여 우리가 오해하는 것이 하나 있습니다. 그것은 즐거운 느낌이 일어나면 명상을 '잘하는' 것이고, 통증이나 고통 등 괴로운 느낌이 느껴지면 '못하는' 것이라고 생각하는 것입니다. 우리는 좌선 시에 통증이 느껴지면 명상을 제대로 하고 있지 않다고 여깁니다. 반면, 즐겁고 경쾌하고 부드럽고 흥분되는 느낌이 있으면 잘 하고 있다고 여깁니다. 이런 조건화된 성향을 떨치는 일은 쉽지 않습니다. 이때 우리가 저지르는 실수의 근본 원인은 매우 간단하지만 그 뿌리는 매우 깊습니다. 즐거운 느낌을 좋아하고, 괴로운 느낌을 좋아하지 않는 성향이 바로 그것입니다.

　그렇지만 명상 수행의 향상은 수행 중 쾌락이나 통증을 얼마나 많이 느끼느냐에 달려 있지 않습니다. 수행의 질은 지금 존재하는 현상에 얼마나 열리느냐에 따라 결정됩니다. 통찰의 길에서 우리는 괴로운 느낌이 압도하는 단계를 반드시 거칩니다. 이때 괴로운 느낌이 일어나는 이유는 그 단계의 특성이 본디 그러하기 때문입니다. 이 단계를 지나 다른 단계에 이르면 기쁨과 환희, 가볍고 평온한 느낌이 찾아올 것입니다. 즐거운 경험 또한 수행의 특정 단계에서 느끼도록 되어 있을 뿐입니다.

벗어남의 길은 이런 주기를 여러 번 반복하며 앞으로 나아갑니다. 그러므로 수행 경험의 즐거움과 불쾌함을 기준으로 자신이 얼마나 '상급'의 단계인지 판단해서는 안 됩니다. 당신이 지금의 수행 단계에서 통증을 느끼더라도 극락감을 느낀 이전 단계보다 더 상급 단계일 수 있습니다.

즐겁고 괴로운 느낌은 수행을 얼마나 잘 하고 있는지 보여주는 지표가 아닙니다. 우리는 영원히 지속되는 흥분감을 느끼려고 수행하지 않습니다. 수행에서 구하는 목표는 지혜와 연민심입니다. 우리 중 많은 이가 오랜 시간 수행을 한 뒤에야 비로소 이 사실을 깨닫습니다.

명상과 관련하여 나의 안타까운 에피소드를 소개합니다. 내가 몇 달 동안 인도에서 집중 수행을 할 때였습니다. 당시 나는 환한 빛의 떨림으로 나의 몸이 녹아 들어가는 것을 느꼈습니다. 자리에 앉아 눈을 감기만 하면 어김없이 빛의 에너지가 온몸에 가득했습니다. 굉장히 짜릿한 경험이었습니다. 그때 나는 생각했습니다. "그래, 바로 이거야!"

그렇게 인도에서 몇 달을 보낸 뒤 나는 잠시 미국에서 볼일을 보고 다시 인도로 돌아왔습니다. 나는 몸이 환한 빛으로 가득했던 저번의 체험을 또 하기를 바랐습니다. 그러나 열심히 자리에 앉았지만 빛의 떨림을 다시 경험할 수는 없었습니다. 빛으로 가득한 몸을 경험하지 못했을 뿐 아니라 온몸이 마치 휘어진 강철마냥 고통 덩어리로 느껴졌습니다. 단단히 꼬인 강철 부위에 주의를 기울이자 커다란 압박과 긴장이 느껴졌습니다. 괴로운 느낌이 매우 크게 일어났습니다.

그로부터 2년은 나의 수행에서 가장 큰 좌절과 어려움을 겪은 시기였습니다. 무엇이 문제였을까요? 나는 진정으로 깨어있지 못했습니다. 통증이나 불쾌함과 함께한다고 여겼지만 실은 그것을 받아들이지 않고 있었습니다. 있는 그대로의 현상에 온전히 열리지 않았던 것입니다. 사실 나는 빛으로 가득했던 기쁨과 떨림을 다시 경험하려는 "목적"을 가지고 수행에 임했습니다. 과거의 수행 경험이 아무리 멋지다 해도 지난 경험을 다시 구하는 것은 수행의 참 목적이 아닙니다. 나는 이 사실을 깨닫는 데만도 꼬박 2년이 걸렸습니다.

과거의 경험은 지금 사라지고 없습니다. 그것은 죽은 시체나 마찬가지입니다. 당신은 언제까지 죽은 시체를 끌고 다닐 작정입니까? 우리가 수행하는 목적은 지금 여기 존재하는 현상에(흥분감이든 가벼움이든 휘어진 강철이든 거기에) 열리기 위함입니다. 꼬박 2년간 힘들게 이 사실을 깨닫고 나서야 나의 수행은 다시 앞으로 나아갔습니다. 당신이 이 사실을 깨닫는 데 2년을 보내지 않았으면 합니다. 당신이 수행에 임할 때 과거의 멋진 경험을 다시 하려고 하지 않는지 살펴보십시오. 만약 그렇게 하고 있다면 수행을 제대로 하는 것이 아닙니다. 지난 수행 경험을 다시 하려는 것은 오히려 고통을 일으키는 가장 확실한 방법입니다. 지금 당신에게 드러나는 어떤 현상이든 그저 단순하게 그것에 열리십시오. 지금 존재하는 것을 부드럽게 알아차리십시오. 이것이 바로 괴로움에서 벗어나 자유로 가는 길입니다.

> **수행 Tip!**
>
> ❖ 명상 수행의 향상은 수행 중 느끼는 쾌락과 통증의 양에 달려 있지 않습니다. 수행의 질은 지금 존재하는 현상에 얼마나 열리느냐에 따라 결정됩니다.
> ❖ 과거의 수행 경험을 다시 찾는 것은 수행의 목적이 아닙니다. 수행의 목적은 지금 여기에 존재하는 현상에 열린 채로 그것을 부드럽게 알아차림으로써 괴로움에서 벗어나는 것입니다.

자연스러움과 수행

 우리가 때로 다르마 수행을 주저하는 이유에는 이런 것도 있습니다. 자기 내면에 침잠하는 수행이 외면으로 향하는 열정과 자연스러움을 죽이지 않을까 하는 두려움입니다. 사람들은 마음챙김과 자연스러움이 서로 상쇄하는 관계가 아닌지 의문을 품습니다. 한쪽이 커지면 다른 쪽이 줄지 않을까 하는 의구심을 갖습니다. 이 의구심은 사람들이 일반적으로 생각하는 자연스러움이 무엇인지 보여준다는 점에서 매우 흥미롭습니다(내가 보기에 그것은 진정한 자연스러움이 아닙니다).

 우리는 종종 반성과 숙고 없이 즉석에서 하는 행동을 '자연스럽다'고 여깁니다. 또 그러한 행동을 순수하다고 생각합니다. 그러나 과연 그럴까요? 반성과 숙고 없는 즉석 행동은 조건화에 따른 기계적 행동에 불과한 때가 많습니다. 그러한 행동을 일으키는 마음이 훌륭하고 고귀하며 자연스러울까요? 반성과 숙고 없는 즉석 행동은 욕망과 탐욕, 분노, 두려움, 어리석음이 습관처럼 드러난 경우가 더 많습니다. 사람들은 그런 행동을 '자연스럽다'고 부릅니다만 우리는 자신이 애당초 특정 행동을 시작한 사실조차 모른 채 행동하는 경우가 얼마나 많은가요? 이것은 자연스러움이 아니라 몽유병과 같은 기계적 행동에 지나지 않습니다.

참된 의미의 자연스러움은 수행에서 분명히 드러납니다. 참된 자연스러움이란 모든 현상과 다르마, 삶의 과정이 본래적으로 가진 자연스러움입니다. 이런 자연스러움이야말로 참된 의미의 자연스러움입니다. 수행을 통해 마음의 활력과 알아차림, 집중의 힘을 키우면 일체의 현상이 자연스럽게 멈춤 없이 흘러가는 것을 경험할 수 있습니다. 모든 것이 스스로 일어나고 사라짐을 보게 됩니다.

명상을 하려고 자리에 앉았는데 문득 어떤 생각이 일어납니다. 이 생각은 당신이 초대한 것입니까? 아마 그렇지 않을 것입니다. 간혹 스스로 생각을 일으키는 때도 있지만, 많은 경우 생각은 우리가 초대하지 않아도 저절로 일어납니다. 생각뿐 아니라 몸의 감각도, 소리도 불현듯 저절로 나타납니다. 몸과 마음의 자연스런 흐름과 리듬에 자신을 내맡겨 보십시오. 삶의 신비가 모습을 드러낼 것입니다.

삶의 참된 리듬에는 커다란 축복이 깃들어 있습니다. 우리의 삶을 이루는 모든 것은 삶의 자연스러운 흐름 속에서 스스로 노래합니다. 이것이야말로 가장 깊은 차원의 자연스러움입니다. 기계적이고 조건화된 행동이 아닌, 우리의 참된 본성에 더 가까운 자연스러움입니다.

마음챙김을 닦을 때 우리는 멈춤 없이 스스로 일어나고 사라지는 일체의 현상에 열리게 됩니다. 이런 의미에서 마음챙김은 참된 자연스러움에 이르는 열쇠입니다.

> **수행 Tip!**
>
> ❖ 모든 현상과 다르마가 본래적으로 가진 자연스러움이야말로 진정한 의미의 자연스러움입니다.
> ❖ 마음챙김을 통해 일체의 현상에 열릴 때 참된 자연스러움에 이를 수 있습니다.

마음의 내용에서
마음의 과정으로

수행을 통해 경험의 '내용'이 아니라 '과정'을 자각할 때 참된 자연스러움과 유사한 은총을 느낄 수 있습니다. 평소 우리의 마음이 담고 있는 내용은 지극히 개별적입니다. 그것은 각 개인의 경험을 구성하는 특정 사건들에 조건화되어 있습니다. 부모는 자식을 걱정하고, 학생은 다음 기말고사를 걱정하며, 예술가는 창의적인 작품 구상을 늘 고민합니다.

몇 년 전에 나는 새로 이사 갈 우리 집의 설계와 건축에 관여한 적이 있었습니다. 각각의 건축 단계마다 나는 차로 동네를 다니며 주변 집들을 살폈습니다. 다른 집은 해당 부분을 어떻게 처리했는지 보기 위해서였습니다. 어떤 주에는 지붕 라인만 살폈고 그 다음 주에는 외장 재료만 관찰했습니다. 또 어떤 주에는 출입문과 창문만 보고 다녔습니다. 우리는 삶의 대부분 시간을 이처럼 마음의 개별적인 내용과 관심사에 사로잡힌 채 지냅니다. 특정한 생각과 감정, 자신과 타인에 관한 이미지와 이야기, 자신이 처한 상황의 세부사항에 얽인 채 살아가는 것입니다.

그런데 명상 수행을 하면 여기에 자연스럽고 점진적인 변화가 일어납니다. 명상은 마음의 개별 현상을 매순간 관찰하는 작업입니다. 생각과 감각, 감정이 어떻게 마음에 일어나고 작용하는지 면밀히 관찰하는 것입니다. 그러면 이러한 마음의 현상에 변화가 일어남을 보게 됩니다. 즉, 명상을 통해 우리는 마음의 '내용'을 인지하는 데서 마음의 '변화 과정'을 자각하는 데로 점차 옮겨갑니다. 마음의 내용이 아니라 변화 과정 자체를 자각하는 새로운 관점에 서게 됩니다. 이 관점에서 보면 마음의 개별적이고 구체적인 내용은 그다지 중요하지 않습니다. 이때 우리는 마음의 '모든' 현상이 일시적이라는 사실을 내면에서 깊이 보고 느끼며 경험합니다. 이것은 모든 것이 제자리로 돌아오는 느낌입니다. 개념과 내용의 차원에서 존재의 근원적 차원으로 돌아오는 느낌입니다.

이렇게 모든 것이 제자리로 돌아옴을 느낄 때 상호 연결의 느낌이 일어납니다. 마음의 변화하는 내용이 개별적으로 조건화되어 있다면, 그 근저에 있는 변화의 과정은 보편적입니다. 일어나고 사라지는 현상의 흐름 속에 들어갈 때 우리는 나 이외의 모든 존재들의 경험에 대해서도 알 수 있습니다. 보편적인 것에 동참할 때 우리는 하나 된 상호 연결의 느낌을 갖습니다. 자기 내면에서 이 과정을 스스로 볼 수 있다면 다른 존재들의 내면에서 일어나는 과정도 이해할 수 있습니다.

> **수행 Tip!**
>
> ❖ 마음의 내용이 개별적으로 조건화되어 있다면 그 근저에 있는 변화의 과정은 보편적입니다.
> ❖ 명상을 통해 마음의 내용이 아닌 마음의 변화 과정을 자각하는 새로운 관점에 설 수 있습니다. 이때 모든 현상이 일시적이라는 진실을 깊이 있게 경험하게 됩니다.

수행 중에
경험하는
에너지

지속적인 명상으로 집중력이 깊어지면 경험의 성질이 전체적으로 변화합니다. 그러면 지금까지와 다른 관점에서 현실을 보게 됩니다. 내가 명상 수행으로 분명히 알게 된 사실이 있습니다. 그것은 나의 몸과 마음을 멈춤이 없이 흐르는 에너지 시스템으로 경험하게 되었다는 것입니다.

수행을 처음 시작할 때는 좌선과 일상생활에서 대개 자기 몸을 딱딱한 고체로 여깁니다. 그러다 수행이 전진되어 마음의 집중력이 커지고 꿰뚫어보는 지각력이 커지면 몸을 딱딱한 고체로 여기는 느낌도 자연스레 옅어집니다. 대신에 여러 감각이 멈추지 않고 흐르는 일종의 에너지 장場으로 자신의 몸을 느낍니다.

몸에서 느껴지는 에너지 흐름을 이렇게 이해할 수도 있습니다. 즉, 신체의 각 중추에 주의를 집중할 때마다 그에 따른 몸의 경험도 매번 달라진다는 사실입니다. 가슴 중추에 주의를 향할 때와 성性 중추에 주의를 기울일 때의 느낌이 다릅니다. 목구멍과 이마, 정수리에 주의를 둘 때의 느낌도 다 다릅니다. 그런데 각 부위에서 다르게 느껴지는 느낌들이 실은 하나의 에너지 흐름이라는 사실에 나는 크게 놀랐습니다. 동일한 에너지 흐름이 몸의 각 부위에서 서로 다른 '맛'으로 느껴지는 것일 뿐이었습니다.

이처럼 우리는 신체의 여러 중추에서 몸-마음의 에너지 시스템을 느낄 수 있습니다. 뿐만 아니라 이 에너지를 서로 다른 '진동수'로 느낄 수도 있습니다. 수행을 통해 집중력이 강해지면 감각 흐름의 진동수가 더 미세해집니다. 수행으로 몸-마음의 진동수가 증가하면 감각 흐름은 부드러워지고 미세해집니다. 지극히 미세해져 몸-마음이 완전히 사라졌다고 느끼기도 합니다. 오직 의식의 흐름만을 자각하는 상태입니다.

수행을 계속해 감각 흐름의 진동수가 점점 더 미세해지면 흥미로운 현상이 나타납니다. 이것은 수행의 길에서 만나는 신비한 현상입니다. 대개 수행 초기에는 무덤덤한 느낌보다 즐거운 느낌과 괴로운 느낌을 더 쉽게 자각합니다. 그것이 몸에서 더 분명하게 드러나기 때문입니다. 예를 들어 성 에너지는 즐거운 느낌입니다. 그밖에도 황홀한 느낌들이 많이 있습니다. 그런데 수행이 진전되어 감각의 진동수가 증가하고 미세해지면 즐거운 느낌보다 무덤덤한 느낌, 즉 중립적인 느낌과 더 자주 만나게 됩니다.

신기한 것은 이제 무덤덤한 느낌이 즐거운 느낌보다 '더 좋게' 느껴진다는 사실입니다. 이러한 깨달음은 놀라움으로 다가옵니다. 일반적으로 우리는 중립적인 느낌은 재미없고 시시하다고 여깁니다. 그러나 실은 재미없고 시시한 것이 아니라 더 미세하고 정제된 느낌이라고 해야 맞습니다. 알아차림의 힘이 세밀해지는 만큼 중립적인 느낌과 더 크게 공명하는 것입니다.

수행 초기에는 활발한 에너지를 느끼다 수행이 계속되면서 점차 중립적인 에너지를 느끼는 현상은 **네 가지 신성한 마음자리**[●]를 계발하는 수행에서도 똑같이 경험할 수 있습니다. 자애와 연민, 공감의 기쁨이라는 세 가지 마음자리를 닦을 때 우리는 지극한 환희와 열락의 행복을 느낍니다. 그런데 평정심이 커지면 중립적인 느낌을 더 많이 느끼게 됩니다. 중립적인 느낌을 더 많이 느끼는 평정의 상태에 이르면 열락의 행복보다 더 깊은 차원의 안녕감을 경험합니다.

> **수행 Tip!**
>
> ❖ 수행이 진전되어 감각의 진동수가 증가하고 미세해지면 즐거운 느낌보다 중립적인 느낌과 더 자주 만나게 됩니다.
> ❖ 알아차림의 힘이 세밀해져 중립적인 느낌과 공명할 때 즐거운 느낌보다 더 깊은 차원의 안녕감을 경험할 수 있습니다.

●
사무량심(四無量心)이라고 하며 자애(慈), 연민(悲), 공감의 기쁨(喜), 평정심(捨)을 말한다.─옮긴이

'통찰'이란
무엇인가

통찰 명상에서 '통찰'이란 어떤 의미일까요? 그것은 개념적인 통찰이 아니라 직관적인 통찰입니다. 그리고 여기서 '직관'은 흔히 의미하듯이 특정 대상을 그러하다고 여기는 짐작이 아닙니다. 이때 직관은 모든 것을 있는 그대로 분명하게, 직접적으로 보고 경험한다는 의미입니다.

예를 들어 당신이 명상을 하려고 자리에 앉았다고 합시다. 당신은 호흡을 관찰합니다. 그러면 문득 마음이 지금까지와 다른 공간에 머물게 됩니다. 아주 짧은 순간이지만 깊은 평온과 평화를 느낍니다. 호흡을 따라가려 애쓰지 않고, 일어나고 사라지는 호흡에 편히 머뭅니다.

이것이 평온함과 고요함을 직접 경험으로 통찰하는 과정입니다. 평온과 고요에 대해 머리로 생각하는 것이 아닙니다. 당신이 수선화를 보았기 때문에 수선화가 노랗다는 사실을 아는 것과 같습니다. 당신의 가슴에서 평온과 고요를 직접 경험했기 때문에 그것을 아는 것입니다.

직접 경험의 예는 아주 많습니다. 그리고 각각의 경험에도 여러 가지 수준이 존재합니다. 무엇을 직접 경험한다는 것은 지금까지 몰랐던 새로운 앎의 방식, 새로운 존재 방식에 열리는 것입니다. 이것이 통찰입니다.

> 수선화를 보았기 때문에 수선화가 노랗다는 걸 압니다
>
> 직접 보아서 안다는 '통찰'의 의미입니다

그런데 종종 우리의 마음은 새로운 경험을 할 때마다 흥분해서 이렇게 말합니다. "이것 봐. 내가 얼마나 평온한지 보라고. 이거 아주 멋진데!" 아니면 무상과 괴로움에 대해, 자신의 특별한 통찰 경험에 대해 끝도 없는 생각을 머릿속에서 지어냅니다.

수행자는 이런 상황에 유의해야 합니다. 자신의 통찰 경험에 관하여 머릿속에서 생각을 지어내고 있다면 그것을 알아야 합니다. 이를 알지 못하고 그 생각에 끌려간다면(게다가 다르마에 관한 생각은 매우 흥미롭고 유혹적입니다) 깊은 통찰에 이르는 데 방해가 됩니다. 우리는 다르마와 자신의 통찰 경험에 관한 생각에 강박적으로 집착하는 수행자를 어렵지 않게 봅니다.

참된 직관적 통찰과, 통찰에 관한 자기 생각을 분명히 구분하십시오. 이를 구분할 때 수행의 어려움이 줄어들고 수행이 정체되는 것을 막을 수 있습니다. 자신의 통찰 경험을 주변에 알리느라 고심하지 마십시오. 당신의 통찰 경험은 당신의 말과 행동에서 저절로 드러날 것입니다. 그러니 매번 새롭게 일어나는 현상에 그저 현존하십시오. 이렇게 할 때 당신이 걷고 있는 다르마의 여정은 자연스레 펼쳐질 것입니다.

> **수행 Tip!**
>
> ❖ '통찰'이란 대상을 있는 그대로 분명하게 직접 보고 경험한다는 의미입니다.
> ❖ 자신의 통찰 경험에 관하여 머릿속에서 지어낸 생각은 깊은 통찰을 방해합니다. 참된 직관적 통찰과, 통찰에 관한 자신의 생각을 구분해야 합니다.

마음을 자유롭게 하다

Freeing the Mind

마음의 장애물:
더러운 천의 얼룩은
눈에 안 띈다

 우리들 대부분은(어쩌면 우리 모두는) 마음에 일어나는 유익하지 못한 영향력에 맥없이 휩쓸리는 때가 있습니다. 이런 마음속 장애물과 바르게 관계 맺음으로써 새로운 힘을 얻는 것은 우리의 수행에서 매우 중요한 부분입니다. 마음에 일어나는 해로운 정신 요소를 균형감 있게 다루는 몇 가지 방법을 소개합니다.

 해로운 정신 요소로 힘들 때 가장 먼저 기억할 것은 당신은 이미 순수함과 벗어남이라는 훌륭한 마음의 힘을 쌓았다는 사실입니다. 물론 당신이 두려움과 분노, 강렬한 욕망 같은 마음의 폭풍우에 휩싸이는 동안에는 이 사실을 떠올리거나 믿기가 어려울 것입니다. 그러나 그것은 '사실'입니다. 그렇지 않다면 당신은 지금 인간으로 존재하지 않을 것입니다. 지금 당신이 인간으로 태어난 것은 지금까지 쌓아온 선한 행동의 필연적 결과입니다.

 더욱이 당신은 지금 수행이라는 깨어남의 길에 들어섰습니다. 이는 당신이 가진 마음의 순수함이 다른 사람보다 더 크다는 의미입니다. 20세기 티베트의 위대한 고승 딜고 켄체 린포체는 이렇게 말했습니다. "지구의 수십억 인구 가운데 인간으로 태어난 것을 소중히 여기는 사람이 몇 인가? 그리고 인간으로 태어난 것을 소중히 여기는 사람 가운데 다르마 수행을 하려고 마음먹는 사람은 몇인가? 또 다르마 수행을 하려고 마음먹은 이들 중 지속적으로 수행하는 사람은 몇인가?" 이런 식으로 다르마에 대한 당신의 관심에 대해 숙고해 보십시오. 분명 기쁨과 확신이 일어날 것입니다.

자신의 마음을 체계적으로 탐구하는 과정에서 또 하나 기억할 점이 있습니다. 그것은 수행을 하다 보면 유익하지 못한 마음 요소가 수행하기 전보다 더 많이 일어나는 것처럼 느껴진다는 점입니다. 그러나 이것은 사실과 다릅니다. 수행을 했기 때문에 유익하지 못한 마음 요소를 더 잘 '알아차리게' 되었을 뿐입니다. 수행이 깊어지면 다양한 정신적 장애물에 압도당한다고 느끼기도 합니다. 들뜸, 게으름, 분노, 의심, 탐욕, 자만, 질투 등 온통 괴로운 감정만 느껴지는 것처럼 보입니다.

이런 현상을 불교의 전통적 비유에서는 이렇게 묘사합니다. 때 묻은 천의 얼룩은 눈에 띄지 않지만 깨끗한 천의 얼룩은 눈에 잘 띈다는 것입니다. 마찬가지로 명상 수행으로 마음이 깨끗해지고 밝아지면 마음속 장애물이 더 잘 드러나 보입니다.

마음에서 일어나는 생각과 감정을 균형 잡힌 관점으로 바라보아야 합니다. 유익하지 못한 생각과 감정을 무조건 나쁘게 볼 필요는 없습니다. 마음속 장애물이 일어났을 때 그것을 분명하게 보는 것이 더 중요합니다. 명료하게 본다는 것은 수행을 통해 당신의 의식이 그만큼 깨끗해졌다는 의미입니다.

> 🧘 수행 Tip!
>
> ❖ 해로운 정신 요소로 마음이 힘들 때는 당신이 순수함과 벗어남이라는 훌륭한 마음의 힘을 쌓았다는 사실과, 당신이 지금 수행의 길에 들어섰다는 사실을 떠올리십시오.
> ❖ 마음에 일어나는 유익하지 못한 생각과 감정을 무조건 나쁘게 볼 필요는 없습니다. 그것을 명료하게 보는 것이 더 중요합니다.

생각을
대하는
방법

명상은 어떤 것에 관하여 생각하는 것이 아닙니다. 마음의 여러 가지 차원 가운데 우리의 삶을 온통 차지하고 있는 것은 두서없는 생각의 차원입니다. 우리는 의식적, 무의식적으로 삶의 대부분 시간을 생각에 빠져 지냅니다. 하지만 명상은 생각이나 사색이 아닙니다. 명상은 그와는 다른 과정입니다. 명상은 생각이 아니라 침묵으로 관찰하는 과정입니다. 침묵하며 관찰할 때 생각으로는 얻을 수 없는 통찰이 일어납니다.

명상의 목적에서 볼 때 특별히 '중요한' 생각이란 따로 없습니다. 어린 시절의 아름다운 추억도, 소중한 가족과 친구도, 언젠가 쓰겠다고 벼르는 위대한 소설도 명상의 관점에서는 중요한 생각이 아닙니다. 그렇다고 명상 중에 이런 생각이 일어나지 않는다는 것은 아닙니다. 오히려 명상에서 생각은 매우 자주 일어납니다. 중요한 것은 일어난 생각에 맞서 싸우거나 그에 대해 판단하지 않는 것입니다. 생각이 일어났을 때 그저 일어났음을 알아차리고 그것을 따라가지 않겠다고 선택해야 합니다. 생각이 일어났음을 일찍 알아챌수록 생각의 텅 빈 성질을 더 잘 볼 수 있습니다.

생각은 종종 아주 유혹적입니다. 명상을 하려고 자리에 앉아 몽상에 빠진 채로 있다 보면 한 시간이 훌쩍 지나가 버립니다. 당신에겐 즐거운 경험이었을지 몰라도 이것은 명상이 아닙니다. 생각에 빠져 있는 것은 수행이 아닙니다. 우리가 키우려는 지혜는 머릿속의 시끄러운 생각이 아니라 침묵하는 알아차림에서 직관적으로 일어납니다. 그것은 자연스럽게 생겨나는 지혜입니다.

명상은 생각하는 것이 아니지만, 생각을 분명하게 알아차린다면 명상이라고 할 수 있습니다. 생각은 명상의 대상으로서 매우 유용합니다. 관찰의 힘이 강해지면 일어나는 생각 자체를 관찰할 수 있습니다. 생각을 관찰하면 생각의 본래 성질을 알게 됩니다. 생각의 내용에 빠져 헤매는 것이 아니라 생각이 일어나고 사라지는 과정을 자각하게 됩니다.

다르마의 가르침에서 자주 언급하는 주제가 있습니다. 현상과의 **동일시**identification가 우리에게 미치는 강한 영향이 그것입니다. 동일시는 우리를 자신의 조건화된 내용에 가둡니다. 자신이 조건화된 내용에 갇혀 있음을 알 수 있는 손쉬운 방법이 있습니다. 그것은 생각에 빠져 있는 것과 생각을 알아차리는 것이 어떻게 다른지 관찰하는 것입니다.

생각에 푹 빠져 있는 동안에는 그 생각을 '나'로 강하게 동일시하게 됩니다. 이때 생각은 우리의 마음을 통째로 휩쓸어 갑니다. 순식간에 우리를 먼 곳까지 데려가기도 합니다. 우리는 생각의 열차에 올라타는지도 모른 채 올라탑니다. 물론 열차의 목적지가 어디인지도 모릅니다. 한참을 생각에 휩쓸려가고 나서야 문득 정신을 차리고는 생각에 농락당했음을 깨닫습니다. 이윽고 생각의 열차에서 내려오면 열차에 올랐을 때와 완전히 다른 정신적 환경에 있게 됩니다. 생각하고 있음을 알지 못하면 생각은 우리를 온갖 이상한 세상으로 데려갑니다.

생각이란 무엇일까요? 자각하지 못할 때 우리의 삶을 강하게 조건 짓다가도 주의를 기울이는 순간 사라지는 생각이라는 현상의 정체는 대체 무엇일까요? 우리의 마음에서 꼬리에 꼬리를 물고 끝없이 이어지는 생각놀음에 지혜롭게 대처하는 법은 없을까요?

여기서 잠깐 실험을 하나 해보겠습니다. 마음에서 일어나는 생각을 직접 관찰하는 실험입니다. 지금 바로 눈을 감고 당신이 영화관에 앉아 텅 빈 스크린을 쳐다본다고 상상하십시오. 당신은 지금 아무 생각이라도 일어나기를 기다리고 있습니다. 일어나는 생각을 기다리는 것 외에 당신이 하는 일은 없습니다. 생각이 일어나는 순간, 그것을 즉각 알아차려 보십시오.

자, 이제 생각이 일어났습니까? 그것은 정확히 어떤 생각이었습니까? 그 생각을 알아차렸습니까? 알아차리자 생각은 어떻게 되었습니까? 아마도 알아차리는 순간, 사라졌을 것입니다. 생각은 거기 빠져 있는 동안에는 실재하는 것처럼 보여도 알아차리는 순간, 형체도 없이 사라지는 마술 놀음과 같습니다.

그렇다면 잠시 일어나는 생각이 아니라 우리에게 지속적인 영향을 미치는 강력한 생각은 어떻게 해야 할까요? 명상에서 우리는 일어나는 생각을 관찰하고 또 관찰합니다. 그러다 보면 어느 순간 자신이 같은 생각에 계속 빠져 있음을 보게 됩니다. 그 생각은 무엇에 관한 것입니까? 어떠한 마음 상태 또는 생각이 당신을 계속 붙잡고 있습니까? 이런 경우에는 일어나고 사라지는 생각의 텅 빈 속성을 알아보기가 쉽지 않습니다.

붓다는 우리가 생각에 의해 형성되고 창조되며 이끌린다고 말했습니다. 붓다의 말이 옳다면 생각의 과정을 신중히 살핌으로써 지금 내가 어디에 '걸려' 있는지 아는 것은 매우 중요합니다. 자신의 생각을 살펴봄으로써 생각을 '나'로 동일시하고 있지 않은지 살펴야 합니다. 이를 통해 내가 지금 스스로 불행을 가져오는 어떤 것을 만들고 있지 않은지 알아야 합니다. 초대받지 않은 생각들에 우리가 얼마나 큰 '권력'을 부여하는지 알면 놀랄 정도입니다. 생각은 우리에게 이렇게 지시합니다. "이렇게 행동해. 저렇게 말해. 꼭 기억해. 신중히 계획해. 반드시 그래야 해. 즉시 판단해." 초대받지 않은 생각이 찾아올 때 그것은 종종 우리를 미치게 만듭니다!

우리가 어떤 생각을 하는지, 그리고 그 생각이 우리의 운명에 어떤 영향을 주는지는 생각을 어떻게 이해하느냐에 달려 있습니다. 일어나고 사라지는 생각을 단순하게 관찰할 수 있는 명료하고 강력한 마음 공간에 서야 합니다. 그럴 때 마음에 어떤 종류의 생각이 일어나는가는 문제가 되지 않습니다. 생각을 관찰하는 마음 공간에 서면 어떤 생각이든 실체 없이 비어있음을 볼 수 있습니다. 이곳에서는 생각이 한때 지나가는 '쇼'라는 사실을 알게 됩니다. 우리를 창조하고 이끌며 세상을 쥐고 흔드는 생각이지만, 일어나고 사라짐을 관찰하는 명료하고 강력한 마음 공간에 서 생각은 마음의 일시적인 에너지 변화에 지나지 않습니다. 이 마음 공간에서 생각은 물결 하나도 일으킬 힘이 없습니다. 햇볕을 받으면 사라지는 투명한 이슬방울과 같습니다.

그러나 일어나고 사라지는 생각을 그저 지켜보기가 어려운 때도 있습니다. 생각이 일어나고 사라짐을 보지 못하는 경우는 두 가지입니다. 생각 속에 길을 잃고 헤매거나, 특정 행동을 위한 준비 단계로 무언가에 대해 골똘히 생각하는 때입니다. 어느 경우든 중요한 것은 유익한 생각과 유익하지 않은 생각을 구분하는 것입니다. 그래야 어떤 생각에 힘을 실을지 알 수 있습니다. 어떤 생각에 힘을 실을지 알아야 하는 이유는 생각이 일정한 업력業力을 갖기 때문입니다. 생각은 우리를 이끕니다. 생각에서 행동이 나오며, 행동에서 온갖 다양한 결과가 일어납니다. 그렇다면 우리는 어떤 생각에 힘을 실어야 할까요? 우리 앞에 놓인 중요한 과제는 생각을 분명하게 봄으로써 어떤 생각을 행동에 옮길지, 또 어떤 생각을 그냥 놓아둘지 선택하는 것입니다.

생각을 알아차리려면 기민하게 깨어있어야 합니다. 생각이란 놈은 아주 약삭빨라서 한 곳에서 지키고 있으면 느닷없이 다른 곳에서 비집고 들어옵니다. 그렇지만 수행이 향상되면 생각의 영향력에서 풀려나는 두 가지 현상이 일어납니다. 첫째, 마음이 실제로 더 고요해집니다. 이제 생각은 마음에서 요동치는 폭류가 더 이상 아닙니다. 생각이 더 적게 일어나면서 내면은 더 고요해지고 평온해집니다. 둘째, 마음의 관찰하는 힘이 더 기민하고 강해집니다. 생각을 명료하게 보면 자기도 모른 채 생각에 농락당하는 일이 줄어듭니다. 생각을 '나'로 동일시하지 않고 생각에 힘을 실어주지 않습니다. 이때 마음은 편안함과 단순함, 평온함이라는 마음 본연의 상태에 머물 수 있습니다.

> 🧘 **수행 Tip!**
>
> ❖ 생각은 거기 빠져 있는 동안에는 실재하는 것처럼 보여도 알아차리는 순간 형체도 없이 사라지는 마술 놀음과 같습니다.
>
> ❖ 생각이 일어나고 사라짐을 관찰하는 명료하고 강력한 마음 공간에 서 보십시오. 수행을 통해 그것이 가능합니다.

견해와
의견

자신의 생각을 가까이서 살필 때 알게 되는 사실이 있습니다. 그것은 우리가 특정 종류의 생각을 '나'로 강하게 동일시하고 있다는 사실입니다. 이런 특정 종류의 생각을 '견해' 또는 '의견'이라고 합니다. 견해와 의견을 갖는 것이 나쁘다는 말이 아닙니다. 다만 견해와 의견에 집착할 때 문제가 생깁니다. 견해를 갖는 것과, 견해에 집착하는 것을 구분해야 합니다. 견해에 대한 집착 때문에 갈등과 분열이 생깁니다. 그래서 어떤 사람은 아무 견해와 의견도 갖지 않아야 한다고 생각하지만 이 역시 우리를 곤란한 상황에 처하게 합니다. 견해를 완전히 제거하기란 불가능하기 때문입니다.

마음이 자유로워진다는 것은 특정 의견을 '나'로 강하게 동일시하지 않는 것입니다. 어떻게 하면 의견을 '나'로 동일시하지 않을 수 있을까요? 특정 견해를 나로 동일시하고 있지 않은지 아는 방법이 있습니다. 그것은 하루 중 자신의 내면 상태가 변화하는 과정을 주의깊이 살피는 것입니다. 하루를 지내는 동안 당신에게는 여러 가지 생각이 떠오를 것입니다. 그러다 어느 순간, 특정한 사람과 상황에 관한 의견이 생겨나는 순간이 옵니다.

만약 당신이 그 의견을 단지 하나의 정신적 현상으로 보지 않고 '나'로 동일시한다면 뚜렷한 긴장감이 마음에 일어날 것입니다. 이 긴장감은 나의 생각이 절대로 옳다는 느낌입니다. 이 긴장감과 자기 정당성의 느낌은 분리되고 협소한 마음에 나를 가둡니다.

마음에 이런 긴장감이 일어나는 때를 주의 깊게 살펴보십시오. 긴장되고 수축되는 느낌은 당신이 특정 의견에 집착하고 있다는 표시입니다. 이런 때는 마음챙김이라는 '마음의 레이더'를 즉시 켜십시오. 생각이 일어나는 과정을 깨어있는 마음으로 지켜보십시오. 그러면 마음이 괴롭고 불편하고 수축되는 순간을 바로 포착할 수 있습니다.

이 점에서 마음챙김은 '정신의 조기경보 시스템'이라고 할 수 있습니다. 마음챙김 역시 여느 수행법처럼 자주 사용할수록 기능을 더 잘 발휘합니다. 지금 당신의 마음이라는 스크린은 점 하나 없이 깨끗한 상태입니다. 그러다 어느 순간, 스크린에 이상 물체가 나타납니다. 그러면 당신의 몸과 마음은 딱딱하게 굳기 시작합니다. 딱딱함을 느끼는 순간, 멈추어야 합니다. 이 멈춤의 순간은 우리에게 주어지는 귀한 선물입니다. 우리가 특정 의견에 사로잡혔음을 알려주는 신호이기 때문입니다.

견해와 의견에 대한 집착에서 놓여난다면 보다 유연하게 견해와 의견을 가질 수 있습니다. 그러면 상황의 전체 그림을 더 냉철하고 객관적으로 볼 수 있습니다. 뿐만 아니라 나와 다른 생각과 관점까지 존중하며 받아들일 수 있습니다. 이럴 때 마음은 더 열리고 사람들과의 의사소통도 더 원활해집니다.

이처럼 벗어남이 언제나 화려하거나 극적인 사건일 필요는 없습니다. 벗어남은 순간순간 자신의 마음을 조금 더 자유롭게 만드는 과정이기도 합니다.

> **수행 Tip!**
>
> ❖ 하루 중 마음이 긴장되고 수축되는 느낌이 일어날 때면 마음챙김이라는 '마음의 레이더'를 켜십시오. 그렇게 생각이 일어나는 과정을 깨어있는 마음으로 지켜보십시오.
>
> ❖ 견해와 의견에 대한 집착에서 놓여날 때, 더 유연하게 견해와 의견을 가질 수 있습니다. 그럴 때 전체 상황을 더 냉철하고 객관적으로 바라볼 수 있습니다.

판단하는
마음
500

견해와 의견이 강하게 굳어지면 판단으로 바뀝니다. 판단은 우리가 흔히 경험하는 또 하나의 조건화된 패턴입니다. 우리는 늘 자신과 타인에 대해 판단을 내립니다. 자신의 경험에 대해 판단하지 않는 때가 거의 없을 정도입니다. 우리가 항상 판단을 내린다는 사실은 분주한 일상에서는 잘 드러나지 않지만 명상으로 자기 마음을 자세히 들여다보는 순간 명확하게 드러납니다. 심지어 우리의 마음은 판단을 제외하고는 하는 일이 거의 없어 보입니다.

아마 당신도 모든 사람처럼 마음에서 끝없이 일어나는 판단 때문에 불편했던 적이 있을 것입니다. 그렇다면 무엇보다 기억해야 할 것이 있습니다. 다르마 수행의 핵심은 마음에서 일어나는 현상의 패턴을 바꾸는 것이 아니라 그것과 관계 맺는 방식을 변화시키는 것이라는 사실입니다. 판단하는 마음과 맺는 관계를 변화시키는 방법 세 가지를 소개합니다. 이중 두 가지는 내가 직접 알아낸 방법입니다. 아마 불교 경전을 뒤져도 나오지 않을 것입니다. 개인 수행 중 판단의 '무차별 공습'에 대처하는 과정에서 나 스스로 깨우친 내용입니다.

한번은 명상 수련회 도중 판단하는 마음이 자꾸 올라와 매우 불편했던 적이 있습니다. 그때 나는 수행센터의 식당에서 식사 중이었습니다. 내가 앉은 자리는 식당 입구로 들어오는 사람들이 아주 잘 보이는 위치였습니다. 수행자들이 들어와 차례로 식사하는 장면이 눈에 들어왔습니다. 그때 누가 나의 모습을 봤다면 아마 '먹기 마음챙김'을 하는 줄 알았겠지만 실은 식당에서 벌어지는 일을 곁눈으로 훤히 보고 있었습니다. 그때 내 마음은 식당에 들어오는 사람들 하나하나에 대해 판단을 내리고 있었습니다. 나는 이런 내 마음을 보고 무척 놀랐습니다.

나는 사람들이 걸어 들어오는 방식이 마음에 들지 않았습니다(그들은 걸음을 알아차리지 않는 듯했습니다). 또 먹는 음식의 양과 음식을 먹는 방식이 못마땅했습니다. 심지어 그들이 입은 옷까지 모두 불만족스러웠습니다. 말하자면 내 마음은 모든 것에 대해 판단을 내리고 있었습니다. 이렇게 속으로 계속 판단하고 있는 나를 지켜보는 것은 무척 당혹스러운 일이었습니다. 아마 당신에게도 그리 낯선 경험은 아닐 것입니다.

판단하고 있는 자신을 알게 되자 나는 즉각 대응했습니다. 내가 내리는 판단을 모조리 '나쁜' 생각으로 규정한 것입니다. 뿐만 아니라 '나쁜' 생각을 하는 나 자신에 대해 다시 판단을 내렸습니다. 그러나 판단하는 나를 다시 판단하는 것은 전혀 도움이 되지 않았습니다.

그렇다면 판단에 바르게 대처하는 법은 무엇일까요? 첫 번째는 효과가 검증된 아주 오래된 방법입니다. 그것은 **명료한 마음챙김**clear mindfulness이라고 하는 것입니다. 나의 경우, 판단하는 마음이 어떤 패턴으로 일어나는지 알아차리려고 했습니다. 끝없이 일어나는 판단을 명료하게 알아차렸습니다. 이런 식으로 마음챙김을 계발하자 판단하는 마음을 나로 동일시하는 정도가 줄었습니다.

그런데 상황에 따라 다소 특이한 방법이 필요한 경우도 있습니다. 그래서 나는 "비정통적인" 판단 다루기 방법을 개발했습니다. 우선, 판단하는 마음이 일어날 때마다 수를 세었습니다. "판단 하나, 판단 둘, 판단 셋… 판단 500"처럼 속으로 수를 세었습니다. 이렇게 하다 보니 어느 순간 웃음이 나왔습니다. 이제 나는 판단이라는 '나쁜' 생각을 좀 더 가볍게 대할 수 있었습니다. 그 생각들을 반드시 사실로 믿을 필요가 없음을 알았습니다. 그 생각들에 일일이 대응하지 않아도 된다는 것을 알았습니다. 판단하는 마음이 일어나면 그 마음을 있는 그대로 지켜봅니다. 그런 다음 미소를 짓고는 그저 내려놓습니다. 이렇게 하자 마음이 한결 가벼워졌습니다.

판단하는 마음이 자꾸 일어날 때 내가 사용하는 또 다른 방법이 있습니다. 그것은 판단이 일어나면 곧이어 "하늘은 파랗다"는 구절을 속으로 덧붙이는 것입니다. 예컨대 "저 사람은 왜 저렇게 많이 먹지? 하늘은 파랗다." 혹은 "저 사람들 왜 저따위로 걷는 거야. 하늘은 파랗다." 같은 식입니다. "하늘은 파랗다"는 중립적인 생각입니다. 즉, 마음에 반작용을 일으키지 않고 일어났다 사라지는 무덤덤한 생각입니다. 판단이 일어날 때마다 중립적인 생각을 바로 뒤에 덧붙여 보십시오. 그러면 판단하는 생각을 무심히 바라볼 수 있습니다. "하늘은 파랗다"처럼 중립적인 생각이 일어나고 사라짐을 보듯이 판단을 볼 수 있습니다.

 판단을 비롯해 마음에서 반복적으로 일어나는 생각에 대해 맞서 싸우는 것은 좋은 방법이 아닙니다. 그런 생각이 아예 일어나지 않도록 하는 것도 매우 힘든 일입니다. 대신에 그런 생각에 반응하지 않고 걸려들지 않는 법을 배울 수는 있습니다. 심지어 마음에 계속 일어나는 생각에 미소 짓는 법을 배울 수도 있습니다. 당신이 가장 불편해하는 생각 패턴이 있다면 위의 방법을 적용해 보십시오. 만약 당신이 "자기 혐오"라는 생각 패턴을 힘들어한다면 자기 혐오가 일어날 때마다 수를 세어 보십시오. "자기 혐오 하나, 자기 혐오 둘, … 자기 혐오 595, … 자기 혐오 1,000"처럼 말입니다. 이러다 보면 어느 순간 자기 혐오에 미소 짓고 있는 자신을 보게 될지 모릅니다.

 이 미소는 당신이 불편해하는 생각과의 관계에 지금 중대한 변화가 일어났다는 신호입니다. 당신이 걸려 있던 생각은 이제 텅 비어 있습니다. 그것은 '당신의' 생각이 아닙니다. 당신의 '자아'에서 나오는 생각이 아닙니다. 생각이 자꾸 올라온다는 것은 생각과 잘못된 관계를 맺고 있다는 뜻입니다. 생각이 올라오는 것을 싫어하는 만큼 생각은 계속 올라올 것입니다. 그러다 어느 순간 생각을 싫어하지 않으면 생각이 일어나더라도 문제가 되지 않습니다.

 끔찍한 각본이 마음에 펼쳐질 때마다 나는 속으로 이렇게 생각합니다. "그래, 또 일어나는구나. 일어날 테면 일어나라지. 일어난 다음에는 사라질 테니까." 일어나는 생각에 반사적으로 반응하지 않고, 생각을 '나'로 동일시하지 않는다면 생각이 어떤 내용을 담고 있는가는 문제가 되지 않습니다. **깨어있는 알아차림**mindful awareness의 관점에서 보면 생각의 내용은 중요하지 않습니다. 이 사실을 깨닫는다면 생각으로부터 자유로워지는 커다란 선물을 받을 수 있습니다.

> 🧘 수행 Tip!
>
> ❖ 다르마 수행의 핵심은 마음 현상의 패턴을 바꾸는 것이 아니라 그것과 관계 맺는 방식을 변화시키는 것입니다.
> ❖ 판단을 명료하게 알아차리고, 판단이 일어날 때마다 수를 세며, 판단이 일어났을 때 중립적인 생각을 거기에 덧붙여 보십시오. 판단과 관계 맺는 방식이 변화할 것입니다.

자만,
비교하는
마음

❦

　일어나는 생각을 효과적으로 다루는 또 하나의 방법이 있습니다. 그것은 자만심을 면밀히 살피는 것입니다. 불교심리학에서 자만은 특정한 의미를 갖습니다(아비담마에서는 자만을 마나(māna)라고 한다-옮긴이). 즉, 자신과 타인을 비교하는 마음 활동을 가리켜 자만이라고 합니다. 흔히 자신을 남보다 우월하다고 여기는 마음을 자만이라고 알지만 반드시 남보다 우월하다는 생각만이 자만이 아닙니다. 남보다 못하거나 남과 동등하다고 여기는 것도 비교하는 마음이므로 자만입니다. 비교하는 마음인 자만은 '자아'라는 것이 존재한다는 환상에서 생겨납니다. 남과 비교하는 모든 생각의 중심에는 자아, 즉 내가 존재한다는 느낌이 자리 잡고 있습니다.

　자만심에 관해서는 '좋은 소식'과 '나쁜 소식'이 모두 있습니다. 사실 둘은 동일한 소식의 두 가지 측면입니다. 그것은 깨달음의 마지막 단계에 이르기까지 자만을 완전히 뿌리 뽑을 수 없다는 사실입니다. 최종적 깨달음을 얻기 전까지는 비교하는 마음이 계속 일어날 것입니다. 본질적으로 나의 경험에 자아란 존재하지 않는다는 것, 즉 경험의 소유자로서 '나'가 존재하지 않는다는 진리를 깨달은 뒤에도 비교하는 마음은 습관처럼 계속 일어납니다. 자만 자체가 '나'가 아님을 알아도 완전한 벗어남을 얻기 전까지 자만은 사라지지 않고 일어납니다. 그러므로 위에 말한 '나쁜 소식'은 자만심이 오랜 기간 사라지지 않고 지속될 것이라는 사실입니다.

한편 '좋은 소식'은 자만심이 일어나더라도 낙담하거나 자기를 비난할 필요가 없다는 것입니다. 자만심이라는 마음의 패턴은 한동안 우리 마음에서 사라지지 않을 것입니다. 그러므로 차라리 그것과 친구가 되는 편이 낫습니다. 비교하는 마음이 일어날 때마다 단지 관찰하십시오. 그것에 놀라지 말고 "아! 또 일어나는군." 하면서 부드럽게 받아들여 보십시오.

일어나는 자만심을 꺼트리는 가장 좋은 방법은 곧장 마음챙김의 상태에 들어가 현상의 일시성에 초점을 맞추는 것입니다. 비교하는 마음에 사로잡혀 있을 때 마음은 나와 나 외의 사람을 구분하는 관념에 빠져 있습니다. '자아와 타자'라는 환영의 관념적 프레임에 걸려 있는 것입니다. 자아와 타자의 관념을 비롯한 모든 것이 끊임없이 일어나고 사라짐을 보지 못할 때 나와 남을 비교하게 됩니다. 생각 자체의 무상함을 보지 못하면 비교하는 생각의 내용에 갇히고 맙니다. 반대로, 생각의 무상한 성질을 볼 수 있으면 비교하는 마음은 사라집니다.

나의 경우, 비교하는 마음이 강하게 일어난 적이 있습니다. 미얀마 우

판디타U Pandita 스님의 지도로 명상 수련회에 처음 참가했을 때의 일입니다. 그때 스님은 미국을 처음 방문해 아주 엄격하게 수련회를 지도했습니다. 스님에 대해 잘 모르는 참가자들은 다소 긴장한 상태로 엄숙한 분위기에서 수행에 임했습니다.

그런데 수행이 시작된 지 몇 주 뒤부터 수행자들이 작은 노트에 뭔가를 적는 모습이 나의 눈에 들어왔습니다. 노트에 기록하는 수행자는 날이 갈수록 늘었습니다. 사실 이것은 위파사나 수련회에서 다소 이례적인 일이었습니다. 원래 수련회에서는 책을 읽거나 노트를 하지 않도록 되어 있기 때문입니다. 게다가 묵언 수행이었기에 나는 수행자들이 노트에 무엇을 적는지 물어볼 수도 없었습니다.

나는 이렇게 생각했습니다. "스님이 수행자들에게 명상 과제를 내주는 게 틀림없어. 나에게는 언제 과제를 내줄까?" 나는 노트에 기록하는 수행자는 명상을 '잘하는' 부류라고 생각했습니다. 나는 이후 매일같이 스님에게 수행 인터뷰를 받았지만 스님은 노트에 적으라는 말도, 명상 과제도 내주지 않았습니다. 그러자 나는 수행에 점점 자신이 없어졌습니다. "나는 명상을 잘 못하는 축에 드는 게 틀림없어."

그로부터 조금 지나자 나를 제외한 모든 수행자가 뭔가를 적기 시작했습니다. 내가 보기에 명상을 '잘 못하는' 사람까지 모두 말입니다. 그러자 이번에는 이런 생각이 들었습니다. "수행을 잘 못하는 사람까지 노트에 적는 걸 봐. 나는 수행을 너무 잘해서 노트에 적을 필요가 없는 거야."

내 마음은 두 가지 생각을 왔다 갔다 했습니다. "나는 수행을 잘하는 수행자일까, 못하는 수행자일까? 그도 아니면 나는 어떤 수행자일까?"

이런 생각은 나를 살짝 미치게 만들었습니다. 그러다 수련회가 끝날 무렵 알게 된 사실이 있습니다. 스님은 노트에 무언가를 적으라고 지시한 적이 한 번도 없었다는 사실입니다. 수행자들은 단지 자신의 수행 경험을 잊지 않으려고, 또 스님에게 정확히 보고하기 위해 노트에 기록했던 것입니다.

비교하는 마음이 일어날 때는 그것을 알아차리는 연습을 하십시오. "나는 남보다 뛰어나. 나는 남보다 못해." 같은 자만심이 일어나는 순간, 그것을 놓치지 않고 관찰하십시오. 자만심을 분명하게 보지 않으면 그것은 괴로움의 커다란 원천이 됩니다. 비교하는 마음, 자만하는 마음은 나를 타인과 동떨어진 존재로 느끼게 만듭니다. 그것은 우리를 자아라는 좁은 틀에 가둡니다.

비교하는 생각과 느낌을 알아차리면 그것과 부드러운 방식으로 함께할 수 있습니다. 다시 말해, 비교에 걸려들지 않고 비교의 내용을 '나'로 동일시하지 않으면서 그것과 함께할 수 있습니다. 그럴 때 자만은 실체 없이 무상한 또 하나의 일시적인 생각에 지나지 않게 됩니다. 비교하는 생각이 일어나더라도 자신을 비난할 필요가 없습니다. 그것을 사실로 믿을 필요도 없습니다. 바람에 나부끼는 나뭇잎을 보듯이 일어나는 자만심을 그저 지켜보십시오. 그러면 마음은 자만심에서 자유로운 상태에 머물 것입니다.

> **수행 Tip!**
>
> ❖ 자만심이 일어날 때는 낙담하거나 자기를 비난하지 말고 비교하는 마음이 일어났음을 관찰하는 기회로 삼으십시오.
> ❖ 일어나고 사라지는 생각의 무상한 성질을 볼 수 있으면 비교하는 마음인 자만으로부터 자유로울 수 있습니다.

감정과
지혜롭게
관계 맺기

❦

지금까지 본 것처럼 생각은 견해와 판단, 비교 등 온갖 다양한 모습으로 나타납니다. 생각에 휘둘리지 않는 자유로운 관계를 맺는 것은 우리의 수행에서 매우 중요하고 도전적인 부분입니다. 그런데 우리의 수행에는 또 하나의 도전이 있습니다(어쩌면 이것이 더 큰 도전인지 모릅니다). 그것은 우리의 감정적 삶과 유연하고 지혜로운 관계를 맺는 일입니다.

명상 수행과 일상생활에서 감정은 우리가 이해하기 매우 어렵고 자유로운 방식으로 함께하기가 가장 어려운 경험의 영역입니다. 감정을 이해하기 어렵고 자유로운 관계를 맺기 힘든 이유는 두 가지입니다. 첫째, 감정은 마음에 일어나는 현상으로서 형체가 없습니다. 감정은 분명한 경계도 없습니다. 시작하고 끝나는 지점이 명확하지 않습니다. 신체 감각처럼 만져지지도 않고 생각처럼 분명하게 정의할 수 있는 것도 아닙니다. 우리가 강렬한 감정을 느끼는 와중에도 거기에 뒤섞인 여러 감정을 분명하게 구분하기란 쉬운 일이 아닙니다.

감정을 이해하기 어려운 두 번째 이유는 우리가 감정을 '나'로 동일시하는 데 깊이 조건화되어 있다는 사실입니다. 사랑과 분노, 흥분과 슬픔 등 강렬한 느낌의 한가운데 있을 때면 '나'라는 강한 자아 감각이 그것과 함께 일어납니다. 신체 감각과 생각의 일시적이고 비개인적인 성질을 알아보기는 그리 어렵지 않습니다. 반면 감정의 비개인적인 성질을 알아보기는 신체 감각이나 생각의 경우보다 훨씬 어렵습니다. 많은 사람에게 '비개인적 감정'이라는 말 자체가 모순으로 다가옵니다. 그만큼 감정은 우리의 경험에서 '가장 개인적인' 영역으로 간주됩니다.

그렇다면 이렇게 풍부하고 복잡하며 각양각색인 감정 세계를 이해하는 다른 방법은 없을까요? 지금부터 소개하는 **감정 대처법 3단계**를 통해 지금까지와 다른 방식으로 감정을 경험할 수 있을 것입니다.

감정을 다루는 첫 단계는 감정이 일어날 때 각각의 감정을 정확히 인지하고 그것들 사이의 미묘한 차이를 구분하는 것입니다. 나의 경우, 수행 중에 커다란 슬픔을 느낀 적이 있었습니다. 슬픔은 며칠 동안이나 사라지지 않고 계속되었습니다. 나는 "슬픔, 슬픔…"이라고 명칭을 붙이며 슬픔을 계속 관찰했습니다. 하지만 슬픔은 사라지지 않았습니다. 무언가 꽉 막힌 것처럼 느껴졌습니다.

얼마 뒤 나는 이 느낌을 더 자세히 관찰했습니다. 그러자 그것이 실은 슬픔이 '아닌' 다른 느낌이라는 것을 알았습니다. 그것은 슬픔이 아니라 행복하지 못한 느낌에 더 가까웠습니다. 슬픔과 행복하지 못한 느낌은 매우 비슷하게 느껴지나 면밀히 살피면 아주 다릅니다. 나의 내면에서 '실제로' 어떤 일이 벌어지고 있는지 깨닫자 그 느낌은 더 이상 막혀 있지 않고 흘러갔습니다. 개별 감정의 정체를 정확하게 보지 못하면 그것을 온전히 받아들일 수 없습니다. 그러면 자기 내면에서 실제로 일어나는 현상에 주파수를 맞추지 못해 꽉 막힌 것처럼 느끼게 됩니다.

또 너무나 불쾌하고 불편한 나머지 절대 인정하고 싶지 않은 감정도 있습니다. 이때 우리는 그 감정을 의식적, 무의식적으로 회피합니다. 이것을 **부정**denial이라고 하는데 두려움, 수치심, 불안, 외로움, 분노, 지루함, 당황스러움 등 많은 느낌에 대해 우리는 부정이라는 마음 패턴을 작동시킵니다. 이 느낌들과 단순히 함께하지 못하고, 상황을 지금과 다르게 바꾸려고 온갖 수단을 동원하는 것입니다.

우리는 살면서 지루함과 외로움, 두려움을 느끼지 않으려고 얼마나 많은 일을 합니까? 이처럼 감정의 대역帶域에 온전히 열리지 못하고 일어났다 사라지는 감정의 성질을 보지 못하면 스스로를 불행하게 만드는 행동으로 이어집니다. 뿐만 아니라 이런 감정들을 계속 피해 다녀야 합니다. 고통스러운 감정에 따르는 불쾌감을 가만히 느껴보는 연습을 하십시오. 이런 연습만으로 우리를 힘들게 하는 중독성 행위의 많은 부분을 예방할 수 있습니다. 특히 힘겨운 감정이 일어날 때 그것이 일어남을 알고 인정하면 거기에 열릴 수 있습니다. 이렇게 감정에 열리면 장자莊子가 말한 '만 가지 기쁨과 만 가지 슬픔'을 경험할 수 있습니다.

마음에서 일어나는 감정을 인식할 때 알게 되는 또 다른 사실은 감정이 흔히 무리를 지어 일어난다는 것입니다. 그렇지만 우리는 감정의 무리에서 가장 두드러진 느낌만을 지각합니다. 그러는 가운데 저 밑에서 그 느낌을 키우는 다른 느낌들을 보지 못합니다. 예를 들어, 커다란 분노를 느낄 때 우리는 분노라는 감정을 가장 잘 알아차립니다. 하지만 분노에 따르는 다른 감정들, 예컨대 자신이 옳다고 여기는 **자기 정당성**self-righteousness의 느낌은 자각하지 못하는 경우가 많습니다. 주된 감정에 따라오는 감정들을 제대로 자각하지 못하면 괴로운 감정에 오랜 시간 걸리고 막힌 채로 지내야 합니다.

지금까지 감정을 다루는 첫 단계에 대해 이야기했습니다. 우리의 경험에서 일어나는 다양한 감정의 정체를 정확히 인식하고 받아들이는 것입니다. 이제 강렬한 느낌에 대처하는 두 번째 단계입니다. 이것은 현대 서구에서 큰 가치를 두지 않는 방법입니다만 행복한 삶을 사는 데 반드시 필요한 토대입니다. 그것은 **유익한**wholesome 감정 또는 마음 상태와 **유익하지 못한**unwholesome 감정 또는 마음 상태를 지혜롭게 분별하는 것입니다. 어떻게 분별해야 할까요? 방법은 간단합니다. 지금의 마음 상태가 나와 타인에게 괴로움을 일으키면 유익하지 못한 마음 상태이고, 행복과 평화를 가져오면 유익한 마음 상태입니다.

어떤 마음 상태는 아주 분명하게 유익하거나 유익하지 않습니다. 유익함을 **능숙함**skillful으로 말하기도 합니다. 불교에서 능숙함이란 우리를 행복과 자유에 이르게 한다는 의미입니다. 반대로, **능숙하지 못함**unskillful은 행복과 자유가 아닌 괴로움에 이르게 한다는 뜻입니다. 탐욕, 화, 무지가 바람직하지 못한 마음 상태라는 데 이견을 달 사람은 없습니다. 또 너그러움, 사랑, 연민, 이해가 가치 있는 마음 상태임을 부정하는 사람도 없습니다. 그런데 이 둘을 구분하기가 모호하거나 어려운 경우가 있습니다. 유익하지 못한 감정 또는 마음 상태가 마치 유익한 마음 상태인 것처럼 위장해 나타나는 경우가 그렇습니다. 슬픔을 연민으로 잘못 아는 때도 있고, 심지어 분노를 연민으로 착각하는 경우도 있습니다. 또 무관심을 평정심과 혼동하기도 합니다. 이들은 서로 비슷해 보여도 매우 다른 성질의 감정입니다. 따라서 그것이 낳는 결과도 완전히 다릅니다.

자신의 감정을 존중하라는 말을 주변에서 흔히 듣습니다. 이것은 감정을 인식하고 받아들이며 그것에 열린다는 의미에서는 맞는 말입니다. 그러나 그것만으로 충분하지 않습니다. 거기에서 멈추면 안 됩니다. 감정을 인식하고 받아들이고 거기에 열렸다면 다음 단계를 밟아야 합니다. 그것은 특정 마음 상태가 능숙한지 능숙하지 못한지 살피는 것입니다. 행복과 자유를 가져다주는 마음 상태인지, 아니면 괴로움을 일으키는 마음 상태인지 살펴야 한다는 말입니다. 행복과 자유를 가져다주는 마음 상태이면 더 키워야 하고, 괴로움을 일으키는 마음 상태라면 지나가도록 내려놓아야 합니다. 이 선택을 제대로 실천에 옮기는 것은 쉬운 일이 아닙니다. 하지만 선택권이 언제나 나에게 있다는 것만은 분명한 사실입니다.

현명한 분별력은 우리에게 큰 힘이 됩니다. 마음에 일어나는 감정을 통제할 수는 없어도 나의 내면에 존재하는 감정에 대해 지금까지와 다른 방식으로 관계를 맺을 자유는 갖고 있습니다. 이때 우리 내면에 어떤 감정이 존재하는지, 또 그 감정이 유익한지 유익하지 않은지 자각해야 합니다. 그러지 못하면 지금까지의 조건화된 패턴을 그대로 행동에 옮기게 됩니다. 조건화된 패턴에서 벗어나지 못하면 내심 행복을 원하면서도 계속 고통에 걸려 있게 됩니다. 이 점을 깨달을 때 현명한 선택을 내릴 수 있고 내면의 자유를 성취할 수 있습니다.

이제 감정을 다루는 세 번째 단계를 소개합니다. 이것은 가장 어려운 만큼 가장 심원한 벗어남을 선사하는 단계입니다. 그것은 온갖 감정에 마음을 열고 그것을 '나'로 동일시하지 않는 것입니다. 감정을 '나'로 동일시하는 것, 즉 감정을 **자아**self로 여기고 감정을 '나'라고 간주하는 것은 불필요한 무엇을 만들어내는 일입니다. "화가 나." "슬퍼." "행복해." "불안해"라고 자신에게 말하는 것은 이 감정을 경험하는 마음 상태를 '나'로 강하게 동일시하고 있는 것입니다. 이럴 때면 긴장되고 수축되는 느낌이 일어납니다. 긴장되고 수축되는 이 느낌을 관찰하십시오. 우리는 습관적으로 감정을 자신으로 동일시하며 살아갑니다. 그리고 이 때문에 마음에 커다란 고통을 만들어 냅니다.

명상의 관점에서 볼 때 감정을 비롯한 다양한 마음 상태는 어떠한 본래적 성질도 갖지 않은 채 일어나고 사라지는 현상입니다. 감정은 특정한 조건이 형성되면 일어나며, 또 그 조건이 바뀌면 사라집니다. 감정은 누군가 본래 소유한 것이 아닙니다. 감정은 누구에게 속한 것이 아닙니다. 다시 말해 일어나는 감정을 받는 대상, 감정을 경험하는 '누군가'가 따로 존재하는 것이 아닙니다.

아주 실제적인 의미에서 각각의 마음 상태와 감정은 스스로 자신을 드러내고 있을 뿐입니다. 욕망하는 주체는 '욕망'이라는 감정 자체입니다. 두려워하는 주체는 '두려움'의 감정입니다. 사랑의 주체는 '사랑'이라는 감정입니다. '내가' 욕망하는 것이 아니며 '내가' 두려워하는 것이 아닙니다. '내가' 사랑하는 것이 아닙니다. "나는 화났다."는 표현과 "이것이 화이다.

지금 화가 일어나고 있다."는 표현의 차이를 알 수 있습니까? 이 작은 차이를 구분하는 것이야말로 자유의 커다란 원천이 됩니다. 여기서 주의할 점이 있습니다. 자아가 존재하지 않는다는 말을 자신의 감정을 부정하는 도구로 사용해서는 안 된다는 점입니다. 자아가 존재하지 않는다는 말의 참 의미는 감정에 대한 열림과 받아들임에 있습니다.

> 나 지금 화났어요
>
> 아니요, 지금 당신 마음에 화가 있습니다

티베트 불교 경전에서 말하듯이, 우리의 마음 상태와 감정은 하늘에 떠가는 구름과 같습니다. 감정은 분명한 뿌리도 없고, 머무는 집도 없습니다. 그런 감정을 자아로 강하게 동일시하는 것은 유유히 떠가는 구름을 한곳에 매어두려는 것처럼 부질없는 짓입니다. 우리는 감정을 비롯한 마음에서 일어나는 모든 현상에서 자유로워질 수 있을까요? 마음이라는 열린 하늘에서 그것이 일어나고 유유히 사라질 때까지 놓아두는 법을 배운다면 가능한 일입니다.

수행 Tip!

❖ 형체와 경계가 없고 '나'로 강하게 동일시하는 감정과 유연하고 지혜롭게 관계 맺기란 매우 어렵습니다.

❖ 감정과 자유로운 관계를 맺기 위해서는 1) 각각의 감정을 정확히 인지하고 그 차이를 구분하십시오. 2) 유익한 감정과 유익하지 못한 감정을 지혜롭게 분별하십시오. 3) 온갖 감정에 마음을 열고 그것을 '나'로 동일시하지 않도록 하십시오.

감정에 얽매이기
vs
감정에서 자유로워지기

❦

이제 여러분은 이렇게 물을지 모릅니다. "감정을 '나'로 동일시하지 말라는 건 알겠어요. 그런데 구체적으로 어떻게 해야 하죠?"

감정을 나로 동일시하지 않는 것은 결코 쉬운 일이 아닙니다. 반대로, 감정에 사로잡혀 온통 에너지를 빼앗기고 감정에 관한 생각에 빠져드는 일은 너무나 쉽습니다. 감정과 자신을 동일시하는 과정에서 '나'라는 강한 자아감이 만들어집니다. "나는 너무 화가 나!" "나는 너무 슬퍼!" "나는 너무 행복해!"처럼 말입니다.

우리에게 맞닥뜨린 커다란 도전은(그리고 우리가 지닌 커다란 가능성은) 어떤 느낌도 거부하지 않고 거기에 열린 채로 머무는 것입니다. 느낌이 곧 '나'라거나, 느낌은 '나의 것'이라는 생각을 덧붙이지 않은 채로 느낌의 한가운데서 그것에 열리는 것입니다. 이때 유용하게 사용할 수 있는 실제적인 팁을 소개합니다. 강렬한 감정을 경험하는 중에도 다음 세 가지를 분명히 보십시오.

예컨대 당신이 매우 화가 났다고 합시다. 이때 우선은 당신에게 화를 일으킨 외부 상황이 존재할 것입니다. 누군가가 당신이 싫어하는 말과 행동을 했거나, 당신이 느끼기에 당신과 타인에게 해가 되는 말과 행동을 했을 수도 있습니다. 둘째로, 이 상황에 대한 당신의 반응이 존재할 것입니다(이 경우에는 '화'라는 느낌이 그것입니다). 그리고 마지막 세 번째로는 당신의 마음이 화의 감정에 대해 맺고 있는 관계가 있습니다. 쉽게 말해 당신이 '화'라는 감정을 대하는 태도입니다.

그런데 우리는 대개의 경우 위에 말한 처음 두 가지, 즉 감정을 촉발시킨 외부 상황과 그에 대한 자신의 반응 속에서 길을 잃고 맙니다. 화를 돋울 만한 어떤 일이 일어나면 우리는 즉각적으로 화를 냅니다. 화를 내는 중에 지금 나에게 화를 돋우는 일에 대해 자꾸만 더 생각합니다. 이런 생각은 화를 더 키웁니다. 그러면 현재 상황에 관한 더 많은 생각이 일어납니다. 타인과 외부 상황에 대한 비난과 자기 정당화, 상처 받은 느낌과 더불어 더 많은 생각이 일어납니다. 이렇게 어느새 화의 파괴적인 악순환에 걸려들고 맙니다.

이 악순환에서 벗어나려면 화를 촉발한 외부 상황과 그에 대한 자신의 반응에서 주의를 돌려 당신이 지금 일어나는 감정과 맺고 있는 관계를 살펴보십시오. 예컨대 분노의 소용돌이를 경험하는 와중에 스스로 이렇게 묻습니다. "나는 분노에 꼼짝달싹 못하고 잡혀 있지 않나? 나는 지금 분노에 푹 빠진 채 오히려 그걸 즐기고 있지 않나? 나는 지금 분노를 '나'로 동일시하고 있지 않나?"

자신에게 이런 질문을 던지는 것은 외부 상황에 대해 생각하는 것과는 매우 다릅니다. 이런 질문을 자신에게 던질 때는 더 이상 타인과 외부 상황에 비난의 화살을 향하지 않습니다. 사실 타인과 외부 상황에 비난의 화살을 향해 보았자 상황과 나의 반응에, 그리고 특정 감정과의 동일시에 더 깊이 얽매일 뿐입니다. 화를 일으킨 외부 상황에 대해 더는 생각하지 않을 때 화를 키우지 않게 됩니다.

이런 질문을 스스로 던지는 이유는 질문에 대한 답을 찾거나 지성적인 대응책을 강구하기 위해서가 아닙니다. 자신에게 질문을 던지는 목적은 화라는 감정을 바라보는 나의 관점을 변화시키기 위해서입니다. 나의 마음에서 일어나는 일에 스스로 책임지는 것이라고 할 수도 있습니다. "내가 지금 화의 감정에 걸려들지 않았나?"라고 스스로에게 질문하는 순간, 이미 화의 영향에서 한발 비켜납니다. 그렇게 자신이 지금 화와 어떤 관계를 맺고 있는지 볼 수 있습니다. 이 질문을 던지는 순간, 거대한 화의 덩어리가 눈 녹듯 녹을 수도 있습니다. 부정하고 억압하고 밀쳐내지 않아도 화는 이런 방법으로 사라질 수 있습니다.

한번은 내가 매사추세츠 주 배리Barre의 명상 센터에서 누군가에게 크게 화가 난 적이 있었습니다. 나는 그 사람의 행동이 모두에게 해를 입힌다고 느꼈습니다. 그때 내가 느낀 화는 매우 강렬했습니다. 나는 속으로 '화, 화, 화…' 하면서 관찰했습니다. 그러나 화가 너무 강해 몇 시간 동안 온몸이 부르르 떨렸습니다. 그 상황에 대해 생각할수록 화는 더 강해질 뿐이었습니다.

나는 이렇게 화에 빠진 채로 잠자리에 누웠습니다. 강렬한 화가 몸에 미친 영향 때문인지 다음날 아침 일찍 잠을 깼습니다. 나는 잠을 깨고 나서도 잠들기 전과 똑같은 크기의 화 에너지를 느끼고 있었습니다. 이 사실에 내심 놀란 나는 스스로에게 이렇게 물었습니다. "지금 내 마음에서 무슨 일이 일어나고 있지? 어떻게 내가 화의 감정에 걸려든 걸까?" 그 순간 나는 이 질문을 기계적으로 던지지 않았습니다. 나는 내 마음에서 일어나는 현상을 '정말' 제대로 보고 싶었습니다. 내 마음이 어쩌다 이토록 화에 걸려들었는지, 왜 화를 나로 동일시하고 있는지 보고 싶었습니다.

이 질문을 스스로에게 던지자 화를 바라보는 나의 관점에 변화가 일어났습니다. 그러면서 온몸이 부드러워지고 마법처럼 화가 사라졌습니다. 그날 늦은 시간, 애초에 나에게 화를 돋우었던 사람과 이야기를 나눴습니다. 우리는 문제가 되는 사안에 대해 수월하게, 그리고 생산적으로 이야기를 나눴습니다. 그렇게 할 수 있었던 이유는 내 안에 더 이상 화와 비난의 마음이 존재하지 않았기 때문이었습니다. 그렇다고 외부 상황을 개선하는 시도를 하지 말라는 뜻은 아닙니다. 나의 마음이 깨끗해지면 그만큼 문제의 해결책도 쉽게 찾을 수 있다는 의미입니다.

고통스러운 감정을 '나로 동일시하지 않는 것이 쉬워 보여도 처음부터 완벽히 해낼 수는 없습니다. 모든 수련이 마찬가지입니다만, 이 방법도 호기심을 가지고 반복적으로 연습해야 합니다. 연습을 하면 할수록 감정과의 동일시라는 연쇄 작용에 조금씩 틈을 낼 수 있습니다. 감정의 동일시에 틈을 낼 때마다 우리는 자유를 경험합니다. 이렇게 자유를 경험하면 마음이 넓어지면서 더 큰 받아들임의 상태가 됩니다. 다음번에 당신이 강렬하고 고통스러운 감정에 빠졌을 때 스스로에게 다음 세 가지를 질문하기 바랍니다. ① 지금 나를 고통스런 감정에 빠트린 외부 상황은 무엇인가? ② 이 상황에 나는 지금 어떻게 반응하고 있나? 나에게 지금 어떤 감정이 일어나고 있나? ③ 나는 지금 이 감정에 어떤 식으로 관계 맺고 있나? 이 감정에 어떻게 걸려들어 있나?

이런 질문을 스스로에게 던질 때 우리는 어떤 상황에서도 감정에서 조금 더 자유로워질 수 있습니다.

> 🧘 수행 Tip!
>
> ❖ 감정의 파괴적 악순환에서 벗어나려면 감정을 촉발한 외부 상황과 그에 대한 자신의 반응에서 주의를 거두어 지금 일어나는 감정과 맺고 있는 관계를 살펴보십시오.
> ❖ "내가 지금 그 감정에 걸려들지 않았나?"라고 스스로에게 질문할 때 감정과 어떤 관계를 맺고 있는지 볼 수 있고 거대한 감정 덩어리가 녹아 사라질 수 있습니다.

"때로 우산을 사용하십시오"

그런데 관찰하고 들여다보기 힘든 강렬한 감정이 우리를 덮치는 때도 있습니다. 이런 경우에도 그에 대처하는 방법은 몇 가지가 있습니다. 그 중 하나가 지금 상황에서 한발 물러나는 것입니다. 때로는 아무 대응도 하지 않고 뒤로 물러나 마음을 가라앉히는 것이 가장 현명한 방법입니다. 만약 그렇게 해도 상황이 해결되지 않는다면 곤란한 문제가 벌어진 사람과 다시 대화를 시도해야 할 것입니다.

또 때로는 세상의 많은 일이 통제 불가능하다는 사실을 깨닫는 것도 도움이 됩니다. 나의 수행 스승 한 분은 일찍이 이런 말을 했습니다. "타인의 마음은 어떻게 할 도리가 없습니다. 어떻게 해볼 수 있는 것은 오직 당신의 마음입니다." 이 말은 이후에 나의 괴로움을 크게 덜어주었습니다. 우리는 타인과 명확하고 현명하게 소통하려고 시도할 수 있습니다. 또 타인의 고통에 연민을 느껴 그들의 고통을 덜어주고자 노력할 수도 있습니다. 그러나 종국에는 타인의 행동과 반응을 내 뜻대로 할 수 없다는 사실을 알아야 합니다. 이 사실을 이해하면 내려놓는 일이 조금은 수월해집니다. 이런 평정심이 마음에 자라날 때 마음이 동요하지 않은 채 불쾌하고 불편한 상황과 함께할 수 있습니다. 반사적으로 **반응**react하기보다 평온하고 지혜롭게 **응답**respond하는 법을 터득할 수 있습니다.

그런데 내면의 단호한 대응이 필요한 경우도 있습니다. 우리가 처한 곤경에 언제나 수동적이고 수용적인 태도를 지녀야 하는 것은 아닙니다. 필요하다면 '마음의 우산'을 사용할 줄도 알아야 합니다!

오래 전 나의 친구이자 명상 지도자인 샤론 셀즈버그가 나와 함께 인도에서 명상 수행을 할 때였습니다. 당시 그녀와 친구는 인도 캘커타에서 우리의 스승인 디파 마Dipa Ma에게 배우고 있었습니다. 가르침이 끝나고 디파 마와 헤어진 두 사람은 기차역에 가려고 인력거를 불렀습니다. 인력거를 타고 어두운 뒷골목의 지름길을 지나던 중 난데없이 한 남자가 나타나 두 사람에게 달려들었습니다. 남자는 샤론을 인력거에서 끌어내리려고 했습니다. 아주 위험하고 무서운 순간이었습니다. 다행히 샤론의 친구가 남자를 힘껏 밀쳐냈습니다. 그렇게 두 사람은 무사히 역에 닿았습니다.

두 사람은 우리 일행이 머물던 보드가야에 도착했습니다. 샤론은 캘커타의 일을 스승인 무닌드라에게 이야기했습니다. 무닌드라는 가만히 끝까지 듣고서는 이렇게 말했습니다. "오, 샤론. 그런 때는 그대 가슴에 자애의 마음을 가득 품은 채로 가지고 있던 우산으로 남자의 머리통을 사정없이 후려쳤어야죠."

때로 우리는 이렇게 해야 합니다. 우산으로 남자의 머리를 후려치는 일은 어렵지 않습니다. 정말 어려운 것은 '자애의 마음을 품은 채로' 후려치는 일입니다. 이것이 우리가 해야 하는 진짜 수행입니다.

명상 수행에서도 우리는 때로 확고한 결단의 태도를 지녀야 합니다. 어떤 수단도 소용이 없다면 '우산으로 내려쳐야' 합니다(물론 우산은 신중하고 정확하게 사용해야 합니다). 예컨대 유익하지 않은 마음 상태가 자꾸 일어나는 경우에는 굳건하고 결단력 있는 마음자리에서 더는 그것에 끌려가지 않겠다는 단호한 태도를 취해야 합니다. 지혜의 칼이라는 당신의 '우산'을 꺼내 이렇게 말해야 합니다. "그만해, 이제 됐어. 지금은 아니야."

> 때로 우산으로 상대의 머리를 후려쳐야 합니다
>
> 자애의 마음을 한가득 품은 채로 말이죠?

이처럼 용감한 마음 태도를 취하는 목적은 불쾌함을 회피하는 것이 아닙니다. 불쾌함이 존재하지 않는 척하며 다른 데로 치우는 것도 아닙니다. 마음의 용감한 태도에는 혐오가 아니라 자애의 마음을 담아야 합니다. 우리가 흔히 실수하는 지점도 여기입니다. 우리는 분별력 있는 지혜의 칼이 아니라 종종 분노의 칼을 꺼내 듭니다. 그러나 지혜는 이렇게 말합니다. "이 마음 상태와 감정은 유익하지 못해. 지금까지 수도 없이 보아 왔잖아. 이젠 내려놓겠어."

유익한 수단이 진정으로 유익하려면 적절한 균형이 필요합니다. 자신과 타인에 대한 판단과 비난이 지나칠 때는 부드럽게 받아들이며 내려놓는 태도가 요구됩니다. 하지만 위에 말했듯이 굳건하고 결단력 있는 마음자리에 서야 할 때도 있습니다. 그곳은 우리 내면의 용맹한 전사戰士가 자리한 곳입니다. 그곳에서 우리는 더 커진 힘으로 유익하지 못한 마음

3부 | 마음을 자유롭게 하다

상태를 사랑의 마음을 담아 적절한 방법으로 변화시킬 수 있습니다.

> **수행 Tip!**
>
> ❖ 강렬한 감정이 압도할 때는 지금 상황에서 한발 물러나거나 세상 일이 언제나 내 뜻대로 되지는 않는다는 사실을 숙고해야 합니다.
>
> ❖ 어떤 때는 결단력 있는 마음자리에 서서 더는 그 감정에 끌려가지 않겠다는 단호한 태도를 취해야 합니다. 지혜의 칼이라는 당신의 '우산'을 사용해야 합니다.

"두려워해야 하는 것은 두려움 자체입니다"

"우리가 정말 두려워해야 하는 것은 두려움 자체입니다."

프랭클린 루즈벨트 대통령의 취임사 첫 마디로 유명해진 말입니다. 이 말은 1930년대 경제 대공황으로 실의에 빠진 미 국민들을 위로하기 위한 것이었습니다. 루즈벨트가 이 말을 한 뒤 한참 뒤에 태어난 우리에게도 그의 말은 매우 익숙하게 다가옵니다. 왜냐하면 루즈벨트의 말은 가장 가공할 위험은 대공황이라는 외부 사건이 아니라, 우리 마음에서 작동하는 힘이라는 사실을 일깨우기 때문입니다.

그런데 수행자는 이러한 앎에서 한 걸음 더 나아갈 필요가 있습니다. 다시 말해, 정말로 두려움을 두려워해야 하는지 살펴보아야 합니다. 실제로 두려움에 대한 두려움 때문에 우리의 창조력과 생명력이 꽃피지 못하는 일이 얼마나 많습니까? 두려움을 두려워한 나머지 우리는 두려움을 느끼고 그 정체를 바로 알려고 하지 않습니다. 이럴 때 우리가 가진 창조력과 생명력은 꽃피지 못하고 시들어 버립니다.

우리의 삶을 조종하는 두려움의 힘은 어마어마합니다. 두려움이라는 마음 상태는 사소한 걱정에서 만성적인 불안, 극도의 공포에 이르기까지 다양한 모습으로 나타납니다. 두려움은 마음과 몸을 위축시키고 의지를 꺾어 버립니다. 이처럼 두려움은 그 자체로 커다란 힘입니다. 뿐만 아니라 분명하게 보이지는 않아도 두려움은 우리에게 고통을 안기는 많은 마음 상태의 원인입니다. 예컨대 모든 탐욕적 행동의 이면에는 빼앗김에 대한 두려움이 있습니다. 증오와 공격성의 이면에는 해를 입을지 모른다는 두려움이 자리 잡고 있습니다. 또 우리가 빠져 있는 미망의 이면에는 고통의 상태를 바로 알고 느끼지 않으려는 두려움이 존재하고 있습니다.

이제 두려움을 바르게 다루는 것이 우리의 벗어남에 매우 중요하다는 사실을 알 것입니다. 우리는 두려움과 직면함으로써 두려움에 대한 두려움마저 넘어서야 합니다. 그렇게 할 때 우리를 무력하게 만드는 두려움의 영향에서 벗어날 수 있습니다. 그러면 두려움에 의지해 그것을 힘의 원천으로 삼는 다른 마음 상태들의 영향력도 줄어들 것입니다.

마음챙김이라고 부르는 깨어있기 수련은 모든 것에 열리는 데서 시작합니다. 깨어있기 수련은 기억과 감정, 신체의 여러 감각에 마음을 여는 것입니다. 명상에서는 마음을 여는 일이 매우 자연스럽게 일어납니다. 명상에서 우리는 특정한 대상을 구하지 않습니다. 특정 마음 상태를 거부하지도 않고 일부러 일으키지도 않습니다. 다만 자리에 앉은 채로 자기의 마음을 가만히 지켜볼 뿐입니다. 수련회라는 안전한 환경에서는 내면의 어떠한 마음 상태도 때가 되면 떠오릅니다. 두려움, 두려움에 대한 두려움, 기억과 생각, 감정과 신체 감각 등 우리가 지금껏 두려워했던 온갖 것들이 때가 되면 올라옵니다. 수련회에서 우리는 이 모든 것을 느끼도록 자신에게 허용합니다. 이런 것들이 마음에 떠오를 때 의식적으로, 깨어있는 마음으로, 부드러움과 받아들임의 감각으로 느낍니다. 이렇게 하면 이것들을 억누르는 데 더 적은 에너지가 들어갑니다. 그러면 몸과 마음의 에너지가 더 자연스럽게 흐릅니다.

이렇게 하다가 어느 순간 주위를 둘러보면 두려움이 줄었음을 알게 됩니다. 그 이유는 지금까지 두려워하던 대상과 직면하는 과정을 거쳤기 때문입니다. 이제 당신은 한결 편안한 상태가 됩니다. 회피와 부정이 끝나면 두려움도 끝이 납니다. 이때 두려움은 더 이상 당신에게 영향을 주지 못합니다.

수행은 또 다른 방식으로 우리가 두려움과 직면하는 데 도움을 줍니다. 오래 전 나는 조슈 사사키-로시Joshu Sasaki-roshi라는 엄격한 선승의 지도 아래 수련회에 참가한 적이 있습니다. 당시 수련회는 꽤 힘든 경험이었습니다. 당시 나는 내면 가장 깊은 곳의 두려움과 만나고 있었습니다. 근원적인 두려움이 너무 강해 몸을 움직이는 것조차 두려울 정도였습니다.

나는 수련회 내내 두려움과 씨름했습니다. 그러면서 두려움의 강도는 꽤 줄었습니다만 내면에 단단히 뿌리박은 두려움의 느낌은 이후 몇 달이나 지속되었습니다. 나는 두려움의 공간에 서성이는 나 자신을 "두려워하는 사람"으로 규정했습니다. 두려움의 단단한 매듭이 내 존재의 핵심에 자리 잡은 것처럼 느껴졌습니다. 그리고 이 매듭을 풀려면 몇 년 이상 오랜 시간이 걸릴 것처럼 보였습니다.

그로부터 몇 달 뒤 나는 동료와 함께 텍사스에서 명상 수련회를 지도

했습니다. 우리 두 사람이 수행처를 거니는 동안에도 나는 두려움에 대해 계속 생각했습니다. 내가 두려움에 대해 무엇을 할 수 있는지, 두려움 때문에 내가 얼마나 힘들어하는지 나는 생각하고 또 생각했습니다. 그때 동료가 나를 보더니 이렇게 말했습니다. "두려움 또한 지금 자네의 마음 상태일 뿐이네." 사실, 그 말은 내가 이전에 다른 수행자들에게 수도 없이 했던 말이었습니다. 그러나 그때는 정말 내 귀에 쏙 들어와 박혔습니다. 동료가 일주일만 먼저 그 말을 했더라면 그때와 똑같은 영향을 내게 주지 못했을 것입니다. 나는 그 순간 동료의 말을 듣고는 두려움이 진실로 "누구의 것"도 아니라는 관점에 열렸습니다. 두려움은 '나'의 일부가 아니었습니다. 그것은 나에게 '속한' 무엇이 아니었습니다. 단지 그 순간 나의 마음이 처한 한 가지 상태에 불과했습니다. 그 순간에 거기 존재했지만 조금 지나면 사라질 무엇이었습니다. 두려움을 있는 그대로 놓아두는 것 외에 내가 할 수 있는 일은 없었습니다.

나는 수련회 기간 내내 두려움을 관찰하고 있다고 생각했지만 두려움을 싫어하고 있는 나를 알아차리지는 못했습니다. 나는 두려움에 대한 혐오감으로 두려움을 '나'로 여기며 부정적으로 동일시하고 있었습니다. 그러던 중 두려움 역시 수많은 마음 상태 가운데 하나일 뿐임을 실제로 깨닫는 순간, 두려움은 사라졌습니다. 그 후로 두려움이 다시 찾아오지 않은 것은 아닙니다만 그때부터 훨씬 편안하게 두려움을 바라볼 수 있었습니다.

감정은 하늘에 생겼다 사라지는 구름과 같습니다. 어떤 때는 두려움과 분노가, 어떤 때는 행복과 사랑이, 어떤 때는 연민의 감정이 일어나고 사라집니다. 우리가 느끼는 감정 가운데 어떤 것도 자아를 구성하는 궁극의 요소가 아닙니다. 단지 각각의 감정이 가진 성질이 지금 이 순간 나름의 방식대로 드러나고 있을 뿐입니다. 이를 이해한다면 우리에게 도움이 되는 바람직한 감정은 키우고 그 밖의 감정들은 있는 그대로 놓아둘 수 있습니다. 감정을 싫어하지도 억누르지도 않고, '나'로 동일시하지도 않고 있는 그대로 놓아둘 수 있습니다.

두려움이든 우울감이든 절망감이든 내가 무가치하다는 느낌이든 단지 있는 그대로 지켜보고 느껴 보십시오. 감정의 영향력이 느슨해지는 데는 오랜 시간이 걸릴 수도 있습니다. 아니면 나의 경우처럼 "그래, 이건 지금의 일시적 마음 상태일 뿐이야." 하고 갑작스런 깨달음이 찾아올 수도 있습니다. 꽤 커다란 인내가 필요하지만 많은 사람들이 자신의 감정을 바람직한 방식으로 다루고 있습니다.

나의 첫 다르마 스승 무닌드라는 영성 수련에서 시간은 결정적 요인이 아니라는 말을 자주 했습니다. 시간적 기준으로 영성 수련의 향상을 평가할 수 없다는 말입니다. 그러므로 언제 깨달음을 얻을지, 얼마나 오래 걸릴지 같은 생각을 내려놓을 필요가 있습니다. 명상 수련은 나름의 시간표에 따라 펼쳐지는 자연스러운 과정입니다. 봄이 되면 저절로 꽃이 필 것입니다. 꽃을 빨리 피우려고 잡아당겨서는 되지 않습니다. 나는 여덟 살 때 처음으로 정원을 가꿨는데 당시 정원의 당근을 빨리 자라게 하려고 억지로 잡아당긴 적이 있었습니다. 물론 당근은 시들어 버렸습니다.

있는 그대로 놓아두는 작업에 걸리는 시간은 따로 정해져 있지 않습니다. 그러니 지금 바로 놓아두는 연습을 하기 바랍니다.

> 🧘 수행 Tip!
>
> ❖ 두려움은 '나의 것'이 아니었습니다. 단지 그 순간 나의 마음이 처한 한 가지 상태일 뿐이었습니다. 두려움을 있는 그대로 놓아두는 것 외에 내가 할 수 있는 일은 없었습니다.
>
> ❖ 우리가 느끼는 감정은 자아를 구성하는 궁극의 요소가 아닙니다. 단지 각각의 감정이 지금 이 순간 나름의 방식대로 드러나고 있을 뿐입니다. 이를 안다면 감정을 '나'로 동일시하지도 않고, 있는 그대로 놓아둘 수 있습니다.

"지루함아,
고마워"

❀

분노 등의 감정과 마찬가지로 지루함 역시 우리가 가진 에너지를 자꾸만 외부 상황으로 향하게 만듭니다. 특정 감정에서 벗어나려면 그 감정과 맺고 있는 관계를 보아야 합니다. 그런데 지루함은 우리가 그것과 맺고 있는 관계를 보지 못하게 방해합니다. 지루함의 원인을 외부의 특정 사람과 상황, 행위로 돌리는 것은 지루함에 관한 커다란 오해입니다.

우리가 명상 수련과 일상생활에서 잠시도 한곳에 가만있지 못하는 이유는 상당 부분 지루함을 근본적으로 잘못 이해하고 있기 때문입니다. 우리는 많은 경우 자신의 관심을 사로잡는 새로운 어떤 것을 찾아 헤맵니다. 자극적이고 짜릿한 무엇을 필사적으로 찾아다닙니다. 그런데 '그것'을 찾았다 해도 우리는 금세 지루해하고 흥미를 잃습니다. 그러면 다시 '더 좋은 것'을 찾아 나섭니다.

우리가 지루함을 느끼는 이유는 주의를 기울이는 '대상' 때문이 아닙니다. 지루함의 원인은 우리가 기울이는 주의의 '질'에 있습니다. 주의의

질 때문에 지루함이 일어난다는 통찰은 우리의 삶에 커다란 변화를 가져옵니다. 미국에 게슈탈트 심리치료(지금-여기에 대한 인식과 개인-환경 간 접촉의 질을 강조하는 경험적 심리치료-옮긴이)를 처음 소개한 프리츠 펄스는 "지루함은 주의력이 부족해 생기는 현상Boredom is lack of attention."이라고 말했습니다. 이 사실을 깨닫는 것만으로 우리 삶에 심오한 변화가 일어날 수 있습니다.

사실 지루함은 우리에게 매우 유용한 피드백을 제공합니다. 지루함은 특정 상황과 사람 또는 명상 대상이 문제가 아니라, 그 순간 우리가 온전히 주의를 기울이고 있지 않음을 말해 주기 때문입니다. 지루함에 빠져 투덜대기보다 지루함을 친구 삼아 자신에게 이렇게 말해 보십시오. "더 온전히 주의를 기울여 보자. 더 가까이 다가가 보자. 더 가만히 귀를 기울여 보자."

다음번에 어떤 대상이 재미없게 느껴지는 때가 오면 지루함 속에서 허우적대지 말고 대상에 가까이 다가가 주의를 기울이라는 신호로 삼아 보십시오. 이렇게 주의력을 다듬고 연마하면 마음에 새롭게 관심과 활기가 일어남을 볼 것입니다. 프랑스의 뛰어난 팬터마임 배우 마르셀 마르소 Marcel Marceau는 선 자세에서 앉은 자세, 누운 자세로 물 흐르듯 자연스럽게 몸의 자세를 옮겼습니다. 자세를 옮기는 동안 그의 몸동작은 조금도 흔들리지 않았습니다. 서 있는가 보면 어느 순간 앉아 있고, 앉아 있는가 보면 어느 순간 자리에 누워 있습니다. 지극히 천천히 그리고 자연스럽게 몸을 움직이는 나머지 관객은 그가 몸을 움직이고 있다는 사실을 알아채지 못합니다. 당신도 마르소처럼 최대한 천천히 몸을 움직여 보십시오. 그렇게 하는데도 지루함을 느끼는지 보십시오. 아주 천천히 몸을 움직이려면 면밀한 주의가 필요합니다. 면밀히 주의를 기울이는 동안에는 '도저히' 지루함을 느낄 수 없습니다.

 우리는 혼자 있을 때만이 아니라 사람들과 함께하는 동안에도 지루함을 느낍니다. 이때는 당신의 내면에서 끝없이 재잘대는 생각의 열차에서 잠시 내려오십시오. 그리고 상대의 말에 귀를 열어 보십시오. 또 명상 수련회에서 좌선이 재미가 없어진다면 호흡 등 주의의 대상에 조금 더 가까이 다가가 보십시오. 힘을 빼고 부드럽게, 가만히 호흡에 다가가십시오. 호흡이라는 이 경험은 도대체 어떤 것인지 관찰해 보십시오. 누군가 당신의 목덜미를 잡고 머리를 물속에 처박아도 호흡이 지루하게 느껴질까요? 그렇지 않을 것입니다. 호흡은 매순간 우리의 생명을 유지시켜 줍니다. 이 호흡과 한 순간이라도 온전히 함께해 보십시오. 지루함이 무엇인지 바르게 안다면 그것은 우리가 깨어나도록 요청하는 유용한 신호가 될 수 있습니다.

> **수행 Tip!**
>
> ❖ 지루함을 느끼는 이유는 대상이 지루하기 때문이 아니라 대상에 온전히 주의를 기울이지 않기 때문입니다.
> ❖ 지루함을 친구 삼아 자신에게 이렇게 말해 보십시오. "더 온전히 주의를 기울여 보자."

내가
무가치하게
느껴질 때

명상 수련회를 시작할 때 대개 삼보에 대한 귀의로 시작합니다. 여기에는 깊은 의미가 있습니다. **불**佛, **법**法, **승**僧 삼보에 대한 귀의는 각각 깨달은 마음, 깨달음에 이르는 길, 깨달음의 길을 가는 수행 공동체에 귀의한다는 의미입니다. 사람들은 단지 의례적 행위로 삼보에 귀의하기도 하며 그것 역시 나름의 기능이 있습니다. 그러나 삼보에 대한 귀의는 그보다 깊고 직접적인 의미를 갖습니다.

괴로움이 끝난 경지에 이르려면 괴로움을 정면으로 통과해야 합니다. 괴로움을 피해 가는 길은 없습니다. 열심히 수행의 길을 가면 붓다가 말한 마음의 해탈을 확실히 얻을 수 있습니다. 그리고 그 과정에서 황홀한 축복을 맛보기도 합니다. 그럼에도 수행은 많은 부분 우리 마음의 닫혀 있고 불편한 곳을 드러내는 작업입니다. 수행을 통해 닫히고 불편한 마음자리에 대한 저항이 사라질 때 자유가 생겨납니다. 마음이 홀쩍 넓어지고 크게 명료해집니다. 이렇게 그간 닫혀 있고 불편했던 마음자리가 녹아 사라질 때 우리는 자유로워집니다.

그런데 치유와 벗어남의 과정이 언제나 수월하게 진행되는 것은 아닙니다. 내면의 불편한 마음자리가 '너무' 힘들게 느껴지는 때가 있습니다. 수행의 길을 가다 보면 막히고 힘든 시기와 필연코 맞닥뜨리게 됩니다. 이런 난관의 시기에 불법승 삼보에 대한 귀의는 우리의 수행이 침체하지 않도록 떠받쳐주는 강력한 힘이 됩니다. 또 수행의 길에서 우리가 혼자가 아님을 알게 합니다.

우리가 불편해하는 마음자리 중 하나가 "나는 무가치한 존재"라는 생각입니다. 특히 현대인들은 이러한 자기 혐오의 마음으로부터 해롭고 파괴적인 영향을 받기 쉽습니다.

삼보에 대한 귀의는 나를 무가치한 존재로 여기는 해로운 마음 습관에서 벗어나는 데 도움이 됩니다. 불안과 자기 의심, 무가치한 존재라는 생각이 가득할 때 붓다에 대한 귀의를 통해 우리 내면의 불성佛性과 다시 연결될 수 있습니다. 온갖 불편하고 힘든 감정을 느낄 때에도 붓다에 귀의함으로써 우리 스스로 가진 깨달음의 잠재력과 역사적 인물인 붓다의 지혜에서 안식처를 발견합니다. 이 깊은 안식처에 있을 때 우리는 자기 거부와 불안이 우리의 본래적 속성이 아니라 마음의 일시적 현상임을 알아보는 힘을 갖습니다.

한번은 달라이 라마가 매사추세츠 배리Barre에 있는 우리의 명상 센터를 방문한 적이 있습니다. 그때 누군가가 무가치함과 자기 의심이라는 뿌리 깊은 느낌에 관하여 달라이 라마에게 질문했습니다. 그 질문에 달라이 라마는 멋지게 응대했습니다. 내 경험으로 볼 때 그는 언제나 놀라울

정도의 자비심을 체현해 보입니다. 스스로 무가치하다고 여기는 그 사람에게 보내는 달라이 라마의 사랑이 생생하게 느껴졌습니다.

달라이 라마는 이렇게 말했습니다. "아닙니다. 당신은 완전히 잘못 알고 있습니다!" 그것은 아주 강렬한 순간이었습니다. 달라이 라마의 대답은 스스로를 무가치하게 여기는 마음 상태를 '나'로 동일시하는 우리의 고정관념에 부드럽게, 그러나 강력하게 틈을 냈습니다. 이 훌륭한 스승은 우리가 마음 깊이 알고 있는 것처럼 자기에 대한 의심과 불안, 두려움의 아래에서 우리 마음의 본성은 여전히 순수하다는 사실을 알고 있었습니다.

마음에는 여러 가지 장애와 오염물이 찾아옵니다. 마음의 장애와 오염물이 한동안 우리의 마음을 물들이는 때도 있지만 그들은 '손님'이지 '주인'이 아닙니다. 우리가 지금까지 어떻게 행동했든, 어떤 일이 일어났든, 또 현재와 과거의 삶이 어떠하든 우리는 누구나 지혜와 연민심이라는 커다란 잠재력을 갖고 있습니다. 우리의 삶은 그 자체로 다르마가 펼쳐지는 과정입니다. 우리가 할 일은 다르마를 깨닫기 위해 거기에 열리는 것입니다. 우리 삶에 실제로 존재하는 것을 깨닫기 위해 거기에 열리면 됩니다.

불안과 자기 의심, 나는 무가치하다는 생각에 잘못 이끌리지 않는 것이 중요합니다. 그렇다고 이 감정들을 부정하거나 없는 듯 덮으라는 말은 아닙니다. 엄연히 존재하며 우리 마음에 어떤 식으로든 영향을 미치는 감정을 부정하거나 없다고 치부해서 될 일은 아닙니다. 그렇지만 그 감정들이 갖지 않은 의미와 중요성을 거기에 보낼 필요는 없습니다.

삼보에 귀의하십시오. 달라이 라마는 다음과 같은 따뜻한 조언을 주었습니다. "당신의 머리를 붓다의 무릎에 누이십시오." 바로 지금 당신의 불성에, 다르마의 본성에, 그리고 깨어남의 길을 걸어간 수많은 존재들의 공동체에 귀의하십시오. 귀의처는 안전한 장소입니다. 우리가 본래 가치 있는 존재라는 사실을 깨닫는 것이야말로 우리 내면의 가장 안전하고 성스러운 귀의처입니다.

> **수행 Tip!**
>
> ❖ 마음에 찾아오는 장애와 오염물은 '손님'이지 '주인'이 아닙니다. 우리는 누구나 지혜와 연민심이라는 커다란 잠재력을 갖고 있습니다.
> ❖ 삼보에 대한 귀의는 나를 무가치한 존재로 여기는 해로운 마음 습관에서 벗어나는 데 도움이 됩니다.

죄책감을
대하는
법

❦

　자신이 무가치한 존재라는 생각과 자주 짝을 이루어 일어나는 감정이 있다면 바로 죄책감입니다. 죄책감이라는 마음 상태 또는 감정은 자신과 타인에게 괴로움을 가져오는 잘못된 말과 행동을 했을 때 흔히 고개를 내밉니다.

　그런데 잘못된 말과 행동을 했을 때라도 나에게 선택권이 있음을 아는 것이 중요합니다. 잘못된 말과 행동을 저질렀을 때 우리는 흔히 습관적으로 자신을 질책합니다. "나는 형편없는 인간이야."라고 생각합니다. 그러나 이런 가혹한 자기 평가는 자아의 속임수입니다. 마음 또는 자아는 우리를 속여 자신에 대한 부정적인 평가를 내리게 만듭니다. 그 과정에서 '나'라는 자아 감각이 더 단단해집니다.

　그런데 자아 감각은 한 번 제거하면 그만인 고정적인 마음의 구조물이 아닙니다. 마음이 깨어있지 못한 상태에서, 일어나는 현상을 '나'로 동일시할 때마다 자아 감각은 매번 새롭게 일어납니다. 한편, 마음이 깨어

있는 순간에는 지혜가 생겨 자아의 속박에서 벗어납니다. 자아가 존재한다는 망상도 모든 현상처럼 지속적이지 않고 일시적입니다. 깨어있음의 지혜와 자아가 존재한다는 망상은 동시에 존재할 수 없습니다. 지혜가 있을 때는 망상이 없어지고, 망상이 생기면 지혜가 일어나지 못합니다. 하나가 다른 하나를 몰아냅니다.

마음에 일어나는 죄책감을 나로 동일시하고 '자아'로 여길 때 죄책감은 더 커집니다. 깨어있는 마음으로 관찰하지 못하면 죄책감은 더 불어납니다. 다음번에 마음에 죄책감이 일어나는 때가 오면 죄책감 자체를 알아차림의 대상으로 삼아 보십시오. 죄책감을 관찰하고 알아보고 받아들이며 '나로 동일시하지 않는 것입니다(물론 이것은 꽤 시간이 걸리는 쉽지 않은 작업입니다). 그럴 때 죄책감이라는 질긴 마음의 힘이 실은 엉성한 '종이호랑이'에 불과함을 알게 될 것입니다. 죄책감이 일어나는 순간, 그것을 관찰하십시오. 관찰하는 순간 더 이상 죄책감을 '나로 동일시하지 않게 됩니다. 그러면 죄책감은 떨어져나갈 것입니다.

자신이 저지른 잘못된 행동에 대해 우리는 죄책감이 아닌 다른 방법으로 응대할 수 있습니다. **현명한 돌이킴**wise remorse이라고 하는 것입니다. 이 방법은 내가 잘못된 행동을 했다는 사실을 인정하고 받아들이는 것입니다. 또한 나의 행동에 일정한 결과가 따른다는 사실을 아는 것입니다. 자신의 잘못된 행동을 지혜롭게 인정하고 받아들임으로써 앞으로 그 행동을 반복하지 않는 힘으로 활용하는 것입니다.

죄책감은 나를 부정적으로 평가해 자아를 강화시키는 술수를 씁니다. 우리는 현명한 돌이킴을 통해 죄책감의 이런 술수를 피해갈 수 있습니다. 잘못된 행동을 돌이킬 때는 용서하는 마음을 내는 것이 좋습니다. 용서는 무엇이든 고정적이지 않고 변화할 수 있다는 진실을 알아보는 마음입니다. 용서의 마음은 한번 일어난 일이라고 해서 또 일어나야 하는 것은 아니라는 진실을 압니다. 반면 죄책감에는 용서의 마음이 없습니다. 죄책감은 부정적 자기 평가를 통해 자아 감각을 불변의 고정 상태로 만듭니다. 죄책감은 이렇게 말합니다. "한번 나쁘면 영원히 나쁜 거야."

> 이 따위 행동을 하다니 난 정말 형편없는 인간이야

> 부정적 평가로 자아 감각을 단단하게 만드는 죄책감의 술수입니다

한번은 명상 수련회에서 나의 어떤 행동에 죄책감이 크게 일어나 매우 불편했던 적이 있었습니다. 나는 끊임없이 일어나는 죄책감을 자세히 살펴보기로 했습니다. 내가 지금 죄책감에 어떻게 얽혀 있는지 알고자 했습니다. "그래, 지금 무슨 일이 일어나고 있지? 이 죄책감은 도대체 뭐지? 이 괴로움은 무엇 때문이지?" 마침내 나는 그때의 죄책감이 '나'라는 자아 감각을 만들어내기 위한 에고의 술수라는 사실을 알았습니다.

불교에는 수행자를 유혹하고 수행을 방해하는 **마라**Mara라는 악마가 있습니다. 사실 마라는 우리를 벗어남에서 멀어지게 만드는 온갖 생각과 욕망, 무지와 미망을 상징적으로 비유한 것입니다. 장차 붓다가 될 보살이 깨달음을 이루기 위한 노력을 마지막으로 기울일 때 보리수나무 아래 정좌한 그를 위협하며 집중을 깨트린 녀석도 마라였습니다.

나는 당시 내가 느끼던 죄책감이 마라의 계략임을 알고는 마라를 향해 손가락을 좌우로 흔드는 수행법을 생각해 냈습니다. 붓다가 마라를

향해 "마라여, 나는 너를 보았다."고 말한 것처럼 나도 마라에게 손가락을 흔들며 속으로 말했습니다. "마라여, 나는 너를 보고 있다!" 이렇게 마음으로 마라에게 거부의 뜻을 전하는 것만으로 죄책감을 '나'로 동일시하는 속임수는 더 이상 통하지 않았습니다. 그러자 내가 느끼던 죄책감도 즉시 사라졌습니다.

그 뒤에는 위에 말한 현명한 돌이킴의 참된 느낌이 일어났습니다. 현명한 돌이킴으로 "나는 나쁜 사람"이라는 생각의 수렁에서 벗어났습니다. 현명한 돌이킴을 통해 기억에서 나를 괴롭히던 행동이 잘못된 행동이었음을 깨닫고 다시는 그렇게 하지 않겠다는 다짐과 노력을 할 수 있었습니다. 그렇게 나는 죄책감에 걸리지 않고 앞으로 나아갔습니다.

다음에 죄책감이 당신의 마음에 고개를 내밀면 위에 말한 '손가락 흔들기 명상'을 해보십시오. 죄책감은 여전히 이렇게 말할 것입니다. "그래, 넌 당해도 싸. 이따위 행동을 하다니 넌 정말 형편없는 인간이야." 당신은 죄책감이 하는 말을 그대로 인정하고 받아들이겠습니까? 죄책감의 이런 생각을 '나'로 동일시하겠습니까? 그렇게 한다면 마라가 승리하는 것입니다. 한편 마라의 계략을 알아보고 손가락을 흔들며 "마라여, 나는 너를 보고 있다"고 말할 수 있다면 어떨까요? 아마 죄책감이 일어나더라도 그것을 '나'로 동일시하면서 거기에 힘을 더하지는 않을 것입니다.

그러면 참된 돌이킴의 느낌에 필요한 마음 공간이 마련됩니다. 이제 잘못된 행동을 했더라도 당신은 그 행동을 부인하지 않습니다. 잘못된 행동에 열린 채로 그것을 똑바로 보면서 그로부터 배움을 얻습니다. 그런 다음 용서의 마음으로 그 행동 역시 고정불변하지 않음을 이해합니다. 그 순간, 마음은 에고의 영향력에서 벗어나 널따란 공간으로 옮겨갈 것입니다. 내면에 일어나는 죄책감에 대하여 나에게 선택권이 있음을 알 때 기쁨을 느낄 수 있습니다.

> **수행 Tip!**
>
> ❖ 죄책감이 일어나는 순간 관찰하면 죄책감을 '나'로 동일시하지 않게 되고 그러면 죄책감은 떨어져나갈 것입니다.
>
> ❖ 자신이 저지른 잘못된 행동에 대해 현명한 돌이킴으로 응대하십시오. 현명한 돌이킴을 통해 나를 부정적으로 평가해 자아를 강화시키는 죄책감의 술수를 피할 수 있습니다.

질투심
다루기

질투심은 뜨거운 불처럼 우리의 마음을 태웁니다. 마음이 질투심으로 활활 타오를 때 그것은 매우 고통스럽습니다. 질투심을 다룰 때 가장 먼저 할 일은(많은 사람이 이것을 잘 하지 않습니다) 질투하는 자신에 대한 질책과 비판을 멈추고, 있는 그대로 질투심을 보고 알고 느끼는 것입니다. 자기 질책과 자기 비판으로는 질투심이 사라지지 않습니다. 질투하는 자신을 질책하면 내가 부족하다는 느낌이 더 커질 뿐입니다. 그러면 괴롭고 뜨거운 질투의 매듭에 더 강하게 옭매여 벗어나기가 어려워집니다.

그러므로 질투심을 다루는 첫 단계는 지금 내 안에서 질투심이 일어나고 있음을 인정하고 그것을 받아들이는 마음 공간을 만드는 것입니다. 그런 다음 질투심을 가만히 살펴보며 자신에게 묻습니다. "이게 뭐지? 질투라는 감정은 어떤 성질을 가졌지?" 질투의 에너지가 당신의 마음에서 어떤 성질을 가졌는지 살피고, 또 몸에서 어떻게 느껴지는지 봅니다. 이렇게 하면 질투의 내용에 **빠져** 있는 상태에서 벗어날 수 있습니다.

만약 꽤 오랫동안 질투심에 빠져 있다면 질투심의 이면에 어떤 감정이 자리 잡고 있는지 살펴볼 필요도 있습니다. 어쩌면 '나는 무가치하다'는 생각이 질투심과 함께 일어나고 있는지 모릅니다. 또 나를 위한 자애의 마음이 결여되었을 수도 있습니다. 질투심과 함께 일어나는 이들 위험한 '한패'를 바로 알아보아야 합니다. 이들을 알아차리지 못하면 질투심은 멈추지 않고 계속 일어날 것입니다.

질투심은 활활 타오르는 뜨거운 상태이지만 그것을 다루는 일은 가능합니다. 그렇다 해도 질투심을 능숙하게 다루기 위해서는 그것을 인정하고 받아들이는 마음 공간이 꽤 많이 필요합니다. 당신의 질투심을 직접 느껴보고, 질투심의 이면에 어떤 감정이 자리 잡고 있는지 알아보십시오. 그렇게 해서 질투심을 극복해 보십시오.

수행 Tip!

❖ 질투심이 일어나면 지금 내 안에서 질투심이 일어나고 있음을 인정하고 그것을 받아들이는 마음 공간을 만드십시오.

❖ 질투의 에너지가 가진 성질을 살피고, 또 몸에서 어떻게 느껴지는지 보십시오. 필요하다면 질투심의 이면에 어떤 감정이 자리 잡고 있는지도 살펴보십시오.

욕망을
대하는
법

우리는 세상을 살면서 수많은 종류의 감각 대상에 자연스레 이끌립니다. 우리가 끌리는 감각 대상에는 형상과 소리, 냄새와 맛, 감촉뿐 아니라 흥미로운 생각과 사상까지 모두 포함됩니다. 이들 즐거운 대상과 만날 때 마음에는 욕망이 일어납니다. 욕망에는 끈적끈적한 욕정에서부터 중독성 갈망, 어떤 것을 향한 일시적인 욕구까지 다양한 종류가 있습니다. 이런 미세한 편차에도 불구하고 이 욕망의 느낌들은 모두 우리 내면의 **원하는 마음**wanting mind이 겉으로 드러난 현상이라는 점에서 공통됩니다.

여기서 탐욕에 물든 욕망과, 동기motivation에 기초한 욕망을 구분할 필요가 있습니다. 탐욕에 물든 욕망은 항상 불선한 마음 요소와 결합하지만, 동기에 기초한 욕망은 선하고 불선한 마음 요소 모두와 결합할 수 있습니다.• 영어로는 모두 **욕망**desire이지만 붓다가 쓰던 팔리어에서는 욕망의 종류에 따라 그것을 가리키는 단어도 달랐습니다. 팔리어로 **탄하**

tanha는 갈애의 욕망을 의미합니다. 반면, **찬다**chanda는 좋은 일을 행하려는 동기를 지닌 욕망, 즉 서원誓願을 뜻합니다. 예컨대 붓다는 아직 깨달음을 얻기 전에 벗어남에 대한 강한 서원을 지녔습니다. 서원을 지녔기에 붓다는 수많은 생에 걸쳐 수행을 계속할 수 있었습니다. 벗어남에 대한 붓다의 욕망은 '탄하'가 아니라 '찬다'였습니다. 붓다의 욕망은 벗어남을 이루려는 선한 동기를 지닌 마음의 에너지였습니다. 그것은 믿음과 지혜, 연민심과 함께 일어난 욕망이었습니다.

그렇지만 아직 완전한 벗어남을 이루지 못한 우리는 의식 깊은 곳에 탄하라는 탐욕적 욕망이 흐르고 있습니다. 붓다는 이러한 탐욕적 욕망과 갈애를 끝없이 반복되는 생사윤회의 근본 원인으로 지목했습니다. 욕망, 원함, 갈애, 집착 등은 모두 탐욕이라는 마음 요소가 드러난 현상입니다. 어떤 대상을 갖고 싶은 목마름을 느끼는 것이 탐욕의 마음 요소입니다. 이때 우리는 대상의 외양에 홀리며 거기 따라오는 즐거운 느낌에 유혹 당합니다. 그렇게 홀리고 유혹당할 때 그것이 일시적이라는 무상의 성질과 본질적 실체가 없다는 무아의 참된 성질을 보지 못합니다.

다음번에 당신의 마음이 욕망의 숲에 빠지거든 마음에 어떤 일이 일어나는지 주의깊이 관찰해 보십시오. 아마 미로에서 길을 잃었거나 몽상에 빠져 넋이 나간 느낌일 것입니다. 이때 우리는 지금 경험하는 대상이나 경험하기 원하는 대상에 관한 온갖 생각과 환상을 지어냅니다. 이로

● 여기서 '마음 요소'란 불교 심리학인 아비담마에서 마음과 함께 일어나는 52가지의 선업, 불선업 마음부수를 가리킨다—옮긴이

써 집착의 고리에 더 단단히 얽매입니다.

마음에 일어나는 강한 욕망은 우리의 명료한 이해를 방해합니다. 뿐만 아니라 욕망은 그것이 애당초 약속하는 것처럼 보였던 행복을 실제로 가져다주지도 못합니다. 우리가 감각 쾌락을 찾아 헤매는 이유는 그것이 쾌락의 느낌을 주기 때문입니다. 하지만 쾌락의 느낌 역시 매우 일시적이어서 우리는 계속해서 다른 대상을 찾아 헤매야 합니다.

우리는 이미 셀 수 없이 많은 쾌락의 느낌을 경험해 보았습니다. 그럼에도 여전히 부족하다고 느낍니다. 아직 충분하지 않다고 생각합니다. 그렇다면 우리가 어떻게 해서 계속 부족하다고 느끼는지 알아야 합니다. 그것을 알지 못하면 끝없는 쾌락의 쳇바퀴에 갇혀 지내야 합니다.

병이 가장 낫지 않는 경우는 병을 고치려고 먹은 약이 오히려 병을 악화시키는 때입니다. 가려워서 긁지만 긁으면 상처가 덧날 뿐입니다. 목마름을 해소하려고 소금물을 마시지만 갈증은 더 심해집니다. 욕망을 해결하는 방법이 욕망을 채우는 것밖에 없다고 생각하면 이런 일이 벌어집니다.

그런데 우리는 삶의 강력한 에너지인 욕망에 가만히 주의를 기울일 수도 있습니다. 이렇게 하면 다른 종류의 통찰이 일어납니다. 이 통찰은 우리에게 벗어남을 선사합니다. 우선, 자신이 느끼는 욕망 자체에 주의를 기울여 보십시오. 욕망 자체에 주의를 기울이면 마음에 욕망이 일어나는 순간, 그것을 알아차릴 수 있습니다. 이런 방식으로 욕망의 느낌과 생각 속에 헤매지 않고 마음에서 무슨 일이 일어나는지 분명하게 볼 수 있습니다.

그런 다음 욕망을 내려놓는 금욕의 의미에 대해 성찰해 봅니다. '금욕'이라고 하면 많은 사람이 동굴의 은둔자나 견디기 힘든 고행의 이미지를 연상합니다. 또 금욕이 유익하다는 건 알지만 실천하기가 결코 만만치 않다고 생각합니다. 성 아우구스티누스는 혈기왕성하던 젊은 시절, 기독교로 개종하기 직전에 이런 기도를 했다고 합니다. "주여, 순결과 금욕을 주소서. …… 그러나 지금 말고 나중에."

그런데 금욕이라는 말을 우리에게 와닿는 보다 실제적인 의미로 이해할 수도 있습니다. 금욕의 의미에 대해 성찰하면 그 반대인 탐닉과 중독이 얼마나 힘든 경험인지 깨달을 수 있습니다. 그리고 중독에서 벗어나는 것이 얼마나 커다란 자유인지 비로소 알게 됩니다. 텔레비전 광고에 등장하는 모든 상품을 다 갖고 싶다고 해 보십시오. 모든 상품을 다 원한다면 얼마나 힘이 들까요? 그저 광고가 지나가도록 놓아두는 것보다 훨씬 고통스러울 것입니다. 사실, 텔레비전 광고를 무심히 넘기는 것은 어려운 일이 아닙니다. 정말 어려운 것은 어떤 것을 소유하라고 끝없이 재잘대는 우리 마음속의 '광고'에 무심해지는 일입니다.

이 점에서 명상 수련회가 주는 커다란 선물이 있습니다. 수련회는 욕망이 영원하지 않는다는 사실을(그것이 성적 욕망이든, 음식에 대한 욕망이든, 무언가를 보고 듣고 싶은 욕망이든) 깨닫는 기회가 됩니다. 많은 경우 욕망 앞에서 우리의 의지는 맥없이 꺾이고 맙니다. 그래서 우리는 욕망을 다루기 위해서는 어떤 식으로든 그것을 채우는 방법밖에 없다고 생각합니다. 채우지 않으면 욕망은 사라지지 않고 계속될 거라 여깁니다. 이 점에서 욕망 대상과 어느 정도 차단된 환경을 제공하는 명상 수련회는 일어나는 욕망과 함께하면서 그것을 알아차리는 마음의 힘을 키우는 기회입니다. 욕망과 함께하면서 그것을 알아차리는 마음의 힘이 커지면 욕망이 스스로 사라짐을 보게 될 것입니다.

명상에서 우리는 일어나는 욕망을 즉각 행동에 옮기지 않습니다. 일어나는 욕망을 관찰하고 또 관찰합니다. 그러면 어떻게 될까요? 어느 순간, 욕망이 사라집니다. 물론 조건이 다시 형성되면 욕망이 또 찾아올 것입니다만, 관찰하는 순간만큼은 '정말로' 욕망이 없어집니다.

욕망 역시 다른 모든 현상처럼 영원하지 않고 일시적입니다. 단순하지만 쉽게 얻기 어려운 이 통찰은 우리에게 심원한 자유의 느낌을 선사합니다. 욕망이 일시적임을 알면 욕망이 미끼를 던질 때마다 덥석 물지 않을 수 있습니다. 일어나는 욕망을 모두 채워야 욕망이 해소되는 것이 아님을 알게 됩니다. 욕망도 결국엔 스스로 일어났다 사라짐을, 그리고 욕망 역시 변화라는 커다란 수레바퀴의 일부임을 깨닫게 됩니다.

뜨거운 욕망이 떠난 자리에는 원함이 없는 nonwanting 시원한 마음이 들어설 것입니다. 이 순간을 잘 지켜보십시오. 마음속 갈애의 지배에서 풀려나는 순간을 느껴 보십시오. 극복하기 힘든 강한 욕망에 한순간 사로잡혔다가도 욕망이 저절로 사라지는 순간, 어떤 일이 일어나는지 보십시오. 그 느낌을 직접 알고 느껴 보십시오. 그러면 일어나는 욕망을 어떻게든 채워야 한다는 마음의 부담이 한결 덜어질 것입니다. 이때 우리 마음에는 편안함과 여유라는 커다란 자유가 찾아옵니다.

이 자유의 마음자리에 익숙해질수록 우리는 행동을 취하려는 욕망의 힘에 강박적으로 휘둘리지 않습니다. 일어난 욕망을 앞에 두고 어떤 선택을 내려야 하는지 사랑과 지혜로 알 수 있습니다. 이 욕망은 적절하고 바른 욕망인가? 지금이 욕망을 채우기에 적절한 때인가? 우리는 욕망을 채우기 위해 행동할 수도 있고 행동하지 않을 수도 있습니다. 자유의 마음자리에 익숙해질 때 행동하든 하지 않든 마음은 균형과 평화를 유지할 것입니다.

생사윤회를 일으키는 주된 동력인 욕망과 능숙한 관계를 맺기란 쉬운 일이 아닙니다. 스스로에게 인내심을 갖고 자신의 욕망에 대한 탐구를 멈추지 않아야 하는 이유입니다.

> **수행 Tip!**
>
> ❖ 욕망을 해결하는 방법이 욕망을 채우는 것밖에 없다고 생각하면 끝없는 쾌락의 쳇바퀴에 갇혀 지내야 합니다.
> ❖ 마음에 욕망이 일어나는 순간, 그것을 알아차려 보십시오. 욕망과 함께하면서 그것을 알아차리는 마음의 힘이 커지면 욕망이 스스로 사라짐을 보게 될 것입니다.

심리학과 다르마

Psychology and Dharma

에고와
자아

 붓다의 가르침은 마음에 대한 통찰을 통해 괴로움에서 벗어나는 미묘하고 심오한 **자유의 심리학**이라고 할 수 있습니다. 붓다의 가르침은 마음을 깊이 탐구함으로써 마음이 어떻게 이 세계를 창조하는지 설명합니다. 여기서 '세계'란 우리의 몸과 행동뿐 아니라 우리가 처한 물리적 환경과 사건 등 일체의 현상을 말합니다.

 그렇다면 '마음의 심리학'인 다르마는 서양의 마음 개념과 어떤 관계일까요? 불교 심리학과 서양 심리학을 한데 묶어 다루는 일은 방대한 주제입니다. 여기서는 불교와 서양 심리학의 관계에 관심 있는 이들에게 중요한 몇 가지만 간략히 구분해 보겠습니다.

 우선 **에고**ego와 **자아**self에 관한 불교의 개념과 서양의 개념을 구분할 필요가 있습니다. 불교의 다르마는 실재의 관점에서 볼 때 '자아란 존재하지 않는다'는 **무아**無我의 진실을 가르칩니다. 반면 서양 심리학은 튼튼한 에고, 즉 '건강한 자아를 형성해야 한다'고 말합니다. 한쪽은 자아가 존재하지 않는다고 가르치고, 한쪽은 건강한 자아를 만들어야 한다고 주장합니다. 언뜻 모순되는 것처럼 보이지만 이는 언어적 표현 때문에 생기는 딜레마일 뿐입니다. 서양 심리학에서 말하는 에고와 불교에서 말하는 자아는 서로 의미가 다릅니다.

서양 심리학이 말하는 에고는 우리의 마음이 갖추어야 하는 일정한 균형 상태와 힘을 의미합니다. 이런 점에서 자아를 안정적으로 발달시키는 일은 모든 사람의 기본적인 안녕에 반드시 필요합니다. 조화로운 인간으로 세상에서 역할을 하려면 균형 잡힌 자아가 있어야 합니다. 자아 관념이 제대로 발달하지 않았거나 잘못 형성된 사람은 세상에서 원활하게 기능할 수 없을 뿐 아니라 자기 자신과도 안정된 관계를 맺지 못합니다.

한편, 붓다가 말한 '자아'는 마음의 균형 상태나 정신적, 정서적 성숙과는 무관합니다. 붓다가 말한 '자아'는 경험의 소유자로서 우리가 흔히 상정하는 불변의 고정적 실체를 의미합니다. 따라서 붓다가 가르친 '자아가 존재하지 않는다'는 **무아**(팔리어로 **아나타**(anatta)라고 합니다)의 참 의미는 경험이 경험 당사자의 소유가 아님을 깨닫는 것입니다. 무아에 대한 깨달음은 우리의 삶을 근본적으로 변화시킬 수 있습니다. 그리고 수행을 통해 무아의 깨달음이 더 깊어집니다.

통찰 명상에서 '통찰'이란 몸과 마음에서 일어나는 일체의 현상이 끊임없는 변화의 과정임을 보는 것입니다. 그리고 몸과 마음의 이면에서 그것을 경험하는 누군가가 따로 존재하지 않음을 명확하고 깊이 있게 꿰뚫어보는 것입니다. '생각하는 사람'이 존재하는 것이 아니라 '생각'만이 존재합니다. 생각을 떠나 생각하는 사람이 별개로 존재하지 않습니다.

우리는 '생각하는 사람'이 존재한다고 여기지만 실은 '생각 자체'가 존재할 뿐입니다. '화내는 사람'이 화를 내는 것이 아니라 '화 자체'가 화를 냅니다. '느끼는 사람'이 따로 있는 것이 아니라 '느낌 자체'가 느낍니다. 이렇듯 실제로 존재하는 것만이 존재할 뿐입니다. 모든 것은 존재하는 것뿐입니다. 경험은 누구에게 속한 것이 아닙니다. 누구의 소유가 아닙니다. 경험의 당사자인 핵심 존재core being가 따로 있다고 여기는 것은 잘못입니다. 경험의 당사자가 따로 있다고 믿기 때문에 '나'라는 자아 관념이 만들어집니다. 실제로 자아가 존재하지 않음에도 자아라는 허구적 관념을 덧입히는 것입니다.

언뜻 모순처럼 보이지만 서양 심리학에서 튼튼한 자아 구조를 발달시키는 과정과 불교에서 경험의 무아적 성질을 통찰하는 과정은 상호 보완적입니다. 건강한 자아 감각은 나를 이루는 여러 부분을 있는 그대로 분명하게 보고 받아들일 때 발달합니다. 이처럼 자아의 구성 요소를 '나'로 동일시하지 않을 때 자아의 텅 빈 성질에 대한 깨달음이 일어납니다.

있는 그대로 나를 받아들이는 **자기 수용**self-acceptance은 실제로 마음챙김의 한 측면이기도 합니다. 왜냐하면 마음챙김, 즉 깨어있다는 것은 나에게 일어나는 모든 감정, 생각, 감각, 삶의 사건들을 기꺼이 경험하려는 태도이기 때문입니다. 이렇게 자기를 수용할 때 튼튼한 확신의 토대가 마련됩니다. '나'를 이루는 모든 부분과 함께할 수 있을 때 내면의 분열이 치유됩니다.

명상 수행이 어렵게 느껴지는 것은 자신의 몸과 감정, 생각에 열리지 못하기 때문입니다. 우리는 화, 무가치함, 우울, 좌절감, 외로움, 지루함, 두려움 등의 특정 감정을 좋아하지 않습니다. 자신의 **그림자**shadow(한 개인이 숨기고 싶은 자기 성격의 부정적이고 불유쾌한 요소들—옮긴이)를 받아들이기란 결코 쉬운 일이 아닙니다. 그런데 이런 느낌이 올라올 때 우리가 힘들어하는 이유는 그것이 원래부터 우리를 힘들게 하는 성질을 가졌기 때문이 아닙니다. 그보다는 그 순간에 그 느낌들을 기꺼이 받아들이려 하지 않기 때문입니다.

감정뿐 아니라 신체 감각의 경우에도 그것이 너무 강하거나 고통스러우면 우리는 감각을 차단하고 저항하거나 뒤로 물러섭니다. 그런데 마음챙김을 계발하면 자기의 모든 면을 더 잘 받아들이게 됩니다. 즐거운 경험이든, 불쾌한 경험이든 있는 그대로 온전히 받아들이는 법을 배우게 됩니다.

이러한 받아들임이 있을 때 나를 이루는 모든 부분의 영원하지 않고 일시적인 성질을 통찰할 수 있습니다. 다시 말해, 나의 모든 생각과 느낌, 감정, 신체 감각이 일시적이며 끊임없이 유동流動하고 있음을 보게 됩니다. 생각, 느낌, 감정, 신체 감각을 '나'로 동일시하지 않고 그것과 함께할 수 있습니다. 이 경험들이 '누구의 것'도 아니며 순간적으로 일어났다 사라지는 현상임을 깨닫게 됩니다.

자기를 있는 그대로 수용하는 데서 무아에 대한 통찰이 생겨납니다. '건강한 자아'와 '비어 있는 자아'는 서로 모순되지 않습니다. 다른 대상을 같은 용어로 표현하기 때문에 모순으로 보이는 것뿐입니다. 명상 수행의 길은 고정된 실체로서의 자아가 허구임을 깨닫는 과정입니다. 즉 자아가 정신적으로 구성된 환영임을 깨닫는 과정입니다. 그런데 이 진실을 깨닫기 위해서는 우선 서양 심리학에서 말하는 튼튼한 자아를 세움으로써 마음의 균형을 이루어야 합니다. 마음의 균형과 힘을 갖추지 못하면 경험의 당사자인 고정적 자아가 존재하지 않음을 통찰할 수 없습니다. 먼저 '자아'를 발달시킨 다음에야 '자아'를 내려놓을 수 있습니다. 언어적으로는 같은 '자아'이지만 실은 다른 의미를 갖습니다.

> **수행 Tip!**
>
> ❖ 서양 심리학의 에고가 마음의 균형과 힘을 뜻한다면, 붓다가 말한 자아는 경험의 소유자로 우리가 흔히 상정하는 고정불변의 실체를 의미합니다.
> ❖ 고정된 실체로서의 자아가 허구임을 깨닫기 위해서는 먼저 심리학에서 말하는 튼튼한 자아를 세워 마음의 균형을 이루어야 합니다.

성격은
바뀌지
않는다?

❁

성격personality은 살면서 일정하게 형성된 생각, 느낌, 행동의 습관적 패턴을 말합니다. 나의 경험으로 볼 때 다르마를 가르치는 지도자와 다르마를 배우는 학생에게 '다르마 성격'이라 할 만한 성격 유형은 관찰되지 않았습니다. 즉, 다르마 수행이 성격을 특정 방식으로 형성시키지는 않는 것 같습니다. 어떤 수행자는 차분하고, 어떤 수행자는 열정적입니다. 또 어떤 수행자는 유머러스하고 활달하며, 어떤 수행자는 진지하고 침착합니다. 다르마 수행의 길을 가는 사람에는 온갖 유형의 성격이 존재합니다. 좋은 소식인지 나쁜 소식인지 모릅니다만 수행을 한다 해서 우리의 성격이 이전과 완전히 달라지지는 않는 것 같습니다.

성격이 잘 변하지 않음을 보여주는 재미있는 이야기가 있습니다. 붓다 생존 시의 일입니다. 완전한 깨달음을 얻은 한 무리의 승려들이(이들을 '아라한'이라고 합니다) 숲길을 걷다 개울을 만났습니다. 승려들은 가사袈裟가 물에 젖더라도 품위를 지키며 점잖게 물을 건넜습니다. 그런데 한 승려만이 유독 가사를 한껏 올린 채 경망스러운 자세로 뜀질을 하며 개울을 건넜습니다.

다른 승려들은 이 승려가 못마땅했습니다. 모든 번뇌를 제거해 깨달음을 얻은 아라한이었지만 이 정도의 불편한 마음은 일어났던 모양입니다. 승려들은 부처님에게 찾아가 동료 승려의 점잖치 못한 행동을 고했습니다. 붓다는 미소를 짓고는 그 승려가 5백 번의 과거 생에서 줄곧 원숭이로 살았던 사실을 알려 주었습니다. 그 승려의 성격 특성은 매우 오랜 기간에 걸쳐 조건화된 결과였습니다. 그런 나머지, 개울을 건너는 행위에서도 그러한 성격 특성이 그대로 나타났던 것입니다.

그런데 이 이야기에서 흥미로운 부분이 있습니다. 그것은 다윈의 '종種의 진화'를 보완하는 '개인의 진화'에 관한 불교의 이론을 엿볼 수 있다는 점입니다. 수행이 깊어지면 우리는 자신의 성격 특성에 대해 지금까지와 다른 방식으로 관계를 맺게 됩니다. 즉, 자기 정체성에 단단히 엮인 채 그것을 '나'로 동일시하는 것이 아니라 성격과 관련한 조건화가 지금보다 훨씬 넓은 자각의 장場에서 일어납니다. 다시 말해, 수행을 하면 특정 유형의 성격을 '나'로 동일시하는 정도가 크게 줄어듭니다.

수행을 하면 생각과 감정과 신체 등 모든 차원에서 발현되는 미묘한 에너지에 더 잘 조율하게 됩니다. 마음이 여기저기 흩어져 산란할 때보다 모든 것을 더 충만하게 느낍니다. 그 결과, 마음이 비워졌음에도 더 충만함을 느낍니다. 여기서 '마음이 비워졌다'는 것은 아무 감정도 못 느낀다는 의미가 아닙니다. 강한 동일시에 사로잡히지 않는다는 뜻입니다. 감정, 생각, 신체 감각을 '나'로 여기는 강한 자아감각을 더는 만들어내지 않는다는 의미입니다. 감정과 생각과 신체 감각이 여전히 일어납니다만, 이제 그것은 자아 감각에 의해 쪼그라들지 않고 널찍한 자각의 장에서 일어납니다.

수행이 깊어져 지혜와 자애의 마음이 계발되면 각자의 개인적 성격의 틀 안에서 성격의 변화가 일어납니다. 부적절하거나 무분별한 행동 패턴이 떨어져나가고, 자기만의 방식으로 더 큰 사랑과 배려를 구현하게 됩니다. 이것은 다르마가 지닌 변화의 힘 덕분입니다. 생각의 패턴과 감정, 행동은 이제 자각이 없을 때보다 더 유동적이고 유연한 상태가 됩니다.

대부분의 사람은 마음에서 일어나는 생각을 '나'로 여깁니다. 그러나 생각이 정말 '나'라면 우리의 성격이 참되게 변화하기란 어려운 일이 되고 맙니다. 왜냐하면 우리 마음에서 일어나는 생각들은 일정한 조건화의 결과이기 때문입니다. 생각은 어린 시절의 사건, 자라온 환경, 자신의 과거 생生, 심지어 2분 전에 일어난 일에도 영향을 받아 일어납니다.

그리고 우리의 성격의 질은(나아가 생각으로부터의 자유냐 속박이냐 하는 중대한 문제는) 일어나는 생각에 대해 우리가 어떤 선택을 내리는가에 달려 있습니다. 이 지점에서 마음챙김은 커다란 힘과 자유를 선사합니다. 마음챙김을 닦으면 자기도 모르게 일어나는 생각의 에너지를 습관적, 맹목적으로 행동에 옮기지 않습니다. 마음챙김은 일어나는 생각에 대해 깨어있음으로써 현명한 선택을 내리도록 도와줍니다.

설령 지금까지 잘못된 선택을 내리며 살았더라도 마음챙김과 바른 행동이라는 가능성에 깨어나는 순간, 우리의 성격은 변화할 수 있습니다.

붓다 당시의 다음 이야기는 우리의 성격이 특정한 조건화의 결과임을 보여줍니다. 또 현명한 주의 기울임을 통해 조건화된 상태에서 벗어날 수 있음을 가르쳐 줍니다. 당시에 어느 똑똑한 젊은이가 있었습니다. 그는 유명한 스승 밑에서 공부하려고 찾아갔습니다. 젊은이는 빠른 시간에 스승의 제자 가운데 가장 똑똑한 수제자가 되었습니다. 그러자 같이 공부하던 동학들이 그를 시기하기 시작했습니다. 동학들은 스승의 마음을 이간질시켜 스승이 젊은이를 미워하도록 만들었습니다. 이윽고 스승은 젊은이가 자신을 밀어내고 높은 자리에 오르려 한다고 여기고는 그를 멀리 쫓아 버렸습니다.

억울한 일을 당한 젊은이의 마음에는 오랫동안 쌓인 증오와 분노, 폭력의 감정이 일어났습니다. 젊은이는 이 감정을 맹목적으로 행동에 옮겼습니다. 소름끼치는 방식으로 복수하겠다고 다짐했습니다. 그는 천 명의 손가락을 자른 뒤 그것을 화환으로 만들어 스승에게 보내기로 했습니다. 이렇게 해서 젊은이는 '앙굴리말라'라는 별명을 얻게 되었습니다. '손가락으로 만든 화환'이라는 뜻입니다. 끔찍하고 폭력적인 수단을 거리낌 없이 사용한 앙굴리말라는 당시 왕국의 큰 골칫거리였습니다.

앙굴리말라가 999명을 죽인 뒤였습니다. 아들을 찾아 나선 그의 어머니가 앙굴리말라가 머물던 숲을 지나가고 있었습니다. 앙굴리말라는 어머니를 천 번째 희생양으로 삼아 화환을 완성하리라 작정했습니다. 그 순간, 어떤 일이 일어날지 예견한 붓다가 근처에 머물고 있었습니다. 붓다는 신통력을 발휘해 앙굴리말라 앞에 모습을 드러냈습니다. 앙굴리말라는 속으로 이렇게 생각했습니다. "어머니 대신 이 자를 죽여 천 번째 손가락을 완성하리라." 그는 붓다를 뒤쫓아 달리기 시작했습니다.

그런데 이상한 일이 벌어졌습니다. 붓다는 아주 천천히 걸었음에도 앙굴리말라는 도저히 붓다를 따라잡을 수 없었습니다. 붓다가 부린 신통력 때문에 앙굴리말라가 아무리 빨리 달려도 따라잡지 못했던 것입니다. 마침내 앙굴리말라가 고함쳤습니다. "당장 멈춰!" 붓다가 대답했습니다. "나는 이미 멈췄다네. 멈추지 않은 것은 자네이지."

그 순간 앙굴리말라는 평온하고 자애로우며 두려움 없는 붓다의 모습에 감복했습니다. 그는 뛰기를 멈추고 조금 전 붓다의 말이 무슨 의미인지 물었습니다. 붓다는 탐욕과 성냄과 어리석음의 불길을 꺼트리는 것에 대해 앙굴리말라에게 가르침을 전했습니다. 붓다의 풍모와 말에 감화된 앙굴리말라는 지금까지와 다른 선택을 내리기 시작했습니다. 이렇게 해서 그의 성격이 바뀌었습니다. 앙굴리말라는 그 길로 붓다를 따라 사원으로 들어가 승려가 되었습니다. 그리고 얼마 지나지 않아 완전한 깨달음을 얻었습니다. 그러니 우리 모두에게도 희망이 있습니다.

이 이야기는 사람마다 다른 종류의 조건화를 씨앗처럼 마음에 품고 있음을 보여줍니다. 또 오랜 시간 수많은 생을 거듭하는 동안 우리가 얼마나 자동반사적으로 행동해 왔는지도 알 수 있습니다. 우리 마음에는 선한 씨앗도 있고 불선한 씨앗도 있습니다. 우리는 자신에게 유리한 조건에서는 이렇게 행동하다가 조건이 불리해지면 완전히 다르게 행동합니다.

마음챙김을 통해 우리 스스로 지닌 선택의 가능성을 깨달아야 합니다. 그러지 않으면 앞으로 수많은 생을 거듭하며 이런 식의 자동반사적인 행동을 계속해야 할지 모릅니다. 마음챙김은 지금까지 살면서 형성된 완고한 조건화를 바꾸는 주체적인 선택입니다. 참된 성격의 변화와 힘은 마음챙김을 통한 자기 선택이라는 위대한 힘에 존재합니다.

> 🧘 수행 Tip!
>
> ❖ 수행을 하면 특정 유형의 성격을 '나'로 동일시하는 정도가 줄고 각자의 개인적 성격의 틀 안에서 성격 변화가 일어납니다.
> ❖ 마음챙김을 통해 참된 성격 변화가 가능합니다. 마음챙김은 지금까지 살면서 형성된 조건화를 바꾸는 주체적인 선택입니다.

심리치료와 명상

❦

우리는 특정한 마음 활동을 명상 수행으로 혼동하고는 합니다. 그런데 서로 다른 정신 양태의 차이를 분명히 구분할수록 수행은 더 효과적이고 강력해집니다.

종종 명상을 자기 내면의 오래된 기억과 트라우마를 들여다보는 시간으로 삼는 경우가 있습니다. 또 자기 내면의 특정한 갈등과 느낌을 탐구하려는 목적에서 명상을 하기도 합니다. 명상을 일종의 '심리치료'로 활용할 수 없을까 생각하는 것입니다. 물론, 심리치료는 커다란 중요성을 갖습니다. 하지만 명상이 추구하는 길은 그와는 조금 다릅니다. 명상과 심리치료가 서로 대척하거나 충돌하는 관계는 아닙니다만(실제로 둘이 중첩되는 부분도 있습니다) 생각과 감정의 내용과 이야기에 빠져 있다면 명상에 고유한 통찰의 계발에 방해가 될 수 있습니다.

명상을 하는 동안 다양한 종류의 심리적 깨달음이 일어나기도 합니다. 부모님과 어린 시절, 다른 사람과의 관계에 대한 심리적 이해가 그것입니다. 그런데 이런 심리적 탐구가 타당하고 중요하다 해도 명상 수행에서는 심리 탐구의 특정 영역에 마음을 향하지 않습니다.

또 명상을 하는 동안 다양한 감정이 일어나기도 합니다. 호기심, 욕망, 분노, 두려움, 슬픔, 우울, 들뜸, 흥분감, 지루함, 걱정, 행복감, 감사함, 사랑 등의 감정입니다. 때에 따라 이중 특정 감정이 더 강하게 느껴지기도 합니다. 하지만 명상에서 던지는 핵심 질문은 "지금 일어나는 감정에 내가 어떤 관계를 맺고 있는가?" 하는 것입니다. 다시 말해 "나는 지금 이 감정들에 대해 생각하거나 분석하고 있는가, 아니면 단지 감정을 느끼며 관찰하고 있는가?" 하는 질문입니다.

명상은 생각과 분석이 아니라 집중된 알아차림에 초점을 맞춥니다. 생각하고 분석하면서 이야기에 빠져드는 것이 아니라 지금 마음에서 일어나는 현상의 성질을 있는 그대로 바라보는 것입니다. 지금 이 순간 실재하는 현상을 주의 깊게 정확히 관찰하는 것이야말로 명상의 핵심입니다.

우리들 각자의 개인적 이야기는 흥미롭고 유혹적입니다. 그래서 명상 수행을 하는 동안 '지금은 아니야' 기법을 사용하는 것이 도움이 됩니다. 특정 이야기에 마음이 홀릴 때마다 속으로 "지금은 아니야."라고 말해 보십시오. 이 방법은 지금 자신이 이야기에 빠져 있으며 이야기가 중요하다는 사실을 부드럽게 인정하면서도 잠시나마 이야기를 한쪽으로 치워두는 방법입니다.

명상을 심리치료 도구로 쓰지 않는 이유는 삶의 이야기에 빠지지 않은 채로 **맨 주의** bare attention를 기울이는 훈련을 하기 위함입니다.* 명상을 심리치료의 방편으로 사용하지 않는 또 다른 중요한 이유는 명상을 하는 과정에서 그동안 깊이 묻어두었던 다양한 감정과 신체 에너지가 의식 표면에 떠오를 수 있기 때문입니다. 또 명상을 하는 동안에는 현상의 일시적 순간성을 처음으로 경험하기도 하는데 이런 경험은 흥분되기도 하지만 두려운 경험으로 다가올 수도 있습니다.

이러한 광활한 내면 탐험에서 우리의 가장 큰 보호막은 무엇보다 명상이 인위적이 아닌 지극히 자연스러운 과정이라는 사실입니다. 명상을 할 때 우리는 마음에 어떤 일이 일어날지 선택하지 않습니다. 특정한 예상을 하거나 일정한 목적을 갖고 임하지 않습니다. 대신 그간 겹겹이 쌓인 것들이 하나씩 떨어져나가는 일종의 **열림**을 명상을 통해 경험합니다. 명상에서는 무엇이든 때가 되면 자연스럽게 일어나는 현상으로 봅니다.

마음챙김을 하면 나에게 일어나는 현상을 다루는 힘을 가진 자신을 발견합니다. 그 이유는 명상이 지극히 자연스러운 전개 과정이기 때문입니다. 마음에 일어나는 일을 다루는 작업은 승산이 낮은 힘겨운 전투처럼 느껴지기도 합니다. 마음에 일어나게 마련인 폭풍우 같은 현상들을 겪어낼 힘을 마음이 갖지 못했다고 느끼는 때가 있습니다. 이럴 때는 명상이라는 매우 자연스런 과정에 동참하고 있다고 생각하면 도움이 됩니다. 명상에서 우리는 마음에 일어나는 다양한 심리 패턴에 대해 강요나 선택을 하지 않습니다. 강요하거나 선택하지 않을 때 다양한 심리 패턴은 자연스럽게 일어나고 그럴 때 더 수월하게 그것을 다룰 수 있습니다.

●
맨 주의는 자신의 생각과 이야기를 덧입히지 않고 대상 자체를 있는 그대로 바라보는 순수한 주의를 말한다-옮긴이 특정한 심리 패턴에 대해 무엇을 덧붙이거나 꾸미지 않고 그것을 관찰하고 함께하면서 내려놓기 때문입니다.

마음에 일어나는 다양한 심리 패턴을 단지 관찰하고 함께하면서 내려놓아야 합니다. 그러지 않으면 과제 해결 중심의 사고방식에 빠집니다. 과제 해결 중심의 사고방식에서는 당면한 과제의 해결에 온 정신을 쏟습니다. 과제 해결의 사고방식은 힘겨운 고투苦鬪의 감각을 만들어내며 자아 감각을 더 키웁니다. 과제 해결의 사고방식에 있을 때는 명상이 자연스러운 전개 과정임을 잊은 채로 마음의 중요한 문제들이 자연스레 일어나도록 두지 않고 특정 방향으로 되어가도록 강요합니다. 이것은 스스로에게 큰 부담을 지우는 꼴입니다.

그렇다고 명상과 심리치료라는 마음의 두 영역 또는 차원을 대척과 충돌의 관계로 볼 필요는 없습니다. 심리적 이해는 우리 삶에 커다란 중요성을 가지며 명상으로 깨달은 바를 훌륭하게 보완하기도 합니다. 게다가 심리적 이해가 목적이라면 명상보다 유용한 심리 탐구 기법이 얼마든지 있습니다. 자신의 심리 패턴을 탐구하려면 거기에 가장 적합한 도구를 사용해야 합니다.

한편, 엄정한 명상 수련의 목적은 그와는 조금 다릅니다. 명상 수련은 지속적인 알아차림을 통해 마음의 본질적 속성에 열리는 것입니다. 명상 수련이 어느 정도 자리를 잡으면, 다시 말해 일어나고 사라지는 현상의 일시성과 알아차림의 본성을 깨달으면 더 이상 조건화된 심리 내용에 매달리지 않게 됩니다. 특정한 심리 내용보다는 현상의 일시적이고 무아적인 성질에 더 초점을 맞추게 됩니다. 이렇게 해서 수행이 더 깊어지면 참된 깨달음에 이를 수도 있습니다.

그러나 이런 깨달음을 얻었다고 해서 모든 문제가 일시에 해결되는 것은 아닙니다. 명상을 통해 얻은 새로운 통찰과 자각을 심리 영역을 포함한 삶의 나머지 영역에 통합시키는 과제는 여전히 남습니다. 명상으로 깊은 통찰을 얻었다 해도 여전히 인간관계와 삶에 부정적 영향을 미치는 내용 차원의 심리 패턴을 지니고 살 수도 있습니다. 이럴 때는 내용 차원의 심리 패턴을 충분히 들여다보아야 합니다. 그렇게 해야 자신과 주변사람을 위해 자기 삶을 조금 더 수월하게 만들 수 있습니다. 아무리 숙련된 명상가라도 심리 내용 차원의 자기 탐구는 여전히 필요합니다.

이렇게 해서 심리치료와 명상이라는 두 차원 사이에 멋진 상호 작용이 일어납니다. 심리적 차원의 명료함과 성숙함을 갖출수록, 일어나고 사라지는 경험을 관찰하는 명상이 더 수월해집니다. 왜냐하면 심리적 명료함과 성숙함을 갖추면 자신의 심리 내용이나 감정상의 갈등에 걸려든 채 그것과 씨름하지 않기 때문입니다. 반대로 명상을 통한 통찰은 심리적 내용에 얽히지 않은 채 그것을 다루게 해 줍니다. 꼬여 있는 심리적 매듭이 더 쉽게 풀립니다. 그 이유는 명상을 통해 모든 현상의 실체 없고 비어있는 성질을 이미 통찰하였기 때문입니다.

몇 년 전에 나는 융 심리치료를 받은 적이 있습니다. 그곳에서 '꿈 분석'을 많이 받았는데 치료가 진행되면서 마음 깊은 곳의 어두운 그림자 몇 가지를 들여다보았습니다. 당시 나는 두 가지 통찰을 얻었습니다. 두 가지 모두 이전에 머리로는 분명하게 이해했지만 나의 직접 경험으로 알지는 못했습니다.

당시 얻은 첫 번째 통찰은 여러 가지 특징이 모여 한 사람의 정체성을 이룬다는 사실이었습니다. 나는 치료 과정에서 나의 내면에 강함과 약함, 바람직한 특성과 바람직하지 못한 특성이 공존함을 분명히 보았습니다. 누구나 마찬가지입니다만, 이 모든 특성이 어우러져 '조셉 골드스타인'이라는 사람을 구성하고 있었습니다. 다음으로 얻은 깨달음은 이처럼 조건 지어진 상태에 대하여 판단하거나 평가하지 않아도 좋다는 사실이었습니다. 다시 말해 그것을 바꾸거나 고치지 않아도 좋았습니다. 나란 사람을 있는 그대로 온전히 받아들일 수 있었습니다. 이것이야말로 당시 나에게 커다란 자유의 느낌을 선사한 깨달음이었습니다.

당시 심리치료에서 나는 내 마음의 조건화된 내용을 직접 들여다보며 탐색했습니다. 그런데 조건화된 내용을 있는 그대로 받아들이는 지점에서 명상 수행이 도움을 주었습니다. 나는 앉아서 나의 마음을 관찰했습니다. 마음에서 관찰되는 현상을 있는 그대로 받아들였습니다. 그렇게 할 수 있었던 것은 일어나는 어떤 현상에도 자아가 없음을 알았기 때문입니다. 그것은 '나'가 아니었습니다. 누구의 것도 아니었습니다. 단지 조건화되어 일어난 현상일 뿐이었습니다. 그러므로 그것에 얽매이거나 그것을 '나'로 동일시할 필요가 없었습니다. 무엇도 바꿀 필요가 없었습니다. 받아들임과 알아차림이 있으면 자유로운 선택을 내리는 마음 공간이 만들어집니다. 이 마음 공간에 서서 유익한 생각과 느낌은 행동으로 옮기고, 유익하지 않은 생각과 느낌은 그대로 놓아두면 됩니다.

이처럼 심리치료와 명상은 서로를 훌륭하게 보완합니다. 하지만 명상 수련회에서는 자칫 자신의 흥미로운 심리 내용에 꽤 오래 걸려 있기가 쉽습니다. 그렇기 때문에 심리치료와 명상을 일정하게 구분하는 것이 도움이 됩니다.

> **수행 Tip!**
> - 심리치료와 달리 명상은 생각과 분석, 이야기에 빠져드는 것이 아니라 마음에서 일어나는 현상의 성질을 있는 그대로 보는 것입니다.
> - 심리치료를 통한 심리적 명료함과 성숙함은 일어나고 사라짐을 관찰하는 명상을 수월하게 하고, 명상을 통한 현상의 성질에 대한 통찰은 심리적 내용에 걸리지 않은 채로 그것을 다루게 합니다.

누구나
'살짝'
미쳐 있다

당신은 정신질환이 자신과는 무관한, 당신에게는 절대 일어나지 않는 일이라고 생각합니까? 그렇다면 당신의 마음을 들여다보기 바랍니다. 명상에서 자신의 마음을 면밀히 들여다보면 정신질환이란 우리들 누구에게나 일어나는 일이 조금 과장되어 드러난 현상일 뿐임을 알게 됩니다.

수년 전 내가 **통찰명상회**Insight Meditation Society의 내 숙소에서 한 달간 수행할 때였습니다. 일주일쯤 지났을 때 난방 배관으로 누군가의 대화 소리가 들려 왔습니다. 대화는 내 방에서 꽤 먼 거리의 주방에서 배관 파이프를 타고 전달되었습니다. 내가 듣기에 대화는 부부인 나의 친구 두 사람에 관한 것이었습니다. 그리고 내게는 남편이 아내를 살해했다는 내용으로 들렸습니다. 그렇지만 누구도 나에게 그 이야기를 해주지 않았습니다. 아마 나의 수행을 방해하지 않으려고 그랬던 모양입니다. 그렇지만 나는 배관 파이프를 타고 매일 나의 귀에 들어온 대화에 마음이 무척 불편했습니다. 그래서 어느 날 주방 스태프를 찾아가 따지듯 물었습니다. "왜 아무도 나에게 그 이야기를 해주지 않았죠?" 그러자 주방 직원은 어리둥절해하며 자기는 전혀 모르는 이야기라고 했습니다. 사실은 내가 헛것을 들었던 것입니다. 그렇지만 당시 나에게는 그 이야기가 정말 사실처럼 들렸습니다!

이렇게 망상에 빠져 균형을 잃은 마음 상태를 '수행자 마음yogi mind'이라고 부릅니다. 명상 수련회에 참가한 사람들이 흔히 특정 생각과 느낌에 강하게 동일시된 나머지 현실감각을 잃는 데서 붙인 이름입니다. '수행자 마음'을 보여주는 또 다른 이야기가 있습니다. 나의 동료 지도자이자 친구인 스티븐 스미스가 들려준 이야기입니다. 당시 스티븐은 아내 미셸과 호주에서 명상 수련회를 지도하고 있었습니다. 그가 머물던 방에는 다른 방향으로 난 두 개의 출입문이 있었는데 그중 하나는 수행자들이 걷기 명상을 하는 큰 법당으로 연결되는 문이었습니다.

어느 날 밤에 아내 미셸이 대화를 나누려고 남편의 방에 들어왔습니다. 스티븐은 아내가 평소 사용하지 않는 법당 쪽 문으로 들어오는 것을 보고는 별 뜻 없이 이유를 물었습니다. 바로 그 순간 남자 수행자 한 사람이 걷기 명상을 하려고 법당에 들어왔습니다. 남자는 스티븐이 아내에게 묻는 질문을 자신을 추궁하는 말로 잘못 알았습니다. 그때가 밤 10시였습니다. 남자는 다음 날 새벽 4시에 일어나 스티븐의 방을 찾아가 자고 있던 스티븐을 깨워 말했습니다. "그 문으로 들어오면 안 된다고 한 이유가 뭐죠?" 수행자는 그 문으로 들어오면 안 되는 이유를 고민하며 밤새 혼자 끙끙 앓았던 것입니다.

자신의 '수행자 마음'을 인식하는 것이 중요합니다. 명상 수련회에서는

'수행자 마음'이 분명하게 드러나지만 일상생활에서는 보다 미묘하게 드러납니다. 앞으로 실제 상황에 일치하지 않는 생각과 감정이 일어날 때면 당신의 '수행자 마음'이 일어난 것으로 보십시오. 그리고 그런 생각과 감정을 내려놓지 못하고 거기에 강하게 동일시할 때도 '수행자 마음'이 일어난 것으로 생각하십시오. 그러면 수행자 마음을 인식하지 못했을 때보다 생각에 대한 동일시에서 더 쉽게 빠져나올 수 있습니다. 마음은 스스로 예측하고 기대한 내용에 쉽게 걸려듭니다. 이 사실을 깨닫느냐 깨닫지 못하느냐에 따라 마음의 감옥에 갇히느냐 거기서 탈출하느냐가 결정됩니다.

사실 이런 강박적 동일시는 정신질환과 크게 다르지 않아 심각한 정신장애를 일으키기도 합니다. 특정 생각과 느낌에 강박적으로 동일시할 때 마음은 그에 중독된 상태와 다름없습니다. 그 순간에는 생각과 느낌에 대한 동일시에서 벗어나기가 매우 어렵습니다. 이때는 마음챙김이라는 훌륭한 보호막도 소용이 없습니다. 생각과 감정의 소용돌이에 휩쓸린 나머지 마음은 잠시도 편히 쉬지 못합니다.

또 생각과 감정에 대한 강한 동일시는 타인과의 원활한 의사소통도 방해합니다. 특정 관점에 대한 강한 동일시는 타인과의 의사소통에서 분노나 방어적 태도, 공격성을 일으키기 쉽습니다. 이때 문제가 되는 것은 내뱉는 말의 내용이 아닙니다. 말의 내용에 강하게 동일시되어 있는 태도가 문제를 일으킵니다. 마음챙김이 없는 상태, 즉 깨어있지 못한 상태에서 특정 생각과 감정에 강

> 내가 살짝 미쳐있다고요?
>
> 누구나 약간 제정신이 아닌 상태로 삽니다. 명상으로 '제정신'을 찾으십시오.

하게 집착하면 특정 의견에 대한 동일시로 인해 나와 상대의 거리는 더욱 멀어지고 맙니다.

그러니 정신질환을 나와 무관한 일로 여기지 않는 태도가 때로 도움이 됩니다. 누구나 '살짝' 미친 상태에 있습니다. 우리 모두가 크든 적든 '제정신'이 아닌 상태로 살고 있습니다. 이 점에서 우리의 제정신을 회복하는 유용한 도구가 있습니다. 명상이 바로 그것입니다.

> **수행 Tip!**
>
> ❖ 특정 생각과 감정, 의견에 대한 집착과 동일시는 나와 상대의 거리를 더 멀게 만듭니다.
> ❖ 우리는 누구나 '살짝' 미친 상태입니다. 살짝 미쳐 있는 우리의 '제정신'을 회복하는 도구가 바로 명상입니다.

5

무아에
관하여

Selflessness

"북두칠성은 존재하지 않는다"

    불교의 가르침 가운데 가장 이해하기 어려운 것이 **무아**無我의 사상과 체험일 것입니다. 무아의 가르침을 접하면 이런 의문이 생깁니다. "자아가 없다면 지금 열심히 수행하고 있는 이 사람은 누구인가? 불교는 우리가 죽으면 윤회한다고 하는데 자아가 없다면 누가 윤회하는가? 누가 기억을 간직하고 누가 화를 내며 누가 사랑에 빠지는가? 도대체 자아가 존재하지 않는다는 말의 참 의미는 무엇인가?" 하는 의문입니다.

    사람들은 자아가 존재하지 않는다는 말을 들으면 겁부터 먹습니다. 내가 완전한 무無로 사라진다는 생각은 커다란 두려움으로 다가옵니다. 그러나 무아에 대한 깊은 이해는 붓다의 가르침이 선사하는 위대한 보석과 같습니다. 고통과 무지에서 벗어난 자유로운 마음의 핵심에 무아가 있습니다. 스리랑카의 어느 스님은 이렇게 말했습니다. "자아가 없다면 문제도 없다."

    마음챙김이 튼튼해지면 나와 세계를 이해하는, 지금까지와 완전히 다른 방식에 열립니다. 그것이 무아입니다. 무아는 내가 지금껏 내가 알던 그런 존재가 아님을 깨닫는 것입니다. 무아를 경험하면 내가 나의 몸이 아님을, 나의 생각이 아님을, 나의 감정이 아님을 알게 됩니다. 몸과 생각, 감정이 내가 아님을 깨닫습니다. '나'라는 자아가 존재한다는 생각이 머리로 지어낸 관념에 불과함을 알게 됩니다.

'나'라는 것이 실제로 존재하지 않는다면 왜 우리 대부분은 자아가 존재한다고 믿는 걸까요? 길 가는 사람을 붙잡고 물어보십시오. "내가 존재합니까? 자아가 존재합니까?"라고 말입니다. 아마 이상하게 쳐다보며 "당연하죠, 나는 존재해요."라고 답할 것입니다. 그렇다면 자아의 존재를 당연시여기는 이 굳건한 믿음은 대체 어디서 비롯했을까요? 지금 우리의 과제는 마음이 어떻게 자아에 대한 뿌리 깊이 조건화된 관념을 만들어 내는지 아는 것입니다. 그리고 자아가 존재한다는 거대한 착각에서 스스로 벗어나는 방법을 아는 것입니다.

이를 알기 위해서는 우선 '마음'이라는 것에 대해 알 필요가 있습니다. 마음의 기능은 대상을 알고 인지하는 것입니다. 마음이란 녀석을 우리 내면에서 찾아보면 그것은 눈에 보이지 않는 깨끗하고 또렷한 성질을 가졌습니다. 마음은 본질적으로 순수합니다. 마음은 형상, 소리, 냄새, 맛, 촉각 등 감각 대상뿐 아니라 생각과 감정 등 다양한 정신적 대상을 압니다. 마음은 대상을 단순하게 압니다. 사방에 시끄러운 소리가 가득한 곳에 시체 한 구가 있다고 합시다. 시체는 몸도 있고 귀도 있고 주변에 소리도 있지만 실제로 들을 수는 없습니다. 왜일까요? 마음이라는 '아는 기능'이 없기 때문입니다. 이처럼 마음이 가진 앎과 자각의 기능은 평범하면서도 심오한 삶의 신비입니다.

그런데 마음에는 단지 아는 기능만 있지 않습니다. 마음의 앎에는 매 순간 다양한 정신적 특성들이 함께 일어납니다. 이런 정신적 특성들이 앎에 여러 가지 변조變調를 일으킵니다. 정신적 특성에는 탐욕, 증오, 사랑, 깨어있음, 집중, 자만심, 절망, 연민 등이 있습니다. 이 정신적 특성들은 그 자체의 색깔을 갖습니다. 어떤 것은 행복을 가져다주는 선한 정신적 특성이고, 어떤 것은 고통을 초래하는 불선한 정신적 특성입니다. 이처럼 마음의 순수하고 명료한 앎에 더하여 다양한 정신 요소가 매순간 앎과 함께 일어나고 사라집니다.

우리가 자아가 존재한다는 일반적인 생각에서 벗어나지 못하는 이유는 이들 마음의 요소 가운데 상想이 균형을 잃었기 때문입니다. 흔히 '인식' 또는 '지각'이라고 번역하는 상은 대상의 특성을 포착한 뒤 그것을 개념의 형태로 기억에 저장하는 일을 합니다. 예컨대 우리는 수많은 대상을 '여자, 남자, 나무, 자동차, 도시, 바다' 등의 개념으로 인식하고 지각합니다.

마음챙김이라는 깨어있는 마음과 함께 일어날 때 지각은 대상을 깊고 면밀하게 관찰합니다. 반면 깨어있는 마음이 없는 지각은 대상의 외관만 인식하고 기억하는 데 그칩니다.

우리의 일상적 관념이 지극히 제한적임을 보여주는 이야기가 있습니다. 내 친구 아들의 초등학교 1학년 때 일입니다. 학교 선생님이 학생들에게 물었습니다. "사과는 무슨 색이죠?" 대부분의 아이들은 빨간색이라고 답했습니다. 몇몇은 초록색이라고 답했습니다. 그런데 내 친구 아들 케빈은 손을 들고 흰색이라고 답했습니다. 선생님은 빨간색과 초록색, 때로 황금색 사과는 있어도 흰색 사과는 절대 없다고 말했습니다. 그러나 케빈은 자기주장을 굽히지 않고 말했습니다. "사과를 잘라 보세요. 속은 하얗잖아요." 깨어있는 마음이 없는 지각은 대상의 표면에 머물고 맙니다. 그러면 실재의 다른 풍부한 차원을 놓치게 됩니다.

우리가 자신과 세상에 관하여 가진 조건화된 지각 가운데 하나가 사물의 기본적 견고함에 관한 것입니다. 사물이 견고하다고 여기는 우리의 지각은 우리로 하여금 수많은 부정확한 결론에 이르게 합니다. 그것은 진실을 보지 못하게 방해합니다. 『별난 지혜Crazy Wisdom』라는 책에서 웨스 니스커Wes Nisker는 이렇게 말했습니다.

> 우리의 언어는 실재가 견고하다는 가정 아래 작동한다. 기본적으로 언어는 주어와 목적어 등의 명사가 '실제로 존재한다'고 상정한다. 그리고 그 반대편에는 명사보다 '실재하지 않는' 동사가 있다고 본다. 반면에 북미 원주민 호피족의 언어는 사물의 이름을 동사로 표현한다. 즉, 호피족 언어는 사물의 상호작용 과정을 더 실제적으로 반영한다.
>
> 물리학자들 역시 존재하는 것은 오직 움직임뿐이라고 말한다. 그러나 우리가 사용하는 언어는 '정지된' 사물을 계속 쌓아올린다. 그런 나머지 우리는 견고함의 환영에서 벗어나지 못한다.

견고함이라는 환영에 갇혀 있는 한, 일시적 현상의 영원하지 않고 실체 없는 성질을 분명하게 보거나 이해하기 어렵습니다. 모든 것은 변화한다는 진실을 머리로 안다고 해도 그것이 우리의 앎을 진정으로 변화시키기 위해서는 스스로 경험해야 합니다.

그렇다면 왜 우리는 사물이 견고하다고 여기는 관념을 갖게 되었을까요? 견고함의 관념이 실재에 대한 우리의 관점으로 뿌리 깊게 조건화된 이유는 무엇일까요? 견고함이라는 지각의 환영은 우선, 현상의 변화 속도가 무척 빠르기 때문에 일어납니다. 우리는 영화관에서 영화를 볼 때 필름 낱장을 보지 않습니다. 필름의 낱장이 매우 빠른 속도로 이어지기 때문에 우리는 영화가 실제로 필름 낱장의 연속이라는 사실을 알아보지 못합니다. 물론, 우리가 영화관에 가는 이유는 이 환영을 '기꺼이' 즐기기 위해서입니다. 하지만 영화가 아니라 우리의 삶이라는 실재에 대해서라면 이야기가 다릅니다. 우리가 삶의 실상을 제대로 보지 못할 때 매우 심각하고 중대한 결과를 초래할 수 있습니다.

우리가 견고함의 관념을 갖는 또 하나의 이유는 사물을 멀찍이서 관찰하기 때문입니다. 의자와 테이블 같은 일상의 사물을 볼 때 우리는 그것이 매우 견고하다고 여깁니다. 그러나 아무리 견고해 보이는 사물도 초정밀 현미경으로 관찰하면 완전히 다른 세상이 펼쳐집니다. 멀찍이서 나무를 바라보면 언뜻 구분되지 않는 덩어리진 색으로 보여도 가까이서 관찰하면 나뭇잎 하나하나가 모두 다른 색임을 아는 것과 같습니다. 더 자세히 들여다보면 하나의 나뭇잎을 이루는 여러 부분도 미세한 색의 차이가 있음을 알게 됩니다.

평소 우리는 사물을 충분히 가까이서 관찰하지 않기 때문에 사물의 표면적 인상에 머물고 맙니다. 그러나 사물의 표면적 인상만으로는 현상이 가진 복합적 성질이 드러나지 않습니다. 예를 들어, 당신은 평소 자신의 몸을 어떻게 느끼고 있습니까? 그것은 '몸'이라고 이름 붙인 당신 소유의 견고한 덩어리입니까? 아니면 서로 다른 여러 기관과 에너지, 체계로 이뤄진 복합체입니까?

몸을 주의 깊게 면밀히 관찰하면 '몸'이라는 관념이 떨어져 나갑니다. 그럴 때 우리는 몸이 계속적으로 변화하는 요소로 이루어진 세계임을 실제로 경험합니다. 이 사실을 입증하는 아주 간단한 실험을 지금 바로 해 봅시다. 지금 당신의 집게손가락을 위아래로 아주 천천히 움직여 보십시오. 손가락이 움직일 때 일어나는 미세한 감각을 가만히 느껴 봅니다. 손가락을 눈으로 쳐다보지 말고 손가락을 움직이면서 손가락의 미세한 감각에 집중하십시오. 그러면 '손가락'이라는 관념은 사라지고 오직 손가락의 움직임이라는 실제 감각만이 느껴질 것입니다. 이처럼 경험 자체를 단순하게 알아차리는 상태에 있을 때 개념은 사라지고 실제로 변화하는 감각만이 남습니다.

깨어있는 마음챙김의 힘이 지각의 힘보다 약할 때 우리는 사물의 겉모습만을 인지합니다. 대상의 외양만을 인지한 다음 그것을 설명하는 관념을 만들어냅니다. '몸, 자동차, 집, 사람' 같은 것이 모두 그러한 관념입니다. 우리는 관념이 실제로 존재한다고 믿으며 관념의 세계에서 살아갑니다. 그러나 관념의 세계에 살면 실체 없음이라는 현상의 근본 성질을 보지 못합니다. '자아' 역시 하나의 관념에 불과합니다. '자아'의 복합적 성질을 주의 깊게 관찰하지 않으면 '자아'라는 개념에 걸려들어 자아가 고유한 존재성을 갖는다고 여기게 됩니다. 그러면 빠르게 변화하는 많은 요소들로 구성된 복합체로서의 나를 보지 못합니다. 삶은 끊임없이 되어가는 진행형의 과정입니다. 삶은 매순간 수많은 조건이 일어나고 사라지는 과정입니다. 삶은 '누군가에게' 일어나는 일이 아닙니다. 삶을 경험하는 당사자로서의 고정적 존재란 없습니다.

맑은 밤하늘을 올려다보십시오. 북두칠성이 보일 것입니다. 대부분의 사람에게 북두칠성은 익숙한 별자리입니다. 북두칠성은 별자리의 모양이 다른 별들과 구분되어 쉽게 알아볼 수 있습니다. 그런데 과연 북두칠성이라는 것이 하늘에 '실제로' 존재할까요?

북두칠성은 '실제로' 존재하지 않습니다. 우리가 지어낸 개념에 불과합니다. 밤하늘의 별이 그린 일정한 패턴을 설명하려고 '북두칠성'이라는 개념을 우리의 집단적 마음에 만들어낸 것입니다. '북두칠성'이라는 개념은 우리가 별자리를 인지하는 데는 편리합니다. 하지만 그다지 바람직하지 않은 효과도 있습니다. '북두칠성'이라는 개념을 지어낸 우리는 일곱 개의 별을 다른 별들과 구분 짓습니다. 만약 이 구분에 집착할 경우, 밤하늘의 별들에 깃든 **전체성** 또는 **하나됨**oneness의 성질을 알아볼 수 없습니다. 북두칠성과 그 외의 별들이 밤하늘에서 실제로 구분될까요? 그렇지 않습니다. 우리가 개념을 가지고 밤하늘의 별을 임의로 구분 짓는 것뿐입니다.

물론 북두칠성이 실제로 존재하지 않는다는 사실을 알았다고 해서 밤하늘의 별이 그리는 패턴이 바뀌는 것은 아닙니다. 그렇지만 우리는 북

> 보세요, 저 별이 바로 북두칠성입니다
> 아니요, '북두칠성'은 존재하지 않습니다

두칠성이라는 개념이 별들이 그린 일정한 패턴에 붙인 이름일 뿐이며 독립적이고 고유한 존재성을 갖지 않음을 깨달을 수 있습니다.

마찬가지로 '자아' 역시 하나의 개념에 불과함을 깨달아야 합니다. 그럴 때 사물의 실상이 드러납니다. 그때 우리의 앎은 혁명적인 변화를 겪을 것입니다. 우리들 각자는 정신적-육체적 과정이라는 무수한 별들로 이루어진 별자리와 같습니다. 그러나 평소 우리는 익숙한 패턴을 인식한 뒤 그것을 '자아'라는 이름으로 개념화합니다. 자아라는 개념을 '나'로 동일시하면서 거기에 특정한 존재가 있다는 거대한 환영에 빠집니다. '조셉' 역시 '북두칠성'과 마찬가지로 하나의 개념일 뿐입니다. 북두칠성이 별들의 일정한 패턴에 붙인 이름이듯이 '조셉'은 나를 이루는 수많은 요소들의 일정한 패턴에 붙인 이름일 뿐입니다.

개념을 실재로 착각하는 환영에서 깨어나야 합니다. 이렇게 사물의 실상을 명료하게 자각하는 것이야말로 수행의 핵심입니다. 물론, 개념에 대한 집착에서 벗어나는 일은 결코 쉽지 않습니다. 별이 반짝이는 밤하늘을 바라보며 북두칠성을 '보지 않기'란 매우 어렵습니다. 우리는 지금까지 견고하게 형성된 조건화된 습관에 따라 사물을 인식합니다.

물론 개념은 필요하며 많은 경우 유용합니다. 우리는 사물을 지칭할 때 개념을 편리하게 사용합니다. 그렇지만 개념이 자체의 독립된 존재성을 가진 견고한 '사물'이 아님을 알면 더 자유롭게 개념을 사용할 수 있습니다. 개념이 마음이 지어낸 것임을 잊고, 개념이 원래 갖지 않은 실재성을 가졌다고 착각할 때 문제가 일어납니다.

명상은 개념을 걷어내고 있는 그대로의 사물을 '맨 주의'로 보는 작업입니다. 필요하다면 개념을 사용해야 합니다만 그 때에도 개념 아래 존재하는 실재와의 접촉을 놓치지 않아야 합니다. 명료하고 고요한 마음으로 밤하늘을 올려보듯이 자기 자신을 명료함과 고요함으로 보아야 합니다. 20세기 티베트의 위대한 명상 스승 까루 린포체Kalu Rinpoche는 이렇게 말했습니다.

당신은 사물의 겉모습이라는 환영 속에 살고 있습니다. 그런데 실재가 존재합니다. 그것은 당신 자신이라는 실재입니다. 그럼에도 당신은 이 사실을 모르고 있습니다. 실재에 깨어나면 당신은 자신이 무(無)임을 알게 될 것입니다. 무는 아무것도 아니기에 역설적으로 모든 것이 될 수 있습니다. 무는 곧 전부입니다.

> 수행 Tip!
>
> ❖ 무아에 대한 깊은 이해는 붓다의 가르침이 선사하는 위대한 보석입니다. 고통과 무지에서 벗어난 자유로운 마음의 핵심에 무아가 있습니다.
> ❖ '북두칠성'은 실제로 존재하지 않는 개념에 불과합니다. 개념을 실재로 착각하는 환영에서 깨어나 사물의 실상을 명료하게 자각하는 것이 수행의 핵심입니다.

자아는
어떻게
생겨나는가

❀

개념에 대한 집착이 자아가 존재한다는 믿음을 낳는다는 것을 보았습니다. 그런데 자아 감각은 또 다른 과정을 통해서도 일어납니다. 그것은 우리가 매순간 변화하는 경험의 구성 요소를 '나'로 동일시하는 습관에 깊이 빠져 있다는 사실입니다. 경험의 복합적 성질을 통찰해 '나'라고 할 만한 추상적 존재가 없음을 깨달았다 해도 우리는 매순간 변화하는 경험 요소를 나로 동일시하는 습관에서 완전히 벗어나지 못합니다. 자아가 존재한다는 생각을 일으키는 근본 원인은 바로 이런 동일시의 과정입니다.

마음에 일어나는 생각을 나로 동일시하며 거기 빠져 있을 때 우리는 이렇게 생각합니다. "'내가' 생각하고 있어. 이것은 '나의' 생각이야." 생각뿐 아니라 감각과 감정, 마음의 심상에 대해서도 동일시의 과정이 일어납니다. 경험 자체는 '누구의 것'도 아니며 단지 일어나고 사라질 뿐입니다. 그럼에도 그것을 '나'로 동일시하는 순간 '자아'라는 감각이 만들어집니다. 이것은 인식의 거대한 착각입니다.

　우리는 이런 인식의 착각에 습관처럼 빠져 지냅니다. 그러나 명료한 알아차림을 계발한다면 지금까지와 다른 경험이 우리 앞에 자연스레 펼쳐집니다. 매순간 깨어있을 때 마음은 동일시의 속박에서 벗어날 수 있습니다. 어떤 생각이 일어났다 사라져도 그것은 '나의' 생각이 아닙니다. 생각의 배후에 생각의 당사자인 '주인'이 존재하는 것이 아닙니다. 생각은 단지 일어나고 사라질 뿐입니다. 매순간 일어나는 생각을 '나'로 동일시하지 않는다면, 즉 자아가 실체 없이 비어있음을 본다면 지금보다 훨씬 자유로운 상태에 머물 것입니다.

　알아차림이 강해지면 겉으로 드러난 모든 현상이 일어났다 사라진다는 사실을 직접 체험을 통해 알 수 있습니다. 형상, 소리, 냄새, 맛, 신체감각, 생각 등의 대상이 매순간 일어나고 사라짐을 압니다. 대상이 일어나고 사라짐을 관찰하면 일어나고 사라지는 대상이 내가 아님을, 자아가 아님을 알게 됩니다. 관찰하는 순간 사라지는 것을 '나'라고, 자아라고 부를 수 없습니다. '자아'가 맞는다면 일정하게 지속되는 성질이 있어야 합니다만 매순간 일어나고 사라지는 현상에는 어떠한 영속성도 없습니다. 반대로, 현상의 일시적인 순간성을 보지 못할 때, 즉 변화의 진실을 보지 못할 때 잘못된 견해가 생겨납니다. "그래, 이 경험이 나야. 이것이 곧 나의 본질이야." 하고 생각합니다.

　당신의 마음이 생각에 푹 빠져 있을 때를 주의 깊게 지켜보십시오. 그 생각을 '나'로 동일시하며 거대한 드라마를 지어내지 않는지 관찰하십시오. 그런 다음 마음챙김의 힘으로 생각이 일어나고 사라지는 과정을 지켜보십시오. 생각에 빠져 있을 때와 생각이 일어나고 사라지는 과정을 관찰했을 때를 비교해 보십시오. 이 두 가지 내면 태도에는 커다란 차이가 있습니다. 생각에 빠져 있을 때는 의식이 제한되고 수축되는 반면, 일어나고 사라지는 생각을 단지 관찰할 때는 의식이 활짝 열립니다. 일어나고 사라지는 현상을 자연스런 알아차림으로 지켜보십시오. 동일시가 일어나지 않습니다. 그러면 자아도 존재하지 않습니다.

> 수행 Tip!
>
> ❖ 자아가 존재한다는 믿음은 생각과 감각, 감정 등 매순간 변화하는 경험 요소를 '나'로 동일시하는 뿌리 깊은 습관 때문에 일어납니다.
> ❖ 마음이 매순간 깨어있다면 대상의 일어남과 사라짐, 자아의 비어있음을 보고 자유의 상태에 머물 수 있습니다.

"낙하산이
안 펴져도
부딪힐 땅이 없다면"

❦

그런데 자아가 존재하지 않음을 알기 위해 반드시 자아를 없애야 할까요? 그렇지 않습니다. 애당초 없애야 하는 자아가 존재하지 않는다면 어떨까요? 자아가 실제로 존재하지 않는다는 사실은 붓다가 이룬 위대한 깨달음의 내용입니다. 없애야 하는 자아가 애초에 존재하지 않는다면 우리는 어떤 방법으로 무아를 이해해야 할까요? 그것은 매순간 실제로 일어나는 현상을 주의 깊게 알아차리는 방법을 통해서입니다.

의식에 일어나는 현상이 자아가 아님을 처음으로 아는 데는 오랜 시간이 걸리지 않습니다. 일어난 현상은 무엇이든 사라진다는 사실을 보는 것은 그리 어렵지 않습니다. 그렇다 해도 앎이라는 기능 자체를 '나'로 여기는 미묘한 동일시는 여전히 일어날 수 있습니다. "변화하는 모든 대상을 아는 주체는 나다."라고 생각하는 것입니다. 우리는 앎이 곧 나라고, 자아라고 믿기 쉽습니다. 왜냐하면 앎 또는 의식은 의식에서 일어나고 사라지는 대상보다 훨씬 미묘한 성질을 지녔기 때문입니다. 그렇기 때문에 의식을 알아차리기는 결코 만만치 않습니다. 마음이 안정되고 고요하며 명료해졌을 때라야 '앎 자체를 알아차릴 수' 있습니다.

　명상 수행의 특정 단계에 이르면 앎 또는 의식 자체도 끊임없는 변화의 과정임이 드러납니다. 그런데 앎 또한 변화의 과정이라는 깨달음은 불편하게 다가올 수 있습니다. 왜냐하면 우리는 오랫동안 앎의 기능을 나의 본질적 정체성으로 여기며 살아왔기 때문입니다. 굳이 데카르트의 "나는 생각한다. 고로 존재한다."라는 말을 인용하지 않아도 우리는 앎을 나의 영혼이자 자아, 핵심으로 간주하며 살아왔습니다. 그렇기에 앎마저도 다른 현상과 마찬가지로 끊임없이 일어나고 사라짐을 볼 때 우리는 불편함을 느낄 수 있습니다.

　당신이 하늘을 나는 비행기에서 뛰어내려 몇 분간 자유낙하를 한다고 상상해 봅시다. 짜릿한 기분을 느끼는 것도 잠시, 이내 당신은 낙하산이 펴지지 않는다는 사실을 알았습니다. 아래로 떨어질수록 당신은 극심한 공포감에 휩싸입니다. 낙하산이 펴지지 않는다는 사실에 극도의 공포를 느끼며 당신은 계속 아래로 떨어집니다. 그러다 어느 순간 당신은 깨닫습니다. "맞아! 저 아래엔 떨어져 부딪힐 땅도 없었지." 그 순간 당신은 비행기에서 처음 뛰어내렸을 때처럼 다시 신나게 스카이다이빙을 즐깁니다.

　명상 수행에서도 감정상으로 이와 비슷한 순서를 거칩니다. 수행을 통해 대상을 '나'로 여기는 동일시가 느슨해지면 빠르게 변화하는 현상의 성질을 처음으로 보게 됩니다. 이때 흥분감이 일어나거나 의식이 확장되는 것처럼 느끼기도 합니다. 그런데 우리가 붙잡을 만한 그 무엇도 없다는 사실을 깨닫는 순간, 공포감이 엄습할 수도 있습니다. 잠시도 쉬지 않고 아래로 떨어지는 폭포수처럼 앎의 대상과 앎의 작용이 끊임없이 떨어져 나갑니다. 안정감을 얻기 위해 움켜쥐는 무엇도 실제로 안정감을 주지 못한다는 사실을 우리는 깊은 차원에서 알게 됩니다. 그렇다 해도 수행을 계속하면 또 다른 깨달음이 서서히 일어납니다. 떨어진 뒤에 부딪힐 땅도, 그리고 땅에 부딪힐 사람도 존재하지 않는다는 깨달음이 그것입니다. 그저 현상들만이 끊임없이 일어나고 사라질 뿐입니다. 이 사실을 깨달을 때 커다란 안도감과 깊은 평정심, 고요한 기쁨을 느낍니다. 그러면 조금 더 편한 마음으로 모든 것을 내려놓을 수 있게 됩니다.

> **수행 Tip!**
>
> ❖ 낙하산이 펴지지 않아도 떨어져 부딪힐 땅이 없다면 당신은 두려움없이 스카이다이빙을 즐길 수 있습니다.
> ❖ 수행을 하면 대상을 '나'로 여기는 동일시가 느슨해집니다. 이렇게 현상만이 끊임없이 일어나고 사라짐을 깨달을 때 안도감과 평정심, 고요한 기쁨을 느낍니다.

0에
이르다

❦

 붓다는 무아의 통찰을 간명하게 드러낸 짤막한 설법을 전했습니다. "형상을 볼 때는 단지 보기만 하라. 소리를 들을 때는 듣기만 하고 냄새를 맡을 때는 오직 맡기만 하라. 맛을 볼 때는 맛만 보고 몸의 감각을 느낄 때는 그저 느끼기만 하라. 생각이 일어나면 그것을 마음에서 일어나는 자연스런 현상으로 보라. 이렇게 하면 자아가 사라진다. 자아가 사라지면 마음이 이 대상, 저 대상을 찾아 헤매지도, 한곳에 멈추지도 않는다. 이것이 고통과 괴로움의 소멸이다."

 간결하지만 함축적인 이 가르침이 의미하는 바는 무엇일까요? 그것은 경험이 일어날 때마다 우리가 거기에 '나, 나의 것, 자아'라는 생각을 덧붙이고 있다는 사실입니다. 생각할 때 우리는 그것을 '나의' 생각이라 여깁니다. 또 '내가' 생각한다고 생각합니다. 그런데 여기서 '나의' 또는 '내가'라는 표현은 적절치 않습니다. 왜냐하면 생각은 '나의 것'이 아니기 때문입니다. '내가' 생각하는 것이 아닙니다.

수행을 통해 무아에 대한 앎이 깊어지면 현상이 스스로 흘러가는 것처럼 보입니다. 누군가가 현상을 일으키지 않습니다. 현상은 그 자체로 저절로 일어납니다. 현상은 그것을 일으키고 주관하는 실체가 없습니다. 현상의 비어 있는 성질을 깊은 차원에서 이해하게 됩니다. 무지개의 아름다운 외관은 현상의 비어있는 성질을 보여주는 적절한 예입니다. 하늘의 아름다운 무지개를 보면 우리의 마음은 한 순간 흥분합니다. 그러나 다른 차원에서 보면 '무지개'라는 실체는 존재하지 않습니다. 무지개는 일정한 조건이 형성되었을 때 우리 앞에 드러난 현상일 뿐입니다. 그리고 그 조건들은 계속해서 변화하고 있습니다. 그렇다면 우리는 이 두 가지 차원에서 조화롭게 살 수는 없을까요? 즉, 겉으로 드러난 외관의 세계에서 살되, 거기 매이지 않은 채 우리를 자유롭게 하는 비어있음의 지혜로 사는 법은 없을까요?

조건 지어지지 않은 상태인 열반에 열리는 순간이야말로 자아의 비어 있는 성질이 여실히 드러나는 순간입니다. 조건 지어지지 않은 상태에 열리는 순간, 우리는 0이 됩니다. 0은 아마도 가장 강력한 숫자일 것입니다. 아무것도 더하지 않으면서 모든 것을 바꾸기 때문입니다. 0은 어떤 실체가 아니면서 그렇다고 아예 아무것도 없는 것도 아닙니다. 0에 이르는 것은 자아의 존재성을 초월하는 것입니다.

자아 없음에 대한 이러한 이해로부터 모든 사물과의 깊은 연결감이 생겨납니다. 자아가 존재하지 않음을 깨달으면 특정 관계에서 대상과의 연결감을 찾을 필요가 없습니다. 자아가 없다면 나와 사물의 분리도 존재하지 않습니다. 분리될 어떤 대상도 존재하지 않습니다. 이와 비슷한 통찰을 얻은 웨이 우 웨이Wei Wu Wei (爲無爲(1895~1986) 아일랜드 출신의 노자 사상가이자 작가인 테렌스 제임스 스테너스 그레이(Terence James Stannus Gray)의 필명-옮긴이)는 겸손에 대해 이렇게 말했습니다. "참된 겸손은 으스대는 누군가가 존재하지 않는 것이다." 그렇습니다. 겸손은 으스대지 않는 마음 상태라기보다 애당초 으스대는 '사람'이 존재하지 않는 것입니다. 마찬가지로, 나와 대상의 관계란 서로 분리되지 않은 상태입니다. 숨 쉴 때마다, 감각과 생각이 일어날 때마다, 하늘의 구름을 볼 때마다, 누구를 만날 때마다 우리는 대상과 분리되어 있지 않음을 느낄 수 있습니다.

> **수행 Tip!**
>
> ❖ 수행을 통해 무아에 대한 앎이 깊어지면 현상의 비어 있는 성질을 깊은 차원에서 이해하게 됩니다.
> ❖ 자아가 없다면 나와 사물의 분리도 존재하지 않습니다. 자아 없음에 대한 이해로부터 사물과의 연결감이 생겨납니다.

황홀감과
비어있음

    황홀감은 다양한 의미로 해석되며 여러 가지 원인에서 생깁니다. 수행의 과정에서 마음이 맑고 환해지면 종종 황홀감이 밀려옵니다. 황홀감은 멋진 느낌이지만 그것 역시 특정 조건에 따라 일어납니다. 조건이 바뀌면 황홀감 역시 사라집니다.

    그런데 이와 다른 종류의 황홀감도 있습니다. 비어있음을 통찰하는 지혜에서 생기는 황홀감입니다. 이런 황홀감은 모든 현상이 가진 끊임없는 변화의 성질과 실체 없음의 성질을 통찰하는 데서 일어납니다. 이런 종류의 황홀감은 집착과 두려움을 만들지 않습니다. 이런 황홀감을 느낄 때 우리는 생명의 전개 과정과 하나가 됩니다. 이 합일감은 매우 미묘합니다. 왜냐하면 무가 되었을 때 느끼는 합일감이기 때문입니다. 중국의 시인 이백은 이런 합일의 경지를 다음과 같은 멋진 시로 표현했습니다.

산과 내가
함께 앉았네
그러다 이윽고
산만 남았네

> 🧘 **수행 Tip!**
>
> ❖ 모든 현상이 가진 변화와 실체 없음의 성질을 통찰하는 데서 생기는 황홀감은 집착과 두려움을 만들지 않습니다.

업에 관하여

Karma

업은
세상을 보이는
빛

삶은 우리의 마음에서 시작합니다. 붓다는 이렇게 말했습니다. "마음이 모든 것의 시작점이다." 그렇다면 우리의 삶이 펼쳐지는 시작점인 마음이란 도대체 무엇일까요?

마음을 직접 들여다보면 끊임없이 변화하는 역동적인 과정임을 알게 됩니다. 마음은 그 안에서 일어나고 사라지는 여러 정신적 특성에 따라 매순간 다르게 조건화 되고 있습니다. 마음이 가진 정신적 특성에는 사랑, 두려움, 분노, 기쁨, 깨어있음, 무지 등 매우 많습니다. 이 정신적 특성들은 서로 조화롭게 작용하다가도 어떤 때는 싸움을 벌여 우리 마음은 전쟁터처럼 되어 버립니다.

위파사나 vipassana란 '있는 그대로 본다'는 의미입니다. 명상적 탐구를 통해 우리는 마음의 어떤 성질이 괴로움을 일으키는지, 또 어떤 특성이 우리를 자유에 이르게 하는지 직접적으로 경험합니다. 이러한 이해는 간접적인 앎이 아니라 스스로 체험하는 직접적인 앎입니다. 직접적인 앎을 통해 지금 일어나는 현상뿐 아니라 삶의 생생한 과정을 지배하는 법칙까지 통찰할 수 있습니다.

붓다가 설한 팔정도 가운데 '바른 이해'가 있습니다. 바른 이해는 유익한 행위와 유익하지 못한 행위가 각각 그에 걸맞은 결과를 가져온다는 사실을 아는 핵심적이고 근본적인 지혜입니다. 바른 이해는 다르마 수행의 토대인 동시에 우리가 느끼는 모든 행복의 원천입니다. 몸과 말과 마음을 어떻게 쓰느냐에 따라 그에 걸맞은 결과가 따른다는 사실을 아는 지혜가 바른 이해입니다. 바른 이해가 있을 때 매사에 현명한 선택을 내릴 수 있습니다.

현명한 선택을 내리기 위해서는 솔직하게 자신을 보는 것이 중요합니다. 내가 가진 긍정적인 성질뿐 아니라 부정적인 성질까지 있는 그대로 보아야 합니다. 유익하지 않은 생각과 느낌이 일어나면 그것을 내려놓아야 합니다. 유익하지 않은 생각과 느낌은 나와 타인에게 불행을 가져옴을 알아야 합니다. 이러한 앎에 따라 행동할 때 현명한 선택을 내릴 수 있습니다. 마찬가지로, 유익한 생각과 느낌 역시 그에 합당한 행복의 결과를 가져옴을 알고 그에 맞게 행동해야 합니다. 모든 행동에 일정한 결과가 따른다는 사실을 아는 지혜가 필요합니다. 이런 지혜가 있을 때 자기 삶을 주체적으로 만들어갈 수 있습니다. 그럴 때 삶의 조건화된 패턴에 휘둘리지 않습니다.

그렇다면 스스로 만드는 주체적인 삶은 마음에서 구체적으로 어떻게 발현될까요? 그것은 이렇습니다. 예컨대 탐욕이 유익하지 않음을(따라서 불행을 가져옴을) 알면 내려놓음과 절제, 관대함에 관한 생각이 일어날 것입니다. 그리고 이런 생각으로부터 자애, 연민, 기쁨의 느낌이 생겨납니다. 타인에게 도움을 주려는 마음이 일어나며, 타인의 고통을 덜어주고자 합니다. 한편으로 타인의 행복에 함께 기뻐하는 마음도 생겨납니다.

또 탐욕이 유익하지 않음을 알고 그에 따른 생각과 느낌을 일으키면 자기중심적인 삶에서 벗어나게 됩니다. 이것은 타인을 향한 관대함과 섬김의 토대가 됩니다. 관대함과 섬김의 행동을 실천할 때 사랑과 연민의 느낌이 더 커집니다. 그에 따라 인색함, 이기심, 자만심 등의 괴로운 마음에서 멀어집니다. 이런 식의 자연스런 연결고리를 통해 우리는 더 행복해집니다.

중력 법칙과 열역학 법칙 등 자연의 물리 법칙이 어떻게 작동하는지 이해하기란 그리 어렵지 않습니다. 그런데 자연에는 물리 법칙만 있지 않습니다. 붓다는 우리의 삶에 영향을 주는 도덕 법칙이 존재함을 보았습니다. 이 도덕 법칙을 **업業의 법칙**이라고 합니다. 업의 법칙은, 우리의 모든 행동에 일정한 결과가 따른다는 진실을 말합니다. 불교뿐 아니라 다양한 영적 전통에서 업의 법칙에 대해 말합니다. 서양인들이 익숙하게 알고 있는 "뿌린 대로 거두리라"는 성경 구절 역시 업의 법칙을 말하고 있습니다.

붓다는 업을 '의도를 지닌 모든 행위'로 정의했습니다. 우리가 마음에 일으키는 의도 하나하나는 잠재적 가능성을 품은 씨앗과 같습니다. 작은 도토리 하나가 거대한 떡갈나무로 자라듯, 의도를 지닌 행동 하나하나는 모두 업의 법칙에 따라 언젠가 결과를 맺을 씨앗입니다. 의도를 일으킬 때마다 연관된 마음의 성질에 따라 그에 걸맞은 결과가 따라옵니다. 예컨대 탐욕, 성냄, 어리석음 같은 유익하지 못한 마음의 성질은 괴로움의 열매를 맺습니다. 한편 관대함, 사랑, 지혜는 행복의 열매를 맺는 유익한 마음의 성질입니다.

붓다는 업의 법칙에 대한 이해를 가리켜 '세상을 보이는 빛'이라고 했습니다. 업의 법칙을 이해하면 삶이 어떤 모습으로 펼쳐지는지, 또 왜 지금의 상태인지 드러나기 때문입니다. 업의 법칙을 아는 지혜가 있을 때 현명한 삶의 선택을 내릴 수 있습니다.

수행 Tip!

- ❖ 모든 행동에 일정한 결과가 따른다는 도덕 법칙을 업(業)의 법칙이라고 합니다.
- ❖ 마음에 일으키는 의도 하나하나는 잠재적 가능성을 품은 씨앗입니다. 업의 법칙에 따라 언젠가 결과를 맺을 씨앗입니다.

분명한 업

그러나 붓다는 업에 대해 너무 많이 생각하면 머리가 돌아버릴지 모른다고 주의를 주었습니다. 업은 머리로 이해하기에는 범위와 복잡성이 너무 방대합니다. 오직 붓다만이 업의 방대한 범위와 복잡성을 모두 알 수 있었습니다. 당신과 나를 비롯한 평범한 사람이 5백 생生 이전에 있었던 일에 비추어 지금 생에 일어난 결과를 이해할 수 있을까요? 업의 법칙은 흔히 생각하는 것처럼 "이렇게 하라. 그러면 저렇게 될 것이다." 하는 식의 기계적 인과관계가 아닙니다.

그렇지만 업을 이해할 수 있는 익숙하고도 확실한 방법이 있습니다. 우리가 매우 직접적으로 어떤 결과를 경험하는 때가 그것입니다. 당신의 마음이 여러 가지 마음 상태와 감정으로 가득할 때 어떤 느낌이 일어나는지 살펴보십시오. 예를 들어 마음이 기쁨으로 충만할 때 당신은 어떻게 느낍니까? 또 분노로 가득할 때는 어떤 느낌인가요? 이런 감정을 느낄 때 우리는 업이 미치는 즉각적인 영향을 알아봅니다. 우리의 마음 상태는 현재의 경험에 직접적으로 영향을 미칩니다. 이것이야말로 업을 이해하는 가장 직접적인 방법입니다.

지금의 마음 상태는 현재의 느낌을 일으킬 뿐 아니라 말과 행동으로도 연결됩니다. 그리고 특정한 행동은 다시 특정한 행동을 낳습니다. 자고 있는 곰을 발로 걷어차면 어떻게 됩니까? 원인과 결과라는 업의 법칙이 어김없이 작동할 것입니다. 친절과 명료함, 정직함으로 사람들을 대하면 그들로부터 어떤 반응이 돌아올까요? 반대로 무례함과 비난, 속임수를 일삼는다면 사람들이 어떻게 반응할까요? 이처럼 일상의 마음 상태는 단순하고 분명한 방식으로 우리의 말과 행동에 영향을 미칩니다. 이것은 즉각적인 업의 결과입니다.

그런데 과거의 경험을 되짚을 때도 업의 법칙을 경험할 수 있습니다. 잘했든 못했든 자신의 지난 행동을 생생히 떠올리며 곱씹는 경우입니다. "그렇게 하지 말아야 했어." 하고 시간을 되돌려 지금과 다르게 행동했어야 한다며 후회합니다. 또 잘 한 행동을 떠올리며 그런 기회를 가진 데 고마워하기도 합니다. "죽기 전에 그녀에게 사랑한다고 말한 건 정말 잘한 일이야."

현재의 마음 상태와 과거의 행동에서 행복과 고통을 경험할 때 우리는 정신적 사건과 외면적 행동이 그 자체로 사라지지 않음을 압니다. 그것은 우리의 마음에 일정한 영향과 인상을 남깁니다. 마음에 남는 이러한 영향과 인상을 통해 업의 법칙이 진실임을 알 수 있습니다. 물론 이것이 업의 법칙에 대한 남김없이 완벽한 설명은 아닙니다. 하지만 적어도 원인과 결과가 그저 영적인 개념에 불과하지 않음을 알 수는 있습니다.

원인에는 언제나 결과가 따른다는 사실은 그저 영적인 개념이 아닙니다. 그것은 우리의 직접적인 경험을 통해 확인할 수 있는 사실입니다.

> **수행 Tip!**
> - 업을 이해하는 가장 직접적인 방법은 현재의 마음 상태와 과거의 행동이 현재의 경험에 영향을 미친다는 사실을 보는 것입니다.
> - 원인에는 언제나 결과가 따른다는 사실은 그저 영적 개념이 아니라 우리가 직접적으로 경험할 수 있는 사실입니다.

미묘한
업

❦

업을 영어로 **카르마**karma라고 합니다. 카르마라는 단어는 현대의 언어와 문화에서 점점 자주 사용되고 있습니다. 한번은 내가 샌프란시스코 공항의 기내에서 비행기가 이륙하기를 기다리고 있었습니다. 그때 내 앞 좌석 주머니에 지폐가 가득한 돈 봉투가 눈에 들어왔습니다. 나는 비행기 승무원에게 봉투를 가져다주러 갔습니다. 승무원은 고맙다는 인사를 건네며 말했습니다. "오, 좋은 카르마를 쌓으셨군요." 이 사례를 보면 아마도 언중 사이에 업의 말뜻에 대한 일반적 개념이 형성되어 있는 것 같습니다. 사람들에게 업이란 아마도 선한 행동과 악한 행동, 그리고 그에 따르는 행복하고 불행한 결과를 의미하는 듯합니다.

그런데 업의 법칙을 제대로 이해하는 것은 그리 간단한 일이 아닙니다. 사실, 업은 오해의 소지가 많습니다. 사람들은 업이라는 도덕적 인과법칙을 기계론적이고 숙명론적인 법칙으로 받아들이고는 합니다. 우리가 업이라는 '자동 시스템'의 지배를 받는다고 여기는 것입니다. 그러나 이것은 업에 대한 바른 이해가 아닙니다. 왜냐하면 우리가 하는 행동은 처음부터 정해진 결과를 가져오지 않기 때문입니다. 그보다 우리의 행동 하나하나는 씨앗과 같습니다. 씨앗은 언젠가 과실을 맺게 되는데, 그때 어떤 과실을 맺느냐는 수많은 조건에 따라 달라집니다. 그리고 그 조건들은 지극히 미묘하고 복잡한 방식으로 상호작용하고 있습니다.

예컨대 과거의 행동에 따른 업의 결과를 결정짓는 한 가지 조건이 있습니다. 그것은 지금 일어나고 있는 습관적인 마음 상태입니다. 현재의 마음에 탐욕과 성냄, 어리석음이 없으면 과거의 불선한 행동이 결과를 맺을 가능성이 낮아집니다. 현재의 선업이 지닌 에너지가 우리를 보호해주기 때문입니다. 현재의 마음이 청정하면 과거의 불선업이 차단되거나 성질이 바뀌어 결과를 맺지 못합니다. 반대로 지금의 마음이 분노와 증오, 두려움, 탐욕, 어리석음으로 가득하다면 과거의 불선한 행동이 더 쉽게 결과를 맺습니다. 한편, 과거의 선한 행동은 차단되거나 방해 받아 결과를 맺기 어려워집니다.

삶은 한순간도 쉬지 않고 이어지는 역동적인 과정입니다. 지금 하는 행동이 지금까지 형성되어 온 조건화에 끊임없이 반영되면서 변화를 일으킵니다. 따라서 언제 어떤 씨앗이 결과를 맺을지 알 수 없습니다. 내가 한 행동의 업의 결과를 이번 생에 받을 수도 있고, 다음 생에 받을 수도 있습니다. 아니면 먼 미래의 어느 생에 받을 수도 있습니다. 분명한 것은 지금 어떤 행동을 하느냐에 따라 업의 씨앗이 어떤 결과를 맺을지가 달라진다는 사실입니다.

업의 과정이 매우 복잡하고 오묘함을 보여주는 이야기가 있습니다. 이 이야기가 현실적으로 신빙성이 없다고 느낄지도 모릅니다. 그래도 괜찮습니다. 당신이 불교의 우주관에 동의해야만 완전한 깨달음을 이룰 수 있는 것은 아닙니다. 이야기는 이렇습니다.

붓다 생존 시에 극악무도한 행위를 일삼는 구제 불능의 남자가 있었습니다. 살인과 도둑질, 사기 행각을 밥 먹듯 저지른 이 남자는 극도로 해로운 마음과 말, 행동에 길든 채 평생을 살았습니다. 이 정도면 다음 생에 커다란 고통을 받는 악처에 태어나기에 딱 안성맞춤이었습니다. 그리고 대개 이런 사람은 실제로 악처에 태어납니다. 하지만 극악무도한 이 악한은 살면서 딱 한 가지 착한 행동을 했습니다. 바로 붓다의 상수 제자로서 완전한 깨달음을 이룬 사리풋타(사리불)에게 음식을 공양했던 일입니다.

평생 악행을 저지른 이 남자에게 마침내 법의 심판이 내려졌습니다. 아니나 다를까 사형이 선고되었습니다. 사형대에 오른 남자의 목에 올가미가 둘러졌습니다. 그 순간 남자의 눈에 길을 지나는 어느 승려의 모습이 우연히 들어왔습니다. 지나가는 승려를 본 남자는 과거에 사리풋타에게 음식을 공양한 일이 떠올랐습니다. 사리풋타처럼 고귀한 존재에게 보시한 일을 떠올리자 남자의 마음에는 커다란 기쁨이 일어났습니다.

그 순간, 남자는 교수형에 처해졌습니다. 그러나 생의 마지막 순간에 자신의 유일한 선행을 떠올리며 기쁨을 느낀 덕분에 남자는 죽은 뒤 전혀 예상치 못한 세상에 태어났습니다. 행복과 즐거운 경험이 가득한 천상계에 태어난 것입니다.

남자가 느낀 놀라움을 상상해 보십시오. 이 범죄자는 구제 불능의 극악무도한 삶을 살았음에도 모든 것이 만족스러운 천상의 세상에 다시 태어났습니다. 자신의 과거 생이 궁금했던 남자는 지나온 수많은 생을 돌아보았습니다(천신은 자신의 과거 생을 기억하는 능력이 있다고 합니다). 하지만 거기에는 극악무도한 행위밖에 없었습니다. 반대로 잘한 행동은 사리풋타에게 음식을 공양하고 죽음 직전에 그 일을 떠올린 것뿐이었습니다. 그때 남자는 지난 생의 마지막 순간이 가진 업의 힘을 깨달았습니다.

과거에 범죄자였던 천신은 다행히도 다르마 수행에 영감을 받고는 열심히 수행에 임했습니다(붓다 당시의 이야기들은 대부분 해피엔딩으로 끝맺습니다). 천상계에 사는 동안은 불선업을 새로 짓지 않지만, 과거에 저지른 악행의 결과는 사라지지 않고 남아 업력이 지속된다고 합니다.

만약 이 천신이 기쁨이 가득한 천상계에서 수행을 하지 않았다면 어떻게 되었을까요? 천신으로서 생이 다하면 과거에 지은 악업이 결과를 맺을 수도 있습니다. 어쩌면 커다란 괴로움을 당하는 저급한 세상에 다시 태어날지도 모릅니다. 자신의 상황을 파악한 천신은 열심히 수행하여 깨달음을 얻었습니다. 이렇게 그는 과거에 저지른 악행에서 벗어날 수 있었습니다.

이 놀라운 이야기와 관련하여 20세기의 위대한 명상가이자 학승인 미얀마의 마하시 사야도가 한 말이 있습니다. 마하시 스님은 열심히 수행하는 사람은 비록 이번 생에 완전한 깨달음을 얻지 못하더라도 천상계에 다시 태어날 수 있다고 했습니다. 그리고 이것은 계율을 잘 지키고 수행을 열심히 한 선업의 결과라고 말했습니다. 또 스님은 천신의 세상에서는 몸이 빛나고 마음과 지능이 명민하여 지난 생에 수행을 했다면 빠른 시간에 깨달음에 이를 수 있다고도 했습니다.

수행을 하다 보면 의욕이 꺾여 포기하고 싶은 때가 분명 찾아옵니다. 그럴 때는 지금 당신이 기울이는 수행의 노력이 언젠가는(정확히 언제인지는 몰라도) 반드시 결과를 맺는다는 사실을 떠올리십시오.

이처럼 업의 법칙은 매우 복잡합니다. 만약 업의 법칙이 너무 복잡해 혼란스럽고 더 알고 싶지 않다면 다음의 단순한 사실만이라도 기억하십시오. 그것은 업이 어떤 결과를 맺느냐는 상당 부분 지금 당신의 마음 상태에 달려 있다는 사실입니다. 지금 이 순간 당신의 마음은 어떤 상태입니까? 당신은 지금 어떤 마음 상태를 키우고 있습니까? 이 질문은 매우 중요합니다. 이 질문에 어떻게 답하느냐에 따라 당신의 과거 행동이 어떤 결과를 맺을지가 결정됩니다.

수행 Tip!

❖ 업이라는 도덕적 인과 법칙은 기계론적이고 숙명론적인 법칙이 아닙니다.
❖ 지금 어떤 마음을 갖느냐에 따라 과거 행동에 따른 업의 결과가 달라집니다.

무지,
해로운 행동의
근본 원인

누군가 해를 입었을 때 그 책임은 궁극적으로 누가 져야 할까요? 내 친구의 스승은 사두sadhu라는 힌두교의 은둔 성자였습니다. 그가 오래전 미국을 방문했을 때 한 말이 아직도 기억에서 떠나지 않습니다. 그는 세상을 볼 때 잔인함과 전쟁, 증오심을 보지 않는다고 말했습니다. 대신에 무지를 본다고 했습니다.

세상에서 '무지'를 본다는 그의 말은 실제 일어나는 사실과 부합합니다. 사람들이 행하는 해로운 행동의 근본 뿌리는 무엇일까요? 괴로움을 일으키는 모든 행동의 근본 원인은 무엇일까요? 가만히 살펴보면 그것은 무지와 어리석음임을 알 수 있습니다. 우리가 가진 뿌리 깊은 어리석음이 모든 해로운 행동의 근본 원인입니다. 이 어리석음은 나의 행동이 나와 타인에게 괴로움을 일으킨다는 사실을 모르는 어리석음입니다. 또 그런 행동으로 스스로 업을 짓고 있음을 깨닫지 못하는 어리석음입니다.

활활 타오르는 불길 속에 걸어 들어가는 사람이 있다고 합시다. 당연히 그의 몸은 불에 탈 것입니다. 원인-결과라는 업의 법칙은 누구도 피할 수 없는 보편적 법칙입니다. 이때 그가 해로운 행동을 하는 근본 원인이 어리석음이라는 사실을 볼 수 있다면 우리는 연민의 마음으로 그를 대할 것입니다. 그가 불길 속으로 들어가 괴로움을 당하는 근본 원인은 자신의 행동이 가져오는 분명한 결과를 알지 못하는 무지 때문입니다.

무지와 어리석음에 대해 미워하는 마음을 내는 것은 온당치 않습니다. 무지에 화를 낸다고 해서 무지가 해소되거나 괴로움이 줄지 않습니다. 오히려 더 큰 해를 불러올 뿐입니다. 무지를 해소하는 데 도움이 되는 행동이 있다면 그것은 지혜와 연민으로 응대하는 것입니다. 4년 동안 레바논에 인질로 잡혀 있다 풀려난 영국인 브라이언 키넌은 이런 기본적인 지혜를 이렇게 말했습니다. "나는 복수의 욕망을 품지 않습니다. 복수는 나에게 해를 입히는 행위입니다. 나 자신에게 해를 입히고 싶지 않습니다."

그렇다고 나에게 해를 입히는 행위를 그저 용인해야 한다는 의미는 아닙니다. 강력하고 단호한 대응이 필요한 때가 있습니다. 그러나 해를 입히는 행위에 '어떻게' 대응하느냐는 그 행위를 어떻게 이해하느냐에 달려 있습니다. 또 그 행위에 대한 우리의 대응 자체가 스스로에게 업의 결과를 짓는 행위라는 사실도 기억해야 합니다. 불선한 행위의 근본 원인이 무지임을 분명히 이해할 때 나와 타인의 무지를 뿌리 뽑기 위해 노력할 수 있습니다. 이때 무지로 인해 일어나는 괴로움을 느끼는 것이 연민이라면 무지를 제거하기 위해 무엇을 해야 하는지 아는 것이 지혜입니다.

> **수행 Tip!**
>
> ❖ 세상에 괴로움을 일으키는 모든 행동의 근본 원인은 무지와 어리석음입니다.
> ❖ 무지와 어리석음을 미워하는 것은 온당치 않습니다. 무지로 인한 괴로움을 연민으로 느끼고, 무지를 제거하려면 어떻게 해야 하는지 지혜로 알아야 합니다.

마음챙김,
행복의
근본 원인

살면서 지어온 업과 그로 인한 결과를 완전히 씻어내야만 깨달음에 이른다고 믿는 사람들이 있습니다. 그들의 견해에 따르면 지나온 행동의 결과를 지금 바로 모두 받고 나서야 비로소 업을 완전히 없앨 수 있습니다. 업의 결과가 하나도 남김없이 깨끗해져야만 깨달음이 가능하다고 보는 것입니다.

그러나 이것은 잘못된 견해입니다. 누구나 수많은 과거 생에서 저지른 업의 결과를 안고 살아갑니다. 붓다는 태어남과 죽음, 그리고 다시 태어남이라는 끝없는 순환이 처음에 어떻게 시작했는지 알 수 없다고 말했습니다. 우리는 누구나 수없이 많은 생에서 헤아릴 수 없이 많은 선하고 불선한 행동과 그에 따른 결과를 받으며 살아왔습니다. 그러므로 우리가 지은 과거의 업과 그 결과를 모조리 없애기란 애당초 불가능합니다. 우리가 전념해야 하는 일은 업을 남김없이 정리하는 것이 아닙니다.

고통에서 벗어나 자유에 이르는 핵심 열쇠는 두 가지입니다. 첫째, 말과 행동으로 자신과 타인에게 해를 입히는 일을 더 이상 하지 않아야 합니다. 그래야 괴로운 결과를 가져오는 불선한 업을 새로 짓지 않게 됩니다. 둘째, 지금까지 살면서 지어온 업의 결과에 대해 지금-여기에서 현명한 관계를 맺어야 합니다.

예를 들어 과거에 저지른 행동의 업의 결과로 지금 나의 몸에 고통스러운 느낌이 일어난다고 합시다. 이 느낌에 대하여 혐오와 증오로 반응한다면 불선한 업의 씨앗을 다시 뿌리는 일이 됩니다. 이 씨앗은 앞으로 더 많은 업의 결과를 낳을 것입니다. 만약 고통스러운 몸의 느낌에 대해 깨어있음, 받아들임, 부드러움, 열림으로 관계 맺는다면 어떨까요? 과거 행동의 고통스러운 결과를 받기는 하겠지만 적어도 불선한 업을 새로 짓지는 않게 됩니다. 마찬가지로, 과거에 지은 선업의 결과로 즐거운 느낌이 일어날 때도 단지 그 느낌과 함께할 뿐 집착하지 않아야 합니다. 깨어있는 알아차림으로 몸의 느낌을 자각한다면 끝없이 업에 속박 당하는 과정을 멈출 수 있습니다. 수행으로 계발하는 자유는 순간순간의 알아차림에서 샘솟는 자유입니다. 끊임없이 변화하는 현상에 대해 싫어하거나 집착하지 않고 단지 알아차리는 능력입니다.

지금 일어나는 현상에 열릴 수 있다면, 다시 말해 지금 존재하는 무엇이든 혐오하거나 집착하지 않고 느낄 수 있다면 문제도 존재하지 않습니다. 탐욕, 성냄, 어리석음이라는 불선한 마음 요소를 갖지 않고 지금 일어나는 현상에 온전히 현존하십시오. 이것은 행복의 조건을 짓는 행위입니다.

마음에 깊이 뿌리박힌 패턴에 열리고 그것을 알아차린다는 것은 특정한 의미를 갖습니다. 그것은 "그래, 마음 깊이 뿌리박힌 패턴을 보았어." 처럼 피상적이고 평범한 인식이 아닙니다. 마음챙김이 가진 힘은 지금 존재하는 현상을 알아차리는 데 있습니다. 경험을 '나로 동일시하지 않으면서 지금 존재하는 현상을 단지 알아차리는 것이 마음챙김의 진정한 힘입니다. 그렇게 알아차리는 곳에 진정한 자유가 생겨납니다.

우리는 매순간 수행을 통해 호흡, 생각, 감각, 감정, 마음 상태에 대한 알아차림을 계발합니다. 이러한 경험들은 대부분 과거 행동의 결과로 일어납니다. 이때 이 경험들을 직접 보고 느끼면서 거기에 현존하는 마음챙김의 힘을 계발해야 합니다. 집착과 혐오, 동일시가 아닌 알아차림의 힘을 키울 때 즐거운 경험이든 불쾌한 경험이든 문제가 되지 않습니다.

깨달음을 얻은 붓다가 어느 해 우기에 승려들과 함께 마을에 머물도록 초대를 받았습니다. 그런데 마을에 기근이 들어 우기 3개월 동안 먹을 음식이라고는 말의 사료뿐이었습니다. 궁핍함이 극에 달했습니다. 그런데 사실 당시 붓다와 승려들이 당한 고생은 그들의 과거 행동의 업의 결과였습니다. 붓다처럼 청정한 존재도 과거의 행동이 지닌 업의 영향에서 자유로울 수 없었습니다. 그러나 힘든 상황임에도 커다란 지혜와 평정을 갖추었기에 붓다의 마음은 조금도 괴롭지 않았습니다.

과거 행동의 업의 결과에 즉각적, 반사적으로 반응하지 않고 평정과 지혜로 응대할 때 마음은 점차 균형을 이룹니다. 업의 활동성을 잠재웠다고 깨달음이 일어나지 않습니다. 어리석음을 조금이나마 없앴을 때 깨달음이 생겨납니다. 어리석음을 조금이라도 없애는 일은 언제든 가능합니다. 어리석음을 없애는 데 따로 정해진 시간은 없습니다.

앞서 붓다 당시에 살았던 앙굴리말라의 이야기를 했습니다. 죽인 사람들의 손가락으로 화환을 만들어 목에 걸고 다닌 극악무도한 남자였습니다. 앙굴리말라는 999명을 잔인하게 살해했지만 그 뒤로는 수행에 전념해 짧은 시간에 완전한 깨달음을 얻었습니다.

앙굴리말라는 과거 행동의 고통스러운 결과를 깨끗이 청산하지는 못했지만 대신 마음의 어리석음을 제거함으로써 완전한 자유의 존재가 되었습니다. 완전한 깨달음을 얻었음에도 마을에 탁발을 나가면 사람들은 그를 향해 돌을 던졌습니다. 그가 입은 상처는 자신이 저지른 과거 행동의 결과였습니다. 그러나 앙굴리말라는 커다란 평정심으로 상황을 견뎠습니다. 그의 마음이 어리석음에서 벗어났기에 가능한 일이었습니다.

앙굴리말라 이야기는 우리가 과거의 불선한 행동에 대한 후회와 근심으로 길을 잃었을 때 용기를 줍니다. 다시 말하지만 깨달음은 과거의 업을 깨끗이 한다고 해서 일어나지 않습니다. 깨달음은 현재 순간의 알아차림에 달려 있습니다. 지금 이 순간 마음이 균형을 이루고 지혜가 있는지에 깨달음이 달려 있습니다.

수행 Tip!

❖ 고통에서 벗어나 자유에 이르는 열쇠는 자신과 타인에게 해를 입히는 말과 행동을 더 이상 하지 않고, 과거에 지은 업의 결과에 대해 현명한 관계를 맺는 것입니다.

❖ 탐욕, 성냄, 어리석음이라는 불선한 마음을 갖지 않고 지금 일어나는 현상에 온전히 현존하는 것은 행복의 조건을 짓는 행위입니다.

업과
무아는
모순인가

❦

　붓다의 가르침 가운데 흥미로운 방식으로 교차하는 두 가지 가르침이 있습니다. 그것은 '업의 법칙'과 '무아'입니다. 표면적으로 업의 법칙과 무아는 서로 모순되는 것처럼 보입니다. 무아는 자아가 존재하지 않는다는 가르침입니다. 그런데 자아가 없다면 누가 업의 결과를 경험한다는 말입니까? 한 생 또는 여러 생을 거치며 삶을 사는 이 사람은 과연 누구입니까? 죽어 다시 태어나는 이 자는 도대체 누구입니까? 업의 법칙과 무아의 진실이 서로 모순처럼 보여도 면밀히 살피면 다르마, 즉 하나인 전체의 두 가지 측면임이 드러납니다.

　업의 법칙은 특정 원인이 반드시 그에 따르는 결과를 가져온다는 도덕 법칙입니다. 그것은 마음의 특정 요소가 동기로 작용한 행동이 그에 걸맞은 결과를 일으킨다는 의미입니다. 이는 땅에 뿌린 씨앗에 비유할 수 있습니다. 사과 씨앗을 뿌리면 사과나무가 자라고, 망고 씨앗을 뿌리면 망고나무가 자랍니다. 반대로는 되지 않습니다.

이처럼 특정 종류의 씨앗은 특정 종류의 열매를 맺습니다. 하지만 씨앗이 그 자체로 열매인 것은 아닙니다. 씨앗이 그 정체성을 유지한 채 열매 속으로 이동하는 것이 아닙니다. 일정한 법칙에 따라 변화의 과정이 전개됩니다. 씨앗은 묘목으로 자라고, 묘목은 나무로 자랍니다. 나무는 열매를 맺고, 열매는 새로운 씨앗을 잉태합니다. 처음에 뿌린 씨앗이 나무둥치를 타고 열매 속에 '그대로' 들어가는 것이 아닙니다. 열매 속에 들어간 씨앗이 기적처럼 작은 씨앗으로 분열하는 것도 아닙니다. 처음의 씨앗이 햇볕과 비, 토양 등의 조건에 따라 변화의 과정을 거친다고 보는 것이 사실에 더 부합합니다.

이 변화의 과정에서 고정된 상태로 머무는 요소는 하나도 없습니다. 하나의 요소가 다른 요소로 바뀝니다. 그렇게 바뀌면 그것은 이내 또 다른 요소로 변합니다. 씨앗에서 열매로, 다시 씨앗으로 바뀌는 커다란 펼쳐짐의 과정입니다. 여기서 실제로 일어나는 일은 끊임없는 되어감뿐입니다. 멈춤이 없는 변화밖에 없습니다. 실제로 매우 빠른 속도로 계속해서 변화가 일어나기 때문에 특정 순간을 떼어내 '무엇'이라고 지칭할 수 없습니다. 만약 '무엇'이라고 부르는 순간, 역동적인 변화 과정은 고착화되고 정체됩니다.

우리 몸과 마음의 모든 요소도 씨앗이 나무로 자라는 과정과 같습니다. 몸과 마음은 매순간 일어나고 사라지는 끊임없는 변화의 과정입니다. 자아가 존재하지 않는다는 말은 이번 생에서 다음 생으로, 심지어 바로 이전 순간에서 다음 순간으로 이동하는 변치 않는 실체가 존재하지 않는다는 의미입니다.

이 변화의 과정을 편의상 '자아'라고 부르는 것뿐입니다. 이 과정에서 우리의 의지적 행동 하나하나는 씨앗과 같습니다. 어떤 종류의 씨앗인가는 의지를 일으키는 순간 마음의 질에 달려 있습니다. 씨앗이 열매를 맺듯이 행동은 결과를 가져옵니다. 고정된 상태의 '누군가'가 존재하는 것이 아닙니다. 변화하는 사건의 뒤에서 그것을 경험하는 자아가 따로 존재하지 않습니다. 붓다는 인간의 실상을 '행위자 없는 행위'로 표현했습니다. 우리는 삶의 펼쳐짐을, 일정한 법칙을 따르는 비개인적인 변화 과정으로 이해해야 합니다. 삶은 끊임없는 되어감의 과정입니다.

그렇다면 우리가 죽은 뒤에는 어떻게 될까요? 몸과 마음에 대한 불교의 분석인 **아비담마**에 따르면, 죽는 순간의 의식은 이번 생의 마지막 마음 순간으로, 다음 생의 첫 마음 순간인 **재생연결식**rebirth consciousness을 결정짓는 조건으로 작용합니다. 이번 생에서 다음 생으로 '그대로' 옮겨 가는 어떤 것, 즉 자아는 존재하지 않습니다. 이번 생의 매 순간이 그 다음 순간을 결정짓는 것처럼, 죽는 순간의 마음은 다음 생의 첫 순간을 결정짓는 조건이 됩니다.

그런데 삶이라는 펼쳐짐의 과정에서 자아가 존재하지 않음을 이해한 사람들은 종종 이 깨달음을 자기 행동의 면죄부로 삼는 경우가 있습니다. 이는 잘못된 생각입니다. 업의 법칙은 삶에서 매우 강력한 힘을 발휘하므로 우리는 행동 하나하나에 신중해야 합니다. 우리의 행동 하나하나는 행복 아니면 괴로움의 열매를 맺습니다. 인도에서 티베트로 불교를 전한 위대한 현자 파드마삼바바는 자신

> '무아'이므로 아무렇게나
> 행동해도 되겠구요

> 매우 잘못된 생각입니다.
> 업의 법칙을 잊지 마십시오

의 시야가 하늘처럼 탁 트였어도 업의 법칙에는 보릿가루 한 알처럼 세밀하게 주의를 기울였다고 했습니다. 삶이라는 되어감의 과정에 자아가 존재하지 않음을 깨달았다 해도 우리는 자신의 행동 하나하나에 각별히 유의해야 합니다.

> **수행 Tip!**
>
> ❖ 업의 법칙과 무아의 진실이 서로 모순처럼 보여도 실은 하나인 전체의 두 가지 측면입니다.
> ❖ 삶은 일정한 법칙을 따르는 비개인적인 변화 과정입니다. 그러나 무아를 자기 행동의 면죄부로 삼는 것은 잘못입니다.

동물과
업

❧

그렇다면 동물도 인간처럼 업을 지을까요? 분명히 동물도 의식이 있고 느낌을 느끼며 일정한 반응을 보입니다. 이 점에서 동물계의 존재들도 업을 짓는다고 보는 것이 타당합니다.

그러나 동물의 세계에는 **마음챙김**이 거의 보이지 않습니다. 동물들은 대개 마음의 본능적 차원에서만 행동합니다. 동물은 마음챙김을 통해 특정 행동이 유익한지 유익하지 않은지 숙고할 기회를 갖지 못합니다. 동물에게는 유익함과 유익하지 못함이라는 생각 자체가 애당초 없습니다.

인간으로 태어난 것이 더없이 소중한 이유는 유익함과 유익하지 못함을 분별하는 기회가 있기 때문입니다. 인간으로 태어난 덕분에 업의 법칙을 이해할 기회를 갖습니다. 모든 행동에 일정한 결과가 따른다는 사실을 알고 자기 행동을 숙고함으로써 현명한 선택을 내릴 기회가 주어집니다.

우리의 삶을 지켜보면 매우 흥미롭습니다. 우리는 삶의 여러 상황에서 수없이 많은 반응을 하며 삽니다. 조건화된 습관에 따라 자동반사적으로 행동하기도 하고, 자신이 무엇을 하고 있는지 알아차리지 못하는 때도 있습니다. 먹고 싶은 욕구가 일어나면 그 즉시 우리의 손은 냉장고 문에 가 있습니다. 우리의 삶에는 이런 일이 얼마나 많은가요? 우리가 좀 더 알아차림을 할 때, 일상의 행동에 마음챙김을 가져갈 때 참된 선택의 자유라는 가능성이 새롭게 열릴 것입니다.

업이 작동하지 않는 존재계는 없습니다. 왜냐하면 의식과 의도, 행동은 모든 존재계에서 작용하기 때문입니다. 그렇지만 마음챙김이 없이는 선택의 자유도 없습니다. 마음챙김이 있어야만 자유를 향한 선택을 훈련할 수 있습니다.

> **수행 Tip!**
> ❖ 인간으로 태어난 덕분에 우리는 유익함과 유익하지 못함을 분별할 수 있으며 업의 법칙을 알고 자기 행동을 숙고해 현명한 선택을 내릴 수 있습니다.
> ❖ 일상에서의 깨어있는 마음챙김은 자유를 향한 선택을 훈련하는 과정입니다.

세속에서 수행하기

Practice in the World

현존,
현재에
머물다

좌선 명상과 수련회에서 일상으로 돌아온 다음에도 현존과 마음챙김을 유지하는 방법은 없을까요? 명상 방석에서의 알아차림을 일상 활동의 알아차림으로 연결시키는 것은 우리가 추구하는 자유에서 매우 중요한 문제입니다.

일상생활에서 현재에 머무는 손쉬운 방법 중 하나가 몸에 대한 마음챙김을 연습하는 것입니다. 몸에 대한 알아차림은 효과가 쉽게 나타납니다. 붓다도 가르침의 상당 부분을 몸에 대한 알아차림에 할애했습니다. 붓다는 몸에 대한 마음챙김을 통해 열반과 자유, 조건 지어지지 않은 상태에 이를 수 있다고 말했습니다. 몸에 대한 마음챙김은 간단하지만 결코 시시하거나 얄팍한 수행법이 아닙니다.

우선, 몸은 주의 기울임의 대상으로서 매우 분명합니다. 몸은 생각이나 감정처럼 모호하지 않습니다. 몸에 대한 알아차림을 유지하는 것은 어려운 일이 아닙니다. 알아차림을 잊지 않으면 됩니다. 다만 알아차림을 잊지 않고 기억하는 것이 어려울 뿐입니다.

몸을 깨어남의 도구로 활용할 것을 기억하십시오. 몸의 자세를 알아차리는 간단한 방법도 좋습니다. 여러분은 지금 의자나 바닥에 앉아 이 책을 읽고 있을 것입니다. 지금 이 순간, 여러분의 몸에서 느껴지는 감각은 무엇입니까? 그것을 느껴 보십시오. 읽던 책을 덮고 자리에서 일어나는 동안에도 몸의 움직임을 주의 깊게 느끼십시오. 자리에 서고 다음 활동으로 넘어가는 동안 무엇을 느낍니까? 하루 일과를 마치고 자리에 몸을 누일 때도 몸의 움직임을 가만히 느껴 보십시오. 몸을 움직일 때나 물건을 쥐려고 손을 뻗을 때, 다른 방향으로 몸을 돌릴 때도 몸 '안에' 있도록 해보십시오. 매우 간단한 방법입니다.

걷기 명상이 나의 수행에 크게 도움이 된 이유도 나의 몸에 현존했기 때문이었습니다. 나는 걷기 명상을 꾸준히 한 뒤 걸을 때마다 자연스럽게 발과 다리의 움직임을 느낄 수 있었습니다. 나는 걷는 감각에 현존하는 것을 습관으로 만들었습니다. 그러자 일상의 나머지 영역에도 알아차림이 튼튼히 뿌리내렸습니다.

그렇다고 걷기 명상 등의 몸 마음챙김을 수백, 수천 시간 수련해야만 유익함을 얻는 것은 아닙니다. 지금 여기 존재하는 현상이면 어떤 것이나 인내심을 갖고 느끼면 됩니다(몸은 '언제나' 지금-여기에 존재합니다). 몸의 작은 움직임까지 알아차리는 것이 제2의 천성이 되도록 연습해 보십시오. 물건을 쥐려고 손을 뻗을 때도 몸의 움직임이 있습니다. 손을 뻗는 움직임을 단지 알아차리면 됩니다. 몸을 움직이는 동안 움직임을 느끼는 훈련을 하십시오.

매우 간단합니다. 끊임없이 몸으로 주의를 향하는 연습을 하십시오. 몸에 주의를 향하는 데는 노력이 필요합니다만, 역설적으로 이런 노력을 통해 현재 순간에 편안하게 이완해 들어갑니다. 이런 기본적인 노력은 정식 명상에서 경험한 알아차림을 일상의 깨어있는 삶으로 연결시키는 고리입니다. 하루를 지내는 동안 몸의 단순한 움직임을 놓치지 않고 느낄 수 있다면 어떤 힘이 생길 것입니다. 이 힘을 소중히 여기십시오.

좌선 명상과 수련회를 떠나 강력한 탐구적 마음을 계발하는 또 다른 방법이 있습니다. 그것은 우리에게 닥치는 힘겨운 사건에 주의를 기울이는 것입니다. 때로 가장 힘든 시기에 열림과 통찰이 찾아오기도 합니다. 누구나 신체적 고통과 질병, 감정적 혼란, 위험한 일을 경험합니다. 우리는 이런 일을 당하여 열림과 통찰이 일어날 수 있습니다.

강렬하고 힘겨운 사건을 당하면 우리의 주의는 온통 거기로 향합니다. 이때를 지금 일어나는 일을 주의 깊고 정확하게 들여다보는 기회로 삼아야 합니다. 지금 일어나는 일과 그에 대한 자신의 반응을 살피는 좋은 기회입니다. 내가 지금 이 일에 걸려 옴짝달싹 못하고 있는 건 아닌지, 이 상황에서 어떻게 행동해야 하는지 살펴야 합니다. 또 어느 부분에서 마음을 열고 집착을 내려놓아야 하는지도 헤아려야 합니다.

아주 오래 전에 스님 한 사람이 정글 숲의 호랑이에게 잡혔습니다. 그때 직접적으로 도움을 주지 못했던 동료 스님들은 멀찍이서 이렇게 외쳤습니다. "정신 차려! 주의를 기울여!"라고 말입니다. 그 스님은 호랑이가 자신의 몸을 마구 할퀴고 잡아먹는 절체절명의 짧은 순간에 깨달음의 단계를 모두 얻었다고 합니다. 그렇게 깨달음을 얻고는 이내 죽음에 이르렸습니다.

그렇다고 깨달음의 길을 서두르기 위해 정글의 굶주린 호랑이를 찾아 나서야 하는 것은 아닙니다. 굳이 호랑이를 찾지 않아도 '호랑이'는 이런저런 모습으로 우리를 찾아옵니다. 중요한 것은 찾아온 '호랑이'를 영적 향상에 사용할 수 있느냐입니다. '호랑이'를 제대로 사용하지 못하면 자신을 속박하는 습관적 패턴에 더 깊이 갇힐 수도 있습니다. 반대로 우리를 찾아온 '호랑이'를 영적 향상에 사용할 수 있다면 벗어남을 향해 나아가는 기폭제가 됩니다.

> **수행 Tip!**
>
> ❖ 몸에 대한 마음챙김을 통해 일상생활에서 현재에 머물 수 있습니다.
> ❖ 힘겨운 사건을 당했을 때는 지금 일어나는 일과 그에 대한 자신의 반응을 주의 깊게 살피는 기회로 삼으십시오.

지혜와
사랑

지혜와 사랑은 다르마에 달린 두 개의 커다란 날개입니다. 바쁜 일상의 소용돌이 속에 있든 명상 수련회의 고요한 침묵 속에 있든 **지혜**라는 명료한 정신과, **사랑**이라는 열린 마음은 다르마의 길을 가는 수단이자 목표로서 계발해야 하는 가장 중요한 힘입니다.

지혜와 사랑이라는, 정신과 마음의 훌륭한 자질은 출가한 구도자나 선승들만 닦을 수 있는 특별한 덕성이 아닙니다. 지혜와 사랑은 누구나 계발할 수 있는 보편적 능력입니다. 가장 뜻밖의 장소에서도 지혜와 사랑이 드러남을 볼 수 있습니다. 세속을 사는 재가자의 삶도 지혜와 사랑을 계발하고 구현하는 끝없는 기회입니다.

디파 마Dipa Ma에 대해 앞서 잠깐 말했습니다. 나의 명상 스승 중 한 사람인 그녀는 매우 특별한 방식으로 사랑과 지혜를 체현하였습니다. 1900년대 초 인도의 캘커타에서 태어나 1989년에 생을 마감한 그녀는 당시의 관습에 따라 14세의 어린 나이에 결혼을 했습니다. 세 아이를 낳았지만 갑작스럽게 남편과 두 아이가 세상을 떠나고 말았습니다. 그녀는 엄청난 비탄에 잠긴 나머지 몇 년 동안 자리에 누워 있었습니다.

남편과 아이들이 죽었을 당시 그녀는 남편이 공무를 수행하던 버마에 있었습니다. 수년 동안 불안정과 쇠락의 시기를 지난 그녀는 자신의 정신과 마음을 치유하지 않으면 죽을 것 같다는 생각이 들었습니다. 그래서 버마의 불교 사원 한 곳을 찾아가 명상 수행을 시작했습니다. 디파 마는 체구가 작고 몸이 쇠약했지만 정신과 마음만은 아주 강인했습니다. 짧은 시간에 그녀는 깨달음의 높은 단계와 깊은 집중력을 모두 얻었습니다.

디파 마가 이룬 영적 성취는 매우 특별한 사례입니다. 그렇지만 수행을 시작한 이래 그녀의 삶의 가장 큰 특징은 무엇보다 존재의 커다란 순수함이었습니다. 이런 순수함 안에서, 비어있음을 아는 지혜와 사랑의 충만함, 고요하고 흔들림 없는 평화가 멋지게 통합되었습니다. 자기 마음에 무엇이 있는지 묻자 디파 마는 이렇게 답했습니다. "내 마음에는 집중과 자애, 평화가 있습니다. 그밖에는 아무것도 없습니다."

> 디파 마, 당신의 마음에는 무엇이 있습니까?

> 집중과 자애, 평화가 있습니다. 그 외에는 아무것도 없습니다

그녀의 말을 통해 우리는 마음의 통합이 실제로 어떻게 작동하는지 알 수 있습니다. 마음의 평화는 마음에 혼란과 고통을 일으키는 탐욕과 성냄, 어리석음의 오염물을 뿌리 뽑은 결과로 생깁니다. 이런 마음의 오염물을 제거할 수 있었던 동력은 무엇보다 **마음챙김**이었습니다. 디파 마는 자애 명상으로 닦은 깊은 집중의 토대 위에 마음챙김의 힘으로 통찰과 지혜를 계발했습니다.

디파 마의 내면에서 수행을 통해 계발된 마음의 자질들은 서로에게 영향을 미쳤습니다. 자애는 통찰을 키웠고 통찰은 마음의 오염물에서 벗어나는 토대가 되었습니다. 마음의 오염물을 제거하자 더 큰 집중력을 갖게 되었고 이는 다시 자애의 마음을 더욱 확장시켰습니다. 이처럼 디파 마라는 한 사람 안에서 사랑과 지혜가 하나 됨을 확인할 수 있습니다.

디파 마는 나를 비롯한 많은 사람에게 의미 있는 영감을 제공했습니다. 그녀는 주부와 어머니, 할머니로서 세속의 삶에서 강력한 수행을 지속했습니다. 자신의 최종 목표를 성취하려는 노력을 조금도 늦추지 않았지만 그녀가 기울인 노력은 열려 있고 따뜻하며 너그러운 노력이었습니다. 폐쇄적이고 차갑고 엄격한 노력이 아니었습니다. 일과 자녀 양육, 인간관계 등 세속의 골치 아픈 일로 영적 수련이 방해 받는다고 느낄 때는 디파 마의 사례를 떠올려 보십시오. 세속의 골치 아픈 일을 수행의 기회로 삼아 보십시오.

> **수행 Tip!**
>
> ❖ 지혜라는 명료한 정신과, 사랑이라는 열린 마음은 다르마에 달린 커다란 양 날개입니다.
> ❖ 우리는 일과 자녀 양육, 인간관계 등 세속의 골치 아픈 일을 수행의 기회로 만들 수 있습니다.

자애

스탠퍼드 대학의 유명 정신과의사 어빈 얄롬Irvin Yalom은 자신의 책 『나는 사랑의 처형자가 되기 싫다Love's Executioner』에서 이렇게 말했습니다. "나는 사랑에 빠진 환자를 치료하는 것을 좋아하지 않는다. 이건 아마도 질투심 때문일 것이다. 나 역시 한 인간으로서 사랑의 마법에 걸리기를 갈망한다. 어쩌면 사랑과 심리치료는 근본적으로 양립 불가능한 활동인지 모른다. 훌륭한 심리치료사는 어둠과 싸워 현상을 밝게 드러내지만 낭만적 사랑은 신비에 의해 유지되기 때문이다. 밝게 드러내는 순간 낭만적 사랑은 와르르 무너진다. 나는 사랑의 처형자가 되기 싫다."

그렇다면 밝게 드러내어도 무너지지 않는 사랑은 없을까요? 밝은 빛과 양립 가능한 사랑은 없을까요? 심지어 밝은 빛을 더 환하게 만드는 사랑은 존재하지 않을까요? 사랑에 '빠지는' 마법이 아니라 사랑에 '굳건히 선' 마음은 없을까요? 있습니다. 마음의 이런 특별한 성질을 팔리어로 **멧타**metta라고 합니다. '자애'라는 뜻입니다.

멧타는 자신과 타인을 비롯한 모든 생명체의 행복을 빌어주는 너그러운 마음입니다. 자애는 모든 생명체를 똑같이 사랑하는 느낌입니다. 이 느낌은 우리의 정신과 마음을 부드럽게 만듭니다. 모든 생명체의 안녕과 이익을 빌 때 정신은 유연해지고 마음은 부드러워집니다. 자애의 느낌은 다음과 같은 단순한 바람을 표현합니다. "당신이 행복하기를 빕니다."

멧타의 마음을 계발하면 자동반사적 반응이 줄고 마음이 열린 상태가 됩니다. 부드럽고 유연한 마음은 우리가 계발하려는 지혜의 기초가 됩니다. 마음이 부드럽고 유연해지면 유익하고 선한 행위를 더 분명하게 알아봅니다. 그러면 더 현명한 선택을 내릴 수 있고 이에 따라 우리가 느끼는 행복과 사랑도 더 커집니다.

마음챙김은 멋지게 상호 연결된 방식으로 자애의 마음이 자라나는 환경을 만듭니다. 구체적으로는 이렇습니다. 우선 산만한 마음을 한데 모아 주의를 집중시킵니다. 마음챙김 수행을 처음 하면 방해 요인에 마음이 흐트러지기 쉽습니다. 하지만 알아차림은 서서히 마법을 발휘합니다. 대상을 관찰하다 주의가 딴 데로 달아나는 것을 알아차리면 주의를 다시 처음의 대상으로 돌립니다. 그러면 마음의 받아들이는 힘이 서서히 커지는 한편, 즉각적으로 반응하고 판단하는 성향은 조금씩 줄어듭니다. 이제 두서없이 일어나는 생각에 아무렇게나 휘둘리지 않습니다. 부드러운 알아차림으로 정신과 마음은 편안히 이완한 채 활짝 열립니다.

이렇게 마음이 열리면 처음에는 가까운 과거의 기억이나 이미지가 떠오를 수 있습니다. 다음으로는 오랫동안 잊혔던 먼 과거의 기억과 이미지가 떠오르기도 합니다. 지금까지 살면서 경험한 수많은 느낌과 그에 대한 나의 반응이 나타납니다. 한동안 잊었던 사람과 사건이 떠오를 수도 있습니다. 마음이 고요하고 집중되면 이런 생각과 느낌을 명료하고 직접적으로 경험할 수 있습니다. 그러면서 지금껏 만났던 사람들과 마음으로 새로운 연결을 맺습니다.

처음에 과거의 기억을 떠올리면 자신의 오래된 반응과 판단이 따라올 것입니다. 그러나 마음이 점차 고요해지면 기억 속의 사람과 사건을 떠올릴 때 으레 일어나던 투사(개인의 태도나 특성에 대하여 다른 사람에게 무의식적으로 그 원인을 돌리는 심리적 현상-옮긴이)와 방어가 줄어듭니다. 마음이 재잘거림을 멈추고 고요해지면서 나긋나긋해집니다. 지금껏 보지 못했던, 사람과 사건의 이면이 눈에 들어옵니다. 그러면 그들에 대한 용서의 마음도 더 쉽게 일어납니다. 부드럽고 열린 알아차림의 분위기에서 자애와 연민의 느낌은 더 자연스럽게 일어납니다.

자애의 느낌은 개별 생명체 사이에 구분을 짓지 않습니다. 사랑에 욕망이 섞이면 무언가를 원하는 에너지로 변질됩니다. 이것은 한계가 있는 사랑입니다. 우리는 흔히 몇몇 사람에게 제한된 욕망을 품고 삽니다. 세상 모든 생명체를 향한 바람을 품는 적은 잘 없습니다. 욕망과 다르게 자애는 모든 생명체를 품어 안습니다. 자애의 마음은 어떤 생명체도 배제하지 않습니다. 자애의 마음을 가진 사람은 이렇게 기도합니다. "모든 존재가 행복하고 건강하기를. 모든 생명체가 위험에서 벗어나기를."

자애는 마음의 너그러운 성질에서 일어납니다. 자애는 특정 상황과 특정 사람을 위한 조건부 사랑이 아니므로 쉽게 악의로 바뀌지 않습니다. 18세기 일본의 은둔 승려이자 시인인 료칸에 관한 이야기가 있습니다.

분별하지 않는 마음을 잘 보여주는 일화입니다. 도둑이 료칸의 작은 움막에서 보잘것없는 그의 물건을 훔쳐갔습니다. 움막에 돌아온 료칸은 짤막한 하이쿠(일본 특유의 단시)를 남겼습니다.

도둑이 두고 갔네
창가의 달빛

사랑과 지혜가 다른 사람에게서 우러르는 마음의 성질이라기보다 자기 안에서 닦고 계발하는 성질이라는 점을 떠올리십시오. 여기에 붓다의 가르침이 가진 참된 힘이 있습니다. 베트남의 선승이자 시인, 평화운동가인 틱낫한 스님은 이렇게 말했습니다. "불교 수행은 삶을 즐기는 현명한 방법입니다. 우리는 행복과 사랑을 누릴 수 있습니다. 그것을 마음껏 즐기십시오."

어떻게 하면 행복과 사랑의 마음을 무한히 일으킬 수 있을까요? 우선 자신과 타인의 좋은 점에 초점을 맞추십시오. 자신과 타인의 좋은 점을 볼 때 멧타의 느낌이 일어납니다. 우리들 각자는 서로 다른 마음의 성질을 한데 엮어놓은 다발과 같습니다. 타인의 좋은 점은 보지 않고 싫은 점만 본다면 악한 의도와 분노, 평가하고 미워하는 마음이 올라옵니다. 이때 내 안에 불선한 마음의 성질이 존재하지 않는 척해서는 안 됩니다. 이러한 마음의 성질에 대해 숙고하면서 그것을 바로 보고 이해해야 합니다. 모든 사람은 최소한 한 가지의 좋은 점을 갖고 있습니다. 타인에게서 마음의 좋은 성질을 찾아낸다면 사랑과 관심의 느낌이 자연스럽게 일어납니다. 처음에는 이런 관계 맺음의 방식이 인위적으로 보일 수도 있지만 시간이 지나면 자애가 자연스러운 삶의 방식이 될 것입니다.

멧타는 또한 감사의 마음을 느끼는 데서도 생겨납니다. 붓다는 인간 관계에서 매우 드문 것이 두 가지라고 했습니다. 타인에게 이로움을 주는 사람과, 감사를 느끼는 사람이 그것입니다. 우리는 누구나 수많은 방식으로 타인의 도움을 받으며 살아갑니다. 사람들이 나에게 베푼 좋은 일을 떠올릴 때 진정한 감사와 사랑의 느낌이 일어납니다.

멧타를 키우는 또 다른 방법은 **자애 명상**을 하는 것입니다. 자애 명상이라는 수련법은 매우 간단합니다. 편안히 앉은 채로 당신이 지금 커다란 사랑을 느끼는 한 사람을 마음에 떠올립니다. 그런 다음 그를 향한 당신의 사랑을 표현하는 몇몇 구절을 속으로 되뇝니다. "당신이 행복하기를" "당신이 건강하기를" "당신이 위험에서 안전하기를" "당신이 자유롭기를" 그 사람을 마음에 담은 채로 각 구절의 의미와 느낌에 잠시 머무른 뒤 다음 구절로 넘어갑니다.

자애 명상을 수련하면 점차 멧타의 느낌이 커집니다. 이제 당신이 좋아하는 친구 한 사람을 마음에 떠올려 봅니다. 다음으로는 당신과 무관한 사람을 떠올립니다. 이제 당신이 힘들어하는 사람을 떠올립니다. 통상 '원수'라고 부르는 사람 말입니다. 인내심을 갖고 해보십시오. 이것은 마음의 습관을 천천히 다시 들이는 작업입니다. 마지막에는 모든 생명체를 향한 사랑의 바람을 보내는 것으로 마무리합니다. "모든 존재가 행복하고 건강하기를. 모든 존재가 위험으로부터 안전하고 자유롭기를."

멧타는 삶의 경험을 완전히 탈바꿈시키는 역동적이고 변화적인 힘입니다. 일상에서 우연히 사람들과 마주칠 때도 얼마든지 자애의 마음을 닦을 수 있습니다. 자기 생각에 빠진 채 길을 걸으면 주변 사람과 단절된 느낌이 들지만 자애의 구절을 속으로 되뇌면 주변 사람과 연결된 느낌이 일어납니다. 두 경우에 느낌이 어떻게 다른지 보십시오. 거리를 지나는 사람들을 자애의 에너지로 품어 보십시오. 즉각적인 변화가 일어날 것입니다. 우리는 가까운 사람뿐 아니라 세상에 존재하는 모든 생명체를 향해 자애의 마음을 닦을 수 있습니다.

> **수행 Tip!**
>
> ❖ 자애는 자신과 타인을 비롯한 모든 생명체의 행복을 빌어주는 너그러운 마음입니다.
> ❖ 자애는 삶의 경험을 탈바꿈시키는 역동적이고 변화적인 힘입니다. 세상의 모든 생명체를 향해 자애의 마음을 닦으십시오.

연민심

❦

사랑의 마음이 드러나는 방식에는 자애만 있지 않습니다. 연민심도 사랑의 표현입니다. 연민심 역시 자애와 마찬가지로 우리를 변화시키는 강력한 힘입니다. 자애가 모든 존재의 좋은 면을 보고 행복을 빌어주는 것이라면, 연민심은 모든 존재가 겪는 괴로움을 보고 괴로움에서 벗어나기를 바라는 사랑입니다.

팔리어와 산스크리트어로 **카루나**karuna라고 부르는 연민심은 세상의 존재들이 겪는 고통과 괴로움을 덜어주기를 바라는 강력한 느낌입니다. 붓다는 연민의 느낌을 가리켜 '가슴의 미세한 떨림' 혹은 '마음의 민감성'이라고 표현했습니다.

바쁜 일상에서 우리는 힘들고 고통스러운 느낌을 피하려고 종종 마음에 차단막을 칩니다. 이것은 때로 유용한 방법일 수 있으나 잠재적으로는 우리 내면의 연민심을 무디게 만드는 결과를 가져옵니다.

이 점에서 명상 수련회는 연민심을 키우는 좋은 기회입니다. 수련회에서는 나의 몸과 마음에 존재하는 다양한 느낌들을 일대일로 직면합니다. 명상 수련회가 선사하는 위대한 침묵 속에서 우리는 몸과 마음에 집중합니다. 자기 안에 있는 괴로움뿐 아니라 세상에 존재하는 고통까지도 직접 느껴 봅니다.

명상은 장기적으로 마음의 민감성을 키워줍니다. 물론 이 사실은 수행 중 장애에 부딪히거나 수행이 기복을 겪을 때면 잘 드러나지 않을 수 있습니다. 하지만 명상을 하면 장기적으로 마음이 부드러워집니다. 마음이 부드러워지면 자신과 타인을 대하는 태도와 관계가 변합니다. 그러면 더 깊이 느낄 수 있게 되고 이렇게 깊어진 느낌에서 연민의 마음이 샘솟습니다.

연민심은 곧 민감한 이해를 말합니다. 민감한 이해는 우리가 삶을 사는 방식에 중요한 영향을 미칩니다. 예컨대 당신은 고통에 열리는 것과 고통을 싫어하고 회피하는 것의 차이를 알 수 있습니까? 고통에 열릴 때 우리는 연민의 마음으로 살게 됩니다. 반면, 고통을 싫어하고 회피하면 두려움을 지닌 채 살아야 합니다. 종종 우리는 자신이 고통에 열렸다고 착각하는데 그것은 고통이 존재함을 '머리'로만 알기 때문입니다. 머리로 아는 것으로는 충분하지 않습니다. 우리는 고통이 존재함을 알 때도 싫어하는 마음, 저항하는 마음, 판단하는 마음으로 아는 경우가 많습니다. 몸의 통증이라는 간단하고 흔한 사례에서 고통에 열린 태도와 고통을 혐오하는 태도의 차이를 확인할 수 있습니다. 마음은 통증을 기꺼이 들여다보려는 관심과 의지를 가지고 그것을 받아들이다가도 고통스러운 느낌이 싫은 나머지 움츠러들거나 다른 곳으로 고개를 돌리기도 합니다.

이 두 경우는 완전히 다른 상태입니다. 고통에서 고개를 돌리면 연민의 마음은 결코 일어나지 않습니다. 고통과 기꺼이 함께하려는 태도에서 고통을 덜어주려는 연민의 느낌이 생겨납니다.

명상 수행을 통해 우리는 자기 몸과 마음의 세계를 철저하게 볼 수 있습니다. 자기 몸과 마음에 존재하는 고귀한 성질뿐 아니라 고통과 싸움, 갈등을 일으키는 마음의 성질까지 보게 됩니다. 명상 수행에서는 이 모든 것을 자기 안에서 보게 됩니다. 예를 들어 모기 한 마리가 당신의 귓전에 윙윙거리고 있다고 합시다. 이때 당신의 내면에 어떤 느낌이 일어납니까? 모기에 대한 연민심이 일어납니까? 아마도 당장 모기를 찰싹 때리고 싶은 마음이 일어날 것입니다. 누구나 이런 종류의 즉각적 반응을 경험합니다. 그런데 이런 사소한 반응을 일으키는 마음 씨앗은 세상에서 보이는 거대하고 파괴적인 행동의 마음 씨앗과 본질적으로 다르지 않습니다. 모기를 찰싹 때리는 행위는 내게는 지극히 간단한 손동작일 뿐이나 모기에게는 절체절명의 사건입니다.

우리는 이런 혐오의 성향을 일상의 소소한 상황에서 관찰할 수 있습니다. 우리가 지닌 혐오의 성향을 보지 못한다면, 즉 자기는 그런 느낌을 갖지 않았다며 스스로를 기만한다면 혐오의 느낌이 휘두르는 지배력에서 벗어날 기회는 없습니다. 이렇게 되면 혐오의 느낌을 일상생활에서 무의식적으로 행동에 옮기게 됩니다. 그러니 앞으로는 모기가 윙윙거리는 소리가 들리면 우선은 마음에서 일어나는 느낌과 생각을 알도록 하십시오. 또 특수 기동대SWAT를 출동시켜 모기를 찰싹 때리고swat 싶은 욕망을 관찰하십시오. 그리고 이런 알아차림을 통해 연민의 마음을 키우는 기회로 삼으십시오.

앞서 얘기한 일본 승려 료칸에 관한 또 다른 이야기가 있습니다. 료칸은 산골 마을 이곳저곳에서 아이들과 놀며 하루를 보내고는 했습니다. 그는 단순한 연민의 삶을 살았습니다.

> 이놈의 모기! 당장 때려잡아야지
>
> 모기를 싫어하는 마음과 때려잡으려는 충동을 관찰할 기회입니다

어느 따뜻한 봄날에 그는 옷에 붙은 이 몇 마리를 손으로 집어 바위 위에 올려놓았습니다. 이에게 일광욕을 시켜주기 위해서였습니다. 해가 저물어 밤이 되자 료칸은 바위에 올려두었던 이들을 다시 자신의 옷에 놓았습니다. 누구나 료칸처럼 될 수는 없습니다. 하지만 마음챙김과 이해심을 통해 자기 안의 연민심과 접촉할 수는 있습니다.

살면서 우리는 끔찍한 뉴스나 거리의 노숙인을 외면하고는 합니다. 또 도움을 구하는 친구의 요청을 거부하기도 합니다. 아마 내가 겪게 될 괴로움을 의식에 들여놓기가 두려워서일 것입니다. 만약 다음에 그런 일이 일어나면, 그리고 당신의 알아차림의 힘이 강하다면 가슴속의 '마음 날씨'를 바꾸는 시도를 해보기 바랍니다.

고통에 대한 혐오의 마음을 부드럽게 내려놓고, 단지 그것에 마음을 열도록 해 보십시오. 지금 고통을 당하고 있는 사람 또는 존재에게 마음을 열어 보십시오. 그 존재들과 분리되어 있다는 느낌이 녹아 사라지게 하십시오. 그런 뒤 여러분의 가슴이 어떻게 느끼는지 관찰해 보십시오. 아마 고통과 마주하고 있어도 행복이 일어날 것입니다. 우리를 불편하게 만드는 주범은 괴로움 자체가 아닙니다. 그것은 고통에 대한 혐오와 회피, 그리고 타인과 분리되었다고 느끼는 감각입니다. 고통에 대한 회피와

분리의 감각이 사라지면 불편함도 사라집니다. 고뇌와 고통을 품어 안는 연민은 진정한 힘을 느끼게 하는 기쁨이기도 합니다.

특정한 명상법을 통해 연민심을 키울 수도 있습니다. 지금 어려움에 처한 사람을 마음에 떠올리고 부드럽게 속으로 말해 보십시오. "당신이 고통에서 벗어나기를." 그 사람과 그 사람을 향한 기도의 말에 몰입할수록 내면에서 연민의 마음이 꽃필 것입니다. 그러면 그 느낌을 더 많은 사람, 나아가 우주의 모든 생명으로 확장할 수 있습니다.

> **수행 Tip!**
>
> ❖ 자애가 모든 존재의 행복을 바라는 사랑이라면, 연민심은 모든 존재가 괴로움에서 벗어나기를 바라는 사랑입니다.
> ❖ 고통에 직면하고 기꺼이 함께하려는 데서 고통을 덜어주려는 연민의 느낌이 일어납니다.

의사소통의
기술

❁

    하루 한 시간의 명상이든 장시간의 수련회든 우리는 대개 침묵 속에서 수행합니다. 그러나 일상생활에서 우리는 대부분의 시간 동안 활발한 의사소통을 해야 합니다. 당신은 삶에서 얼마의 시간을 말을 하고 글을 쓰는 데 씁니까? 당신이 내뱉는 말은 사람들에게(또 사람들이 내뱉는 말은 당신에게) 어떤 영향을 미칩니까? 그것을 관찰해 보십시오. 말은 삶에서 매우 큰 비중을 차지합니다. 우리가 내뱉는 말은 주변에 많든 적든 영향을 미칩니다. 이런 이유로 올바른 의사소통의 기술을 익히는 것은 다르마 수행에서 매우 중요한 부분입니다.

    붓다가 깨어남에 이르는 방법인 팔정도에 '바른 말'을 포함시킨 이유도 말의 중요성을 강조하기 위해서였습니다. 불교 경전에는 바른 말에 관한 자세한 설명이 나옵니다만 그것을 두 가지 일반 원칙으로 요약할 수 있습니다. '진실인 말인가?' 그리고 '유용한 말인가?' 하는 원칙입니다.

    말을 할 때 이 두 가지 원칙을 지키려 노력한다면 말에 대한 민감성을 키우는 데 도움이 됩니다. 그럴 때 진실과 거짓의 미묘한 경계를 더 자각하게 됩니다. 우리는 말을 할 때 진실을 감추기도 하고, 진실을 과장하기도 합니다. 또 진실인 말이라도 때와 장소에 따라 유용하지 않을 수 있습니다.

의사소통을 연습하는 일은 사람들과 관계 맺는 멋진 예술입니다. 마음을 열고 귀 기울여 듣는 연습을 하십시오. 그럴 때 당신이 지금 상대방과 실제로 어떻게 접촉하고 있는지 볼 수 있습니다. 당신은 상대방을 마음 안으로 들일 수 있습니까? 이때 사용해야 하는 적절한 언어는 무엇입니까? 상대에게 진정으로 의미 있는 말을 하고 있습니까? 상대에 대한 자애의 느낌과 기본적인 선의를 갖고 말하고 듣는 법을 배워야 합니다. 현명한 분별력과 자애의 마음을 통해 상대방과 참된 연결을 맺을 수 있습니다.

상호작용은 언제나 두 부분으로 이뤄집니다. 효과적으로 말하는 부분과 제대로 듣는 부분입니다. 이중 제대로 듣는 것은 소통이 힘들어지는 긴장과 갈등의 시기에 특히 중요해집니다. 상대방은 언제나 자기만의 관점을 갖고 있습니다. 상대와 진정으로 연결되고 그들을 이해하고 싶다면 상대의 말을 제대로 듣는 법을 배워야 합니다.

당신과 상대방이 의견이 충돌하는 상황이라고 합시다. 당신과 상대는 각자 자기만의 관점과 생각, 느낌을 강하게 고집하고 있습니다. 이럴 때는 어떻게 해야 할까요? 잠깐 한발 물러서서 자신에게 이렇게 말해 보십시오. "그래, 지금 상황을 조금 더 넓은 관점에서 보자." 이렇게 하려면 상대의 말을 듣는 능력이 필요합니다. 잘 들을 때 참된 소통이 시작됩니다.

그렇다고 나의 관점과 이해를 표현하지 말라는 뜻은 아닙니다. 표현하되 공격적 언사를 스스로 제어할 수 있는 **열린 공간**space of openness에서 하라는 의미입니다. 당신이 먼저 귀 기울여 듣는 태도를 보이면 당신과 상대가 함께 딛은 토대 자체가 변화할 것입니다.

그런데 이런 노력을 기울였음에도 통제할 수 없는 상황으로 치닫는 때도 있습니다. 노력에도 불구하고 열린 공간이 만들어지지 않고 계속해서 소통이 되지 않는 경우입니다. 이때는 나의 신체적 알아차림에 중심을 둔 채 지금 일어나는 일에 자동반사적으로 반응하지 않아야 합니다. 상대와의 소통이 힘들어지는 상황에서는 명상 수행에서 얻은 지혜에 의탁해야 합니다. 명상 수행에서 얻은 지혜란, 불쾌한 느낌에 열릴 수 있는지 보는 것입니다. 불쾌한 느낌에 방어와 공격으로 대응하지 않고 단지 느껴볼 수 있다는 사실을 아는 것입니다.

타인과의 의사소통 과정에서 일어난 불쾌한 느낌을 부드럽게 만들어 보십시오. 그 주변에 여유로운 공간을 마련하십시오. 그렇게 하면 마음이 즉각 반응하더라도 좀 더 가볍게 일어났다 사라질 것입니다. 그럴 때 당신은 그 느낌들에 걸려들지 않습니다. 물론 이 기술은 많은 연습이 필요합니다. 평소에 연습하지 않으면 힘겨운 의사소통의 와중에 불쾌한 느낌 주변에 여유 공간을 만들기란 쉽지 않습니다.

따라서 평소 수행에서 자신의 느낌과 어떤 관계를 맺고 있는지 살펴야 합니다. 명상하려고 자리에 앉았을 때나 일상의 의사소통에서나 화와 짜증, 두려움 등의 느낌은 늘 일어납니다. 이 느낌들을 깨어있는 마음으로 알아차릴 수 있습니까? 혹시 이 감정들을 '나'로 동일시하고 있지 않은지 보십시오.

　화와 두려움은 본질적으로 외부 상황과 무관합니다. 그런데 이런 진실은 우리가 가진 상식, 즉 일반적으로 조건화된 생각과는 다릅니다. 이것이 과연 진실인지 자기 내면을 깊이 들여다보십시오. 상대를 비난할 때 유익하지 못한 느낌이 더 커지지 않는지 직접 살펴보십시오. 상대를 비난할수록 내 안의 분노와 원망은 더 커집니다. 마음챙김의 힘으로 자기 내면을 들여다볼 때 화와 두려움을 외부 탓으로 돌리는 습관에서 벗어날 수 있습니다.

　화와 두려움을 외부 탓으로 돌리는 습관에서 벗어나는 연습을 하면 어려운 의사소통이 한결 수월해집니다. 내면에 존재하는 평안과 연민의 마음자리에서 상대와 소통할 수 있습니다. 그럴 때 효과적인 의사소통이 가능해집니다. 우리는 효과적인 의사소통을 통해 많은 것을 바꿀 수 있습니다. 층간 소음을 일으키는 윗집 아이를 조용하게 만들 수도 있고, 공격적 태도를 보이는 상대에게 그것이 옳지 않은 행동임을 알게 할 수도 있습니다. 또 분노하거나 비난하지 않으면서 당신의 생각을 효과적으로 전달할 수 있습니다.

　흔히 될 대로 되라는 식의 태도를 받아들임으로 오해하고는 합니다. 누구의 어떤 행동에도 아무 입장을 취하지 않는 태도를 받아들임으로 잘못 아는 것입니다. 그러나 이것은 받아들임의 참 의미가 아닙니다. 받아들임은 자신의 마음 상태에 적극적으로 책임지는 태도입니다. 이때 마음챙김이 있으면 자동반사적 판단에 걸려들지 않은 채로 분명한 입장을 가지고 효과적으로 소통할 수 있습니다. 어떤 에너지를 가지고 임하느냐가 의사소통의 열쇠입니다.

> **수행 Tip!**
>
> ❖ '바른 말'의 두 가지 일반 원칙은 '진실인 말인가' 그리고 '유용한 말인가'라는 원칙입니다.
>
> ❖ 평소 수행에서 자신의 느낌과 어떤 관계를 맺고 있는지 살펴보십시오. 이를 통해 타인과의 의사소통에서 일어나는 불쾌한 느낌을 부드럽게 만들 수 있습니다.

다르마를
주변 사람과
나누기

붓다를 따라 수행하는 이라면 누구나 주변 사람과의 의사소통이 어려워지는 경우에 맞닥뜨립니다. 특히 자신의 다르마 수행에 관한 이야기를 가족이나 친구와 나누는 때가 그렇습니다. 다르마 수행에 관하여 자신이 깨달은 바를 주변 사람과 나누는 데는 꽤 커다란 기술이 요구됩니다. 어쩌면 그 자체로 만만치 않은 수행인지 모릅니다.

우리는 수행을 통해 다르마에 대한 믿음과 확신을 얻습니다. 이것은 훌륭한 결실이지만 분별력 있는 지혜와 균형을 이뤄야 합니다. 우리는 때로 명상 수련회에서 처음 얻은 에너지에 커다란 열정을 느낀 나머지, 친구와 가족들에게 그것을 하나도 남김 없이 이야기하고 싶어 합니다. 주변의 모든 사람이 나의 다르마 이야기에 관심을 가질 거라고 생각합니다. 그러나 당연하게도 어떤 이는 당신의 이야기에 관심이 있고, 어떤 이는 관심이 없습니다. 누군가 당신에게 "이번 명상 수련회 어땠어요?"라고 묻습니다. 그저 인사치레로 던진 말에 당신이 무아에 관한 세 시간짜리 강의를 한다면 당신의 분별력은 약간 조정이 필요합니다.

이런 경우에는(모든 의사소통이 마찬가지입니다만) 상대가 무엇을 요청하는지 충분히 귀를 기울여야 합니다. 그럴 때 상대가 정말 당신의 이야기에 관심이 있는지, 아니면 그저 인사치레로 하는 말인지 알 수 있습니다. 이런 경우야말로 당신의 수행을 실전에 적용할 기회입니다. 수행에서 닦은 마음챙김과 민감성을 실전에서 발휘해야 하는 때입니다. 상대가 정말로 당신의 수행 경험을 알고 싶다 해도 말이라는 도구를 바르고 능숙하게 사용하려면 우선은 당신이 전하려는 메시지를 내려놓을 필요가 있습니다.

> 이번 명상 수련회 어땠어요?
>
> 무아, 무아, 무아 … (3시간)

그 이유는 이렇습니다. 다르마가 가진 특성 한 가지는, 다르마를 이루는 각각의 부분에 전체가 모두 깃들어 있다는 사실입니다. 다르마는 3차원 영상의 홀로그램과 같습니다. 다르마에 관한 이야기라면 어느 지점에서 소통을 시작하든 결국 다르마의 전체 모습이 드러나게 됩니다. 다르마에 관해 이야기할 때 우리는 직관적 지혜에 깃든 창조성에 의지할 수 있습니다. 그렇기 때문에 반드시 특정 주제에서 이야기를 시작해야 하는 것은 아닙니다. 그보다는 상대의 경험에 마음을 열고 그 사람이 지금 어떤 상태에 있는지 보도록 하십시오. 상대방이 지금 무엇을 걱정하고 있고, 무엇으로 고통 받고 있는지 보십시오. 상대가 관심을 가진 주제에서부터 이야기를 시작하십시오. 기본적인 자애의 마음으로 상대의 말에 진심으로 귀 기울여 보십시오. 그러면 틀림없이 당신과 상대 사이에 친밀한 연결감이 생겨날 것입니다.

나의 말이 부적절하거나 핵심을 빗나갔다고 느끼는 경우도 있을 것입니다. 그렇더라도 가장 깊은 의사소통은 내가 내뱉는 말이 아니라 상대와 함께하는 방식에 있음을 기억하십시오. 내가 하는 '말'은 상대와 연결될 수도 있고 연결되지 않을 수도 있습니다. 하지만 지금 나의 존재, 즉 현존이 어떤 성질을 가졌느냐는 언제나 상대에게 가닿고 있습니다. 친구와 가족에게 사랑을 베풀고 그들을 받아들이는 마음으로 관계에 현존하십시오. 평가와 판단을 적게 내리면서 연민심으로 현존하십시오. 그것이 가장 강력한 의사소통입니다.

오래 전 람 다스(하버드 교수직을 내던지고 인도로 떠나 구도에 전념한 서양의 대표적인 영적 스승-옮긴이)에게 공부한 여성이 있었습니다. 독실한 기독교 집안에서 자란 그녀가 이런 '이상한' 공부를 하겠다고 했을 때 가족들은 크게 반대했습니다. 그녀는 자신이 겪은 힘든 시간을 돌아보며 이렇게 말했습니다. "부모님은 '불교인'이 된 나를 매우 못마땅해 하셨습니다. 하지만 내가 '붓다'가 되자 아주 좋아하셨습니다."

> **수행 Tip!**
>
> ❖ 다르마 수행에서 자신이 깨달은 바를 주변 사람과 나누는 것은 그 자체로 만만치 않은 수행입니다.
> ❖ 사랑과 받아들임으로 상대와의 관계에 현존하십시오. 가장 깊은 의사소통은 말이 아니라 상대에게 현존하는 방식에 있습니다.

부모와의 관계

모든 인간관계 가운데 가장 어려운 관계는 어쩌면 부모와의 관계인지 모릅니다. 붓다는 낳아주고 키워준 부모는 우리와 매우 특별한 업의 관계에 있다고 말했습니다. 부모는 우리가 세상에 태어나도록 임신과 출산이라는 신체적 사건을 거쳤습니다. 뿐만 아니라 우리가 아직 스스로를 돌보지 못할 때 우리를 보살펴 주었습니다. 부모의 보호와 지원이 없었다면 우리는 생존할 수 없었을 것입니다.

부모는 수많은 방식으로 우리에게 생명이라는 선물을 선사했습니다. 붓다는 이 사실만으로도 우리가 부모를 봉양하고 부모가 지혜의 길을 가도록 안내할 책임이 있다고 말했습니다. 이 점에서 붓다는 평생토록 등에 업고 다녀도 부모에게 진 빚을 다 갚을 수 없다고 했습니다.

그러나 현대사회에서 많은 사람이 이러한 가르침에 부담을 느끼는 것도 사실입니다. 부모를 상대로 감정의 갈등을 겪고 있는 사람이 무척 많습니다. 아직 해결되지 않은 실망감과 분노를 부모에게 품기도 하고, 어린 시절 부모가 자신을 제대로 돌봐주지 않았다고 느끼기도 합니다. 최근 우리 사회에서 부모에게 정서적, 신체적, 성적 학대를 당하는 아이들이 점점 많아지는 것도 사실입니다.

이렇게 본다면 불교 경전은 현대 사회를 고려하지 않은 것처럼 보입니다. 예컨대 불교 경전의 어느 가르침에는 모든 존재를 어머니로 여기라는 대목이 나옵니다. 모든 존재를 내 어머니를 대하듯이 한다면 무한한 사랑을 느낄 것이라는 의미입니다. 그러나 이런 관점이 언제나 의도대로 효과를 내는 것은 아닙니다. 현대사회에서 부모와 자녀 사이에 문제가 생기는 경우는 결코 드물지 않습니다.

부모와 유익한 관계를 맺는 일은 어렵기는 해도 불가능한 일은 아닙니다. 내가 인도에서 처음 수행하던 시절에 친구 하나가 있었습니다. 친구의 어머니는 친구가 명상 수행을 하는 데 크게 화를 냈습니다. 어머니는 친구에게 보낸 편지에서 아들이 인도에서 명상하는 꼴을 보느니 차라리 지옥에서 만나겠다고 말했습니다. 분노로 가득한 어머니의 편지는 명상에 깊이 집중한 민감한 시기의 친구에게 큰 충격으로 다가왔습니다.

어느 날 우리는 이 상황에 대해 캘커타에 있던 우리의 스승 디파 마와 상의했습니다. 친구는 어머니가 보낸 편지에 대해 디파 마에게 이야기했습니다. 이야기를 듣고 난 디파 마는 방석 아래에서 10루피를 꺼내 친구에게 주며 말했습니다. "어머니에게 선물을 사드리세요." 당시 캘커타에서 소박한 삶을 살던 디파 마에게 10루피는 결코 적은 돈이 아니었습니다.

친구는 디파 마의 조언을 따라 어머니에게 선물을 사드렸습니다. 친구는 상처가 될 수도 있었던 어머니의 분노한 편지에 관대함으로 응대했습니다. 친구는 어머니가 보낸 편지에 움츠러들거나 도피하지 않았습니다. 친구가 어머니에게 드린 선물은 어머니와의 관계에 점차 변화를 일으키는 출발점이 되었습니다. 이후 어머니의 태도가 누그러졌고 두 모자 관계도 회복되기 시작했습니다. 친구는 수행을 마치고 집으로 돌아가 부모님이 돌아가실 때까지 지극정성 봉양하며 살았습니다.

이 이야기는 나에게 흥미와 영감을 줍니다. 부모와의 관계가 아무리 힘들어도 마음을 열고 만남을 지속한다면 얼마든지 관계가 바뀔 수 있음을 말해주기 때문입니다.

업의 관점에서 볼 때 부모는 우리와 매우 특별한 관계를 가진 존재입니다. 우리가 지금의 가정에 태어난 것은 그저 우연이 아닙니다. 부모와 감정적으로 어떤 관계에 있든 우리가 다르마에 대해 배울 수 있는 것은 부모가 있었기 때문입니다. 삶의 커다란 고통을 계기로 다르마에 끌렸다 해도 그것은 훌륭한 일입니다. 우리가 다르마에 대해 듣고 다르마를 수련할 수 있게 된 것은 삶의 신비 가운데 하나입니다. 다르마를 만나는 것은 세속의 삶에서 매우 드문 기회입니다.

부모는 나의 수행을 평가하는 훌륭한 시험대가 됩니다. 나에게 집중한 채로 수행을 하다가 집으로 돌아가면 거기에는 부모라는 '최종 시험대'가 기다리고 있습니다. 부모님을 보면 "아차, 진짜 수행은 이제부터군."이라고 알아야 합니다.

지금 부모님과 어려운 상황에 있다면 어떻게 해야 할까요? 부모님이 지금과 다르게 바뀌기를 바라야 할까요? 이것이야말로 가장 일어나기 어려운 일입니다. 상대가 지금과 다르게 변하기를 바란다면 관계에 긴장과 갈등이 일어납니다.

당신의 부모가 아주 엄격하고 간섭이 심한 분이라고 합시다. 이런 때는 이토록 융통성 없고 간섭하는 태도를 '당신 내면에서' 본 적은 없는지 돌아보십시오. 누구나 여러 가지 측면을 자기 안에 가지고 있습니다. 그리고 그것들이 표현되는 방식도 매우 다양합니다. 나의 내면에 대한 받아들임과 연민의 마음을 부모님을 상대로 일으킬 수는 없을까요? 즉각 반응하지 않고 판단을 일시 유보하는 마음을 부모님에게 가져볼 수는 없을까요? 그렇다고 부모님의 융통성 없고 꼬장꼬장한 면을 '억지로' 좋아하라는 뜻은 아닙니다. 다만 부모님의 그러한 부분을 진정으로 받아들이고 거기에 연민을 보내라는 말입니다.

> (부모님에게) 다녀왔습니다!
>
> 아차! 진짜 수행은 이제부터군

부모와의 관계가 힘들 때는 자애의 마음이 일어나는 직접적 원인을 떠올리십시오. 그것은 상대가 가진 좋은 면을 보는 것입니다. 부정적 성향이 강한 사람이라도 최소한 몇 가지의 사랑스러운 면을 가지고 있습니다. 그들의 사랑스러운 면에 초점을 맞춰 보십시오. 그들이 가진 좋은 면에 마음의 주파수를 맞춰 보십시오. 틀림없이 자애의 마음이 생겨날 것입니다.

또 부모와의 심리적 관계가 지금까지 얼마나 힘겨웠든, 그리고 부모가 나를 어떻게 대했건 상관없이 나 스스로 자신을 보살필 수 없을 때 부모가(또는 부모를 대신하는 양육자가) 나를 보살펴 준 것은 사실입니다. 이것은 커다란 선물입니다. 부모 역시 그들 나름의 긴장과 혼란이 없지 않았습니다만, 지금 이 순간 내가 숨 쉬며 살 수 있도록 나를 보살펴 주었습니다. 이런 이유로 붓다는 우리가 부모의 커다란 베풂에 큰 빚을 지고 있다고 말했습니다.

부모와의 사이에 오래된 문제가 종종 존재한다는 사실을 부정할 수는 없습니다. 또 그 문제가 어떻게든 해결되리라는 보장도 없습니다. 그렇더라도 우리는 받아들임의 공간에 들어갈 수 있습니다. 그곳에서 우리는 진정한 자애와 연민을 느낍니다. 이 공간에 들어가는 것은 다르마 수행에서 매우 중요한 부분입니다. 왜냐하면 부모로부터(아니면 그 누구로부터도) 근본적으로 단절될 때 우리는 커다란 고통을 겪기 때문입니다. 소통의 통로를 열어놓은 채로 부모의 지금 모습 그대로와 함께하고자 노력하십시오. 그것은 그만한 가치가 충분히 있습니다.

여기서 주의해야 할 점이 있습니다. 만약 당신이 부모에게 신체적, 성적, 정서적 폭력에 의한 학대를 당했다면 용서와 연민으로 부모에게 마음을 열기 전에 필요한 단계를 먼저 밟아야 합니다. 자기 안에서든 타인에게서든 참된 치유와 용서는 손쉽고 간단한 지름길로는 일어나지 않습니다. 내가 지금 겪고 있는 고통의 정체를 바로 알고 충분히 이해하는 것이 먼저입니다.

어린 시절 학대를 당했다면 그로 인한 두려움과 분노, 증오, 슬픔이 당신 안에 남아 있을 것입니다. 이 느낌들을 온전히 느껴보는 치료의 시간을 가져야 합니다. 그리고 고통의 원인을 제공한 사람과의 접촉을 피하는 치유의 시간도 한동안 가져야 합니다. 이 과정을 거치고 나서야 용서와 사랑, 받아들임의 마음으로 다시 손을 내밀 수 있습니다.

부모에 대한 책임을 다하는 방법에는 부모를 보살피는 것만 있지 않습니다. 부모를 다르마의 길로 안내하는 것 역시 부모에 대한 책임을 다하는 방법입니다. 그렇다면 어떻게 부모를 다르마의 길로 안내할 수 있을까요? 우선 부모님을 대하는 나의 마음 태도가 바뀌어야 합니다. 반드시 말이 아니어도 부모님과 함께할 때면 언제나 소통이 이루어지고 있습니다. 이 소통은 부모를 한 사람의 인간으로 받아들이는 데서 시작합니다. 만약 부모님에게 무아와 연기에 대해 설교하거나 매일 명상을 하라고 설득하려 한다면 소통은 어려워집니다. 설교나 설득 대신 부모님의 곁에서 당신이 더 사랑하는 태도, 더 보살피고 받아들이는 마음을 보이는 것이 더 중요합니다. 이런 받아들임의 마음에서 소통이 시작됩니다. 소통이 시작되면 다음부터는 적절한 기회를 찾는 문제만이 남습니다.

처음 다르마 수행을 시작했을 때 나는 미국과 인도를 여러 번 오갔습니다. 당시 나는 명상에 커다란 열정을 갖고 있었습니다. 미국의 집에 돌아오면 어머니와 함께 지냈는데 저녁식사가 끝나면 나는 어머니와 작은 거래를 했습니다. "내가 설거지를 하는 동안 어머니는 명상을 하면 어때요?" 어머니는 이 거래에 꽤 만족했습니다. 그리고 그 일은 이후 어머니를 다르마 수행의 길로 안내하는 출발점이 되었습니다.

> **수행 Tip!**
>
> ❖ 업의 관점에서 볼 때 부모는 우리와 매우 특별한 관계입니다. 우리가 다르마에 대해 배울 수 있는 것은 부모가 있었기 때문입니다.
>
> ❖ 부모와의 사이에 해결되지 않은 오래된 문제가 있어도 받아들임의 공간에서 부모에게 자애와 연민의 마음을 보낼 수 있습니다.

바른
생계

누구에게나 음식과 집과 옷이 필요합니다. 그리고 의식주를 확보하는 수단도 모든 사람이 가져야 합니다. 이처럼 생계는 우리 삶의 불가피한 측면입니다. 그렇다면 생계를 수행의 일부로 삼는 법은 없을까요? 붓다는 생계를 꾸리는 방법이 매우 중요한 의미를 갖는다고 여겼습니다. 그래서 벗어남을 이루기 위해 갈고 닦아야 하는 여덟 가지 길인 팔정도에 '바른 생계'를 포함시켰습니다. 바른 방법으로 생계를 꾸리는 일은 바쁘게 사는 현대인에게 특히 중요한 의미를 갖습니다.

벗어남에 전념하는 불교의 많은 전문 수행자들은 수행처에 들어갑니다. 수행처에 있으면 올바른 생계에 대해 걱정할 필요가 없습니다. 수행처의 생활은 세세한 부분까지 수행자의 벗어남을 고려합니다.

그러나 세속에서 다르마를 닦는 재가자들은 수행처에서 하루 종일 지낼 수 없습니다. 우리는 생활인으로 어지러운 세속의 한가운데 살고 있습니다. 그러면서도 우리는 벗어남에 대한 강한 열망을 지니고 있습니다.

우리는 천국이나 천상계에 다시 태어나려고 수행하지 않습니다. 바로 이번 생에서 괴로움에서 벗어나 자유로운 삶을 사는 것이 우리가 지닌 열망입니다.

따라서 벗어남에 대한 우리의 헌신과 관심을 수행처 바깥의 세속적 직업과 연결시키는 작업은 매우 중요합니다. 세속을 사는 누구도 이 질문을 비켜갈 수 없습니다. 각자 자신이 처한 직업적 상황에서 나름의 답을 찾아야 합니다. 이와 관련하여 우리 세대의 수행자들이 얻은 나름의 지혜를 다음 세대에 전할 것입니다. 하지만 이 질문에 대한 최종적 답은 각자가 처한 상황에서 스스로 찾아야 합니다.

바른 생계의 관점에서 볼 때 우리가 '어떤 종류의' 직업을 갖느냐는 본질적으로 중요한 문제가 아닙니다. 생명을 죽이거나 남의 물건을 훔치는 등 명백히 해로운 행위가 아니라면 말입니다. 대부분의 생계 활동은 그 자체로 영적인 길의 일부가 될 수 있습니다. '어떤' 직업을 갖느냐보다 그 직업에 '어떤 마음으로' 임하느냐가 더 중요합니다.

생계에 임할 때 우리가 어떤 마음을 가져야 하는지 힌트를 주는 일화가 있습니다. 꽤 오래 전 티베트의 불교 지도자 까루 린포체가 미국 보스턴의 수족관을 방문했습니다. 수족관을 구경하던 린포체는 물고기의 주의를 끌기 위해 수족관 유리를 톡톡 두드렸습니다. 창 쪽으로 헤엄쳐 오는 물고기를 향해 린포체는 "옴마니반메훔"을 나지막이 읊조렸습니다. 티베트 전통에서 하는 축복의 말입니다.

살면서 습관처럼 타인에게 축복을 빌어주는 것은 훌륭한 일입니다. 나의 스승 디파 마도 늘 자기 주변에 축복을 빌었습니다. 어디를 가든 "행복하기를, 행복하기를" 하면서 축복을 보냈습니다. 우리가 하는 일과 직업에서도 이런 축복의 마음을 보내면 어떨까요? 우리의 직업에서 타인을 위한 섬김과 봉사의 마음을 닦는다면 어떨까요? 지극히 평범한 일이라도 위대한 영적 길로 승화할 것입니다. 섬김과 봉사의 마음이 가진 힘은 어마어마합니다. 이 마음을 닦는 데는 마음의 현존이 요구됩니다. 어떤 직업을 갖건 타인에게 섬김과 봉사를 베푸는 기회임을 잊지 마십시오. 달라이 라마는 이런 생각을 아주 단순하게 다음처럼 표했습니다.

우리는 잠시 지구에 머무는 방문객입니다. 많아야 90~100년 지구에 머무는 동안 좋은 일, 타인에게 도움이 되는 일을 해야 합니다. 우선은 당신 자신과 평화롭게 지내도록 하십시오. 그런 다음 그렇게 얻은 평화를 타인과 나누십시오. 타인의 행복에 기여할 때 삶의 진정한 목표와 참 의미를 발견할 수 있습니다.

> **수행 Tip!**
> ❖ 벗어남에 대한 헌신과 관심을 수행처 바깥의 직업과 연결시키는 작업은 세속에서 수행하는 우리들에게 매우 중요한 문제입니다.
> ❖ '어떤' 직업을 갖느냐보다 그 직업에 '어떤 마음으로' 임하느냐가 더 중요합니다. 모든 직업은 타인을 위한 섬김과 봉사의 기회입니다.

경전을
어떻게
읽을 것인가

❦

붓다의 가르침은 다르마라는 실재의 본성을 직접 경험하는 데 중점을 둡니다. 그렇다면 우리는 다르마를 글로 적은 경전을 반드시 읽어야 할까요? 실재의 본성을 깨닫기 위해 반드시 경전을 읽고 공부해야 할까요? 그렇지는 않습니다. 오랜 세월 위대한 성인과 성자 가운데 공부를 하지 않고 수행한 이도 많았습니다. 심지어 글을 못 읽는 사람도 있었습니다. 그럼에도 그들은 다르마에 대한 심오한 깨달음을 얻었습니다. 그렇다면 불교 경전을 공부하는 것이 과연 도움이 될까요? 많은 사람에게 있어 그 답은 "그렇다"입니다.

경전은 그 자체로 붓다와 여러 불교 전통의 위대한 스승들이 가르친 내용입니다. 경전의 가르침은 마음과 괴로움의 본성, 자유의 본성을 직접적으로 다룹니다. 이 가르침을 맹목적으로 받아들여서는 안 됩니다. 그보다는 자신의 직접적인 경험을 가리키는 '손가락'으로 활용해야 합니다. 누가 손가락으로 달을 가리킬 때 달을 보지 않고 손가락만 쳐다본다면 소용이 없는 일입니다. 마찬가지로 경전을 읽을 때도 단지 학문적 탐구에 그쳐서는 안 됩니다. 불교라는 특별한 가르침은 단지 일련의 체계화된 사상이나 믿음 이상의 것입니다. 불교의 가르침은 그보다 훨씬 근본적이고 본질적인 것을 다룹니다. 불교는 마음의 작동 방식과 실재의 본성, 명료한 지각에 대해 이야기합니다.

수행에 들어가기 전에 불교 경전을 읽어 보십시오. 그러면 불교의 가르침이 더 분명하게 다가올 것입니다. 그러면 영적 여행의 다음 단계로 나아가는 영감을 받을 수 있습니다. 또 수행을 마친 뒤에도 경전을 읽으십시오. 그러면 새로운 이해의 차원이 열립니다. 차분하고 고요하며 집중된 마음으로 읽는다면 경전은 살아 있는 가르침으로 다가옵니다. 만약 명상에 대한 경험이 어느 정도 있다면 경전의 가르침을 다시 들추어 봄으로써 다르마에 대한 시야가 더욱 확장될 수 있습니다.

그런데 불교 경전의 번역문이 언제나 경전의 의미를 정확하게 전달하는 것은 아닙니다. 또 붓다의 가르침을 담은 경전에는 반복되는 구절이 매우 많이 등장합니다. 이는 붓다의 가르침이 글로 기록되기 전 수백 년 동안 입으로 전해 왔기 때문입니다. 경전을 읽을 때 재미를 기대하지 마십시오. 재미를 위해서라면 차라리 로버트 러들럼(Robert Ludlum, 1927~2001, 영화화된 '본 시리즈'를 비롯, 발표하는 작품마다 베스트셀러에 오르며 한 시대를 풍미한 스파이 소설의 거장-옮긴이)의 소설을 읽는 편이 낫습니다. 경전을 실재를 가리키는 손가락으로 여기십시오. 찬찬이 경전을 읽으며 스스로 이해한 바를 바탕으로 실재의 본성을 직접적으로 탐구하고 맛보십시오. 이렇게 하면 당신의 수행 경험을 더 잘 이해할 수 있습니다.

이때 당신의 수행은 더 명료해지고 더 깊어질 것입니다.

> **수행 Tip!**
>
> ❖ 경전의 가르침을 맹목적으로 받아들이기보다 자신의 직접 경험을 가리키는 '손가락'으로 활용하십시오.
>
> ❖ 경전을 읽고 수행에 들어가면 불교의 가르침이 더 분명하게 다가옵니다. 또 수행을 마친 뒤 경전을 읽으면 새로운 이해의 차원이 열립니다.

유머 감각과
다르마 수행

❦

명상 수련회에서든 롤러코스터 같은 세속의 삶에서든 다르마 수행에서 유머 감각은 꼭 필요합니다. 유머 감각이 어떠한 마음 상태인지 생각해 봅시다. 유머는 우리 내면에 여유로운 공간을 만들어 줍니다. 현상의 유머러스한 면을 본다는 것은 현상의 가볍고 경쾌한 성질, 실체가 없이 비어 있는 성질을 느끼는 것입니다. 유머 감각은 특히 우리가 삶의 온갖 드라마에 깊이 빠져 있을 때 커다란 축복이 되어 줍니다.

다소 무미건조한 방식입니다만 불교 경전에는 유머에 대해 자세히 설명하는 부분이 있습니다. **아비담마**Abhidharma라는 불교심리학은 깨달음의 각 단계마다 웃음의 종류가 다르다고 설명합니다. 수행을 하지 않은 속인이 재미를 느낄 때면 배를 잡고 바닥에 나뒹굴며 폭소를 터뜨립니다. 깨달음의 중간 단계에 이른 사람은 소리 내어 웃습니다. 마지막으로 완전한 깨달음을 얻은 아라한은 단지 이빨만 살짝 드러내는 정도로 미소 짓는다고 합니다. 아라한이었던 붓다 역시 가벼운 미소를 지었다고 합니다. 이처럼 유머의 성질을 자세히 구분할 수 있습니다.

다르마를 가르치는 스승마다 가르침의 스타일이 다릅니다. 그들을 접하면서 나는 유머가 상당 부분 문화의 영향을 받는다는 걸 알았습니다. 서양인이 볼 때 전혀 우습지 않은 농담에 엄격한 동양의 수행 지도자가 폭소를 터뜨리고는 합니다. 한번은 지금은 돌아가신 미얀마의 타웅푸루 Taungpulu 큰스님이 법문을 할 때였습니다. 스님은 미얀마 전통에 따라 언제나 부채를 앞에 들고 법문을 했습니다. 마음과 물질에 대한 법문을 하는 중에 수행자 한 사람이 개에게도 마음과 물질이 있는지 질문했습니다. 스님은 이 질문이 그토록 우스웠던지 한 번 터뜨린 웃음을 멈추지 못했습니다. 스님이 보기에 그것은 생각할수록 우스운 질문이었나 봅니다.

또 유머는 커다란 어려움과 고통의 시기에 도움을 줍니다. 이를 잘 보여주는 예가 오스카 와일드가 죽기 직전에 한 말입니다. 감옥에서 풀려난 오스카 와일드는 병들고 가난하고 비참한 신세가 되어 감옥에서 나왔습니다. 그는 파리로 가서 슬럼가의 셋방에서 삶을 마감했습니다. 셋방의 벽지는 끔찍할 정도로 지저분했습니다. 그러나 와일드는 얼마나 멋쟁이였습니까. 그는 죽기 직전 임종의 자리에 누워 벽 쪽으로 얼굴을 돌린 채로 이렇게 말했다고 합니다. "나는 더러운 벽지와 죽음의 결투를 하고 있어. 둘 중 하나는 먼저 떠나야 해."

> **수행 Tip!**
>
> ❖ 유머는 현상의 가볍고 경쾌한 성질, 실체가 없이 비어있는 성질을 느끼게 합니다. 따라서 다르마 수행에서도 유머 감각은 꼭 필요합니다.
> ❖ 유머는 고통의 주변에 마음의 여유 공간을 만들어 고통을 '나'로 동일시하는 속박에서 벗어나게 합니다.

죽음을
연습하다

❦

다음번에 여러분이 어려운 일을 당하거든 죽음의 순간에 맞닥뜨렸다고 상상해 보십시오. 지금 곧 죽는다고 한다면 당신은 현재 닥친 어려움에 어떻게 응하겠습니까? 당신은 죽음의 순간에도 혼란과 자동적인 반응 속에서 길을 잃고 싶습니까? 아니면 죽음의 순간을 회피하면서 다른 곳으로 달아날 것입니까? 그도 아니면 죽음을 받아들이고 거기에 현존하며 깨어 있는 상태에 머물기 원합니까?

다양한 영적 전통은 죽음을 상상하는 연습을 중요하게 다룹니다. 죽음을 자각할 때 삶의 사건들은 강력한 조망 속에 새롭게 위치합니다. 평소 우리는 스스로 지어낸 드라마와 이야기에 쉽게 빠져듭니다. 이때 삶의 생생한 현존인 죽음을 떠올려 보십시오. 그러면 마음이 만들어내는 영화에서 빠져나올 수 있습니다. 그럴 때 더 넓은 관점으로 자신의 경험을 바라보게 됩니다. 죽음에 대한 자각을 유지하면 지금보다 더 큰 마음의 여유와 평온을 가지고 삶을 살 수 있습니다.

명상 수행은 죽음을 미리 연습하는 기회입니다. 나의 경우, 죽음 연습으로서의 명상 수행은 특히 감정적 격동과 신체적 통증을 겪는 중에 커다란 영감으로 다가왔습니다. 언젠가 우리에게 닥칠 죽음은 아마 어려운 과정이 될 것입니다. 죽음을 미리 떠올리는 것은 어려운 상황을 앞서 경험하는 것입니다. 죽음을 예행 연습하면 내가 지금 어디에 있는지 더 잘 알게 됩니다. 또 지금 처한 어려운 상황에 어떻게 열릴 수 있는지도 알 수 있습니다. 이것이 죽음을 연습하는 참 의미입니다.

　명상을 하려고 자리에 앉았다고 합시다. 그렇게 15~20분이 지나면 무릎 등의 신체와 마음에서 불편함이 일어날 것입니다. 이 불편한 느낌에 균형 잡힌 방식으로 열리는 것은 결코 쉬운 일이 아닙니다. 하지만 포기하지 않고 꾸준히 연습하면 불편함에 어떻게 대처해야 하는지 터득할 수 있습니다.

　그런데 죽음에 이르렀을 때 맞닥뜨릴 불편은 이보다 훨씬 더할 것입니다. 죽음이라는 미지의 세계를 향하는 여정에는 상당한 몸의 통증뿐 아니라 힘겨운 감정도 함께할 것입니다. 죽음에 이르러 경험하는 몸과 마음의 고통에 어떻게 응대해야 할까요? 평안과 열림, 받아들임의 마음자리에서 죽음을 마주해야 할까요? 아니면 두려움과 불안, 자동반사적인 반응으로 죽음과 만나야 할까요?

　좌선이든 걷기 명상이든 그 밖의 어떤 수행법이든 마음을 훈련하는 기회가 될 수 있습니다. 당신은 수행을 통해 드러난 지금-여기의 경험에 열릴 수 있습니까? 그것을 받아들일 수 있나요? 수행은 자신이 함께할 수 있는 경험의 한계에 가까이 다가가는 작업입니다. 그리고 수행이 깊어질수록 그 한계는 조금씩 더 확장됩니다. 죽음은 그러한 경계 가운데 하나입니다. 죽음이 우리를 찾아오기 전에 자신의 한계에 다가가 그것을 더 확장하는 연습을 하십시오. 그러면 죽음이 우리를 찾아왔을 때 확신을 가지고 경계를 건널 수 있을 것입니다.

> **수행 Tip!**
> - 스스로 지어낸 이야기에 빠졌을 때 삶의 생생한 현존인 죽음을 떠올리면 더 큰 마음의 여유와 평온을 가지고 삶을 살 수 있습니다.
> - 명상 수행은 죽음을 미리 연습하는 기회입니다. '죽음의 예행연습'인 명상은 내가 지금 어디에 있는지, 지금의 어려운 상황에 어떻게 열릴 수 있는지 알게 합니다.

통찰과
죽음

우리가 삶과 죽음의 과정을 지날 때 **위파사나**라는 통찰 명상은 마음의 강력한 관찰력을 키워 줍니다. 수행을 하다 보면 대상이 분명하게 드러나는 때도 있고 그렇지 않은 때도 있습니다. 이 와중에 우리는 매순간의 분명한 통찰이 가진 커다란 업력業力에 대해 잊기 쉽습니다. 붓다는 지금 우리가 계발하는 통찰의 작업이 얼마나 강력한 힘을 갖는지 이야기했습니다.

붓다는 각 행위에 따라 그것이 지닌 업력이 다르다고 말했습니다. 붓다는 팔리어로 베풂 혹은 보시를 의미하는 **다나**dana를 반복해서 강조했습니다. 베풂은 마음을 정화시키는 커다란 힘을 갖습니다.

베풂이 갖는 선업의 힘은 다음 세 가지 조건에 따라 결정된다고 합니다. 주는 이의 순수한 마음과 받는 이의 순수한 마음, 그리고 주고받는 물건을 정당하게 취득하였는가입니다. 이 기준에 따르면 정당하게 얻은 물건을 완전한 깨달음을 얻은 이에게 순수한 마음으로 보시하는 행위는 커다란 선업이 됩니다.

다음으로 붓다는 자애의 마음을 강조했습니다. 붓다는 한 순간이라도 자애의 마음을 온전히 내는 것이 붓다를 비롯한 깨달은 이에게 보시하는 것보다 더 큰 업의 결과를 가져온다고 말했습니다.

마지막으로 붓다는 통찰을 강조했습니다. 붓다는 한 순간이라도 현상의 일어남과 사라짐에 대한 분명한 통찰이 자애의 마음을 일으키는 것보다 훨씬 강력한 업의 결과를 가져온다고 말했습니다. 여기서 통찰이란 위파사나 수행에서 현상의 일시성과 무상을 명료하게 통찰하는 것을 말합니다.

무상에 대한 분명하고 확실한 통찰은 깨달은 이에 대한 보시나 자애의 마음보다 훨씬 큰 선업이 된다고 합니다. 왜 그럴까요? 일어나고 사라지는 현상의 일시성, 즉 무상에 대한 통찰은 괴로움에서 벗어나는 자유의 씨앗이 되기 때문입니다.

현상의 무상함을 통찰하지 못할 때 우리는 온갖 감정과 생각, 인간관계, 몸과 마음의 고통에 사로잡힌 채 그것을 '나'로 동일시하며 살아갑니다. 무상과 실체 없음이라는 존재의 가장 근본적인 진실을 잊을 때 우리는 '자아'라는 좁은 감옥에 갇혀 지냅니다.

우리가 죽음에 이르면 신체적, 정신적 괴로움이 따라올 것입니다. 당신은 죽음에 따르는 괴로움을 단지 관찰할 수 있겠습니까? 깨어있고 열린 마음으로 죽음의 괴로움과 함께할 수 있겠습니까? 죽음이라는 커다란 신비 앞에서 현상의 무상과 실체 없음을 통찰하며 오롯이 알아차림에 머물 수 있을까요? 만약 우리가 죽음의 경험을 깨어있는 마음으로 맞이할 수 있다면 어떨까요? 당신이 죽음에 이르러 혼란과 두려움, 고통을 느끼더라도 관찰하는 마음이 매우 튼튼하다면 문제가 되지 않을 것입니다. 혼란과 두려움이 일어나도 단지 "혼란, 혼란… 두려움, 두려움…"이라고 속으로 명칭을 붙이며 관찰할 수 있습니다.

이렇게 하지 않으면 우리는 죽음에 이르러서도 습관처럼 갈애와 증오, 두려움으로 반응할 것입니다. 이 점에서 단순하고 명료한 관찰이라는 우리의 수행은 엄청난 힘을 갖습니다. 지금 이 순간의 경험에 단순하게 현존하는 것이 어떤 결과를 가져오는지 늘 숙고하십시오. 무상에 대한 통찰이 가져오는 결과를 결코 가볍게 여기지 마십시오. 현존과 통찰은 우리의 삶과 죽음의 방식에 우리가 평소 알던 것보다 훨씬 큰 영향을 미칩니다.

> **수행 Tip!**
>
> ❖ 베풂보다 자애가, 자애보다 통찰이 선업의 힘이 더 큽니다. 무상에 대한 통찰은 괴로움에서 벗어나는 자유의 씨앗이 되기 때문입니다.
> ❖ 단순하고 명료하게 관찰하는 통찰 수행은 커다란 힘을 갖습니다. 죽음 앞에서 무상과 실체 없음을 통찰하며 알아차림에 머문다면 죽음은 문제가 되지 않습니다.

자애와
죽음

　나와 주변 사람의 죽음의 과정에 대처하는 훌륭한 도구에는 자애도 있습니다. 자애는 마음을 부드럽게 만드는 특별한 힘이 있기 때문에 두려움에 대처하고 극복하는 방법이 될 수 있습니다. 죽음과 같은 미지의 사건이 찾아올 때 마음에는 흔히 두려움이 일어납니다. 죽음에 동반되는 신체적 통증을 두려워하기도 하고, 죽음 뒤에 자신이 어떻게 될 것인지 몰라 무서워합니다. 죽음이라는 미지의 세계는 우리에게 두려움으로 다가옵니다.

　처음에 붓다는 힘들고 끔찍한 상황에 처한 한 무리의 승려들을 상대로 자애 명상을 가르쳤습니다. 두려움을 극복하는 특별한 처방으로 자애 명상을 가르친 것입니다. 그렇지만 자애의 마음을 깊이 계발하면 우리들 누구라도 자애가 가진 힘을 알 수 있습니다. 자애의 마음이 강해지면 자신과 타인을 향한 선의와 사랑, 관심의 마음자리에 더 오래 머물게 됩니다. 자애의 느낌이 가진 단순함과 힘에 머물러 보십시오. 그러면 마음에 자애가 있을 때 두려움이 존재할 수 없다는 사실을 알게 됩니다. 자애와 두려움은 동시에 존재할 수 없습니다.

자애의 힘이 강해지면 우리가 튼튼히 딛고 설 수 있는 마음의 토대가 됩니다. 또 의지할 수 있는 마음의 귀의처가 됩니다. 자애의 마음을 깊이 계발했을 때 얻는 커다란 힘은 죽음을 비롯한 삶의 모든 위기 상황에서 사용할 수 있습니다.

자애와 통찰은 상호 보완적인 마음의 힘으로 서로 조화를 이룹니다. 죽음처럼 힘겨운 상황이 닥치면 우리는 위축되고 자동반사적인 반응을 보이기 쉽습니다. 만약 죽음에 대처할 만큼 마음챙김의 힘이 충분하지 않다면 우선 자애 명상을 하십시오. 그러면서 마음이 고요해지기를 기다리십시오. 자애의 마음에 한동안 머문 다음, 지금 일어나는 일에 깨어 있는 마음으로 열릴 수 있습니다.

자애와 통찰을 조화롭게 사용하는 것은 지금 나의 수행에 필요할 뿐 아니라 나와 주변 사람의 죽음에 직면해 현존을 유지하는 데도 매우 중요합니다. 죽음에 이르러 당사자가 처한 환경은 선업의 마음 상태를 유지하는 데 중요한 조건이 된다고 합니다. 죽음의 순간에 반응을 보이지 않는다고 해서 의식 없는 상태라고 여겨서는 안 됩니다. 혼수상태에서 깨어난 사람이 커다란 명료함을 경험했다는 이야기를 종종 듣습니다. 그들은 혼수상태에서 주변 사람과 소통하지는 못했어도 커다란 현존을 유지하고 있었습니다. 혼수상태에 빠진 그들의 내면에서 실제로 어떤 일이 일어났는지 우리는 정확히 모릅니다. 겉으로 보이는 것과 당사자의 내면에서 벌어지는 일은 매우 다를 수 있습니다.

죽음에 이른 사람을 위해 우리가 할 수 있는 일 가운데 하나가 자애의 마음을 보내는 것입니다. 순수하고 강력하게 자애의 마음을 일으키고 보낼 수 있다면 그 자체로 죽음에 이른 사람을 진정시키는 효과가 있습니다. 그것은 평온의 에너지를 보내는 행위입니다.

위파사나 통찰 역시 죽음에 이른 이들을 돕는 힘이 됩니다. 그 이유는 위파사나 통찰을 얻으면 자신의 마음을 관찰하는 힘이 생기기 때문입니다. 자신의 마음을 관찰하는 마음챙김을 하면 느낌과 반응에 사로잡히지 않은 채로 관찰할 수 있습니다. 또 지금의 힘든 상황에 자동반사적 반응을 보태지 않고 자신의 느낌과 반응을 관찰할 수 있습니다. 사랑하는 사람이 죽어가는 모습을 곁에서 지켜보기란 매우 힘든 일입니다. 사랑하는 사람의 죽음이라는 어려움에 우리가 열릴 수 있다면 어떨까요? 어려움이 우리를 통과해 가도록 놓아두면 어떨까요? 그러면서 자애의 마음이 보내는 힘에 가만히 머물면 어떨까요? 이렇게 할 수 있다면 죽음에 이른 사람에게 커다란 도움을 주는 일이 될 것입니다.

> **수행 Tip!**
>
> ❖ 마음에 자애가 있을 때는 두려움이 존재하지 않습니다. 자애와 두려움은 동시에 존재할 수 없습니다.
> ❖ 죽음에 이른 사람에게 순수하고 강력한 자애의 마음을 보내 보십시오. 이것은 그 자체로 죽음에 이른 사람에게 커다란 도움을 주는 행위입니다.

모든 존재에게 이로움을

 의도하건 의도하지 않건 우리가 깨어남의 길을 가는 목적은 나 자신만이 아니라 생명을 가진 모든 존재를 이롭게 하기 위해서입니다. 자신의 본성과 몸과 마음이라는 실재에 대해 알면 이것이 나에게만 해당되지 않고 누구에게나 적용되는 보편적인 것이며, 서로의 차이는 겉으로 드러나는 현상일 뿐임을 알게 됩니다. 그 차이는 특정 시점과 환경에 따른 특수한 조건화에서 비롯된 것에 지나지 않습니다.

 사람마다 성격과 외모, 생각이 다릅니다. 그러나 몸과 마음이 작동하는 방식은 사람마다 다르지 않습니다. 누구나 분노, 두려움, 사랑, 연민의 감정을 느낍니다. 몸도 마찬가지로 누구나 늙어가고 결국엔 죽음에 이릅니다. 자신의 몸과 마음을 자각하면 몸과 마음의 이러한 성질이 모든 사람에게 공통됨을 깊이 깨닫게 됩니다.

 타인과의 이런 공통성을 깨닫고 나면 생명 있는 다른 존재를 대하는 방식도 변화합니다. 서로 분리된 존재라는 생각에서 벗어나 다른 사람,

심지어 동물까지도 나와 다르지 않은 존재로 보게 됩니다.

  나는 다양한 문화권을 다니며 다르마를 가르쳤습니다. 그 과정에서 분리의 감각이 떨어져나가는 것을 분명히 느낀 적이 있습니다. 예를 들어 나는 과거 소련에서 몇 차례 가르친 적이 있습니다. 그곳의 삶의 조건과 인간관계의 방식은 미국과 매우 달랐습니다. 그러나 다르마 수행에서만큼은 경험의 공통성이 매우 분명했습니다. 수행할 때 느끼는 무릎의 통증, 한곳에 집중하지 못하고 이리저리 헤매는 마음은 소련과 미국이 다르지 않았습니다. 또 수행의 과정에서 느끼는 감정도 비슷했습니다. 알아차림이 가진 힘도 그곳이나 이곳이나 같았습니다. 문화와 환경의 차이는 있어도 그 이면의 삶의 기본적 진실은 다르지 않았습니다. 이를 깨닫자 나는 강한 친밀감과 연결감을 느꼈습니다. 우리는 자신을 이해함으로써 자연스럽게 타인을 이해할 수 있습니다. 그럴 때 우리가 하나라는 연결감을 더 크게 느낄 수 있습니다. 18세기 일본의 시인 고바야시 잇사는 이런 말을 했습니다. "벚꽃 그늘 아래에서 남 같은 건 없다네."

  우리는 수행을 통해 모든 존재에게 직접적으로 유익함을 줄 수 있습니다. 모든 것은 서로 연결되어 있기 때문에 나의 삶이 필연적으로 세계에 영향을 미친다는 사실을 알게 됩니다. 모든 생명체와 사물은 수많은 차원에서 서로 연결되어 있습니다. 따라서 내 정신과 마음의 성질은 눈에 보이지 않아도 반드시 주변에 효과를 미칩니다.

  카오스의 신新과학은 우리의 일상적 지각의 이면에서 사물이 혼돈의 상태에 있으며 이를 이해하기란 매우 어렵다고 말합니다. 우리는 날씨 변화나 위로 상승하는 연기처럼 일상의 사건에서 이러한 혼돈을 목격합니다. 그러나 혼돈을 더 깊이 파고들면 거기에 놀랄 만한 패턴과 연결성이 존재함을 알게 됩니다. '초기 조건에의 민감한 의존성'이라는 원리가 있습니다. 이 원리는 어떤 과정의 초기에 일어난 사소한 투입량의 변화가 이후 과정의 결과에 커다란 차이를 낸다는 의미입니다. 혼돈의 과학은 중국의 나비 한 마리가 날갯짓을 하면 보스턴의 폭풍 전선이 바뀔 수 있다는 이른바 '나비 효과'를 말합니다. 모든 사물과 현상은 이런 식으로 상호 연결되어 있습니다. 나의 친절한 행동 하나, 성내는 말 한마디, 알아차림으로 사는 삶이 물결처럼 주변에 영향을 미칩니다.

사물의 상호의존성에 민감해지면 나의 삶의 방식이 내가 만나는 사람뿐 아니라 모든 생명체에게 영향을 준다는 사실을 알게 됩니다. 붓다는 2천5백 년 전의 어느 날 밤, 인도 보드가야의 보리수나무 아래에서 깨달음을 얻었습니다. 붓다의 깨달음이 있었기에 지금 21세기에 당신이 이 책을 읽고 있습니다. 얼마나 놀라운 일입니까! 당신이 이 책을 읽기까지 2천5백 년에 걸쳐 많은 문화와 국가에서 일련의 사건이 일어나야 했습니다. 그리고 이 연쇄의 고리는 당신이 이 책을 읽는 데서 멈추지 않습니다. 이 책을 읽은 당신으로부터 시작해 앞으로 무한의 시간과 공간에 걸쳐 다시 영향을 미칠 것입니다.

우주는 신비하고 광대한 상호연결성의 세계입니다. 나비의 날갯짓만큼 미미한 우리의 행동 하나가 주변에 심원한 영향을 미칠 수 있습니다. 탐욕, 성냄, 무지에서 벗어날수록 우리의 삶은 모든 생명체에게 이로움을 주는 삶이 됩니다. 이러한 상호연결성에 대해 곰곰이 생각해 보십시오. 그러면 아주 오래된(그러나 지극히 현대적인) 깨달음의 길에서 우리의 수행과 삶에 더 큰 여유와 사랑이 깃들 것입니다.

> **수행 Tip!**
>
> ❖ 자신을 이해함으로써 타인을 이해할 수 있습니다. 그럴 때 우리가 하나라는 연결감을 느낄 수 있습니다.
> ❖ 우리의 행동 하나하나가 주변에 영향을 미칩니다. 탐욕, 성냄, 무지에서 벗어난 삶을 살 때 모든 생명체에게 이로움을 줄 수 있습니다.

부록 사진

조셉 골드스타인과 통찰명상회(IMS)

미국에서 백인들에게 불교가 알려지기 시작한 계기는 1950년대 비트 운동Beat Movement(전후 미국의 풍요로운 물질 환경 속에서 보수화된 기성질서에 반발해 일어난 저항적인 문화 운동)을 이끈 앨런 긴즈버그와 게리 스나이더 그리고 잭 케루악 등이 불교와 힌두교 등 동양 종교에 심취하고 이를 자신들의 작품에 도입하면서부터였다. 그 후 1960년대 들어 비트 세대의 영향을 받은 미국 젊은이들은 동양 종교에 관심을 갖기 시작했고, 오늘날 미국에서 백인 불교를 이끌고 있는 지도자들은 이때 불교를 적극적으로 받아들였던 1세대 미국 불교 신자들이다. 미국 위파사나 수행의 권위자이자 통찰명상회(Insight Meditation Center, IMS)의 공동 설립자이기도 한 조셉 골드스타인과 잭 콘필드, 샤론 샐즈버그 역시 1960~70년대 불교에 심취되어 탐구했던 인물들로 인도, 미얀마, 태국 등을 여행하며 적극적인 방법으로 불교와 명상을 공부했다. – 편집자 주

사진 출처_dharma.org

사진1 | 고엔카가 인도에서 가르친 명상 수련회. 통찰명상회 공동 설립자인 조셉 골드스타인과 샤론 샐즈버그는 이곳에서 처음 만난다(동그라미 안이 고엔카 법사, 1971년)

사진2 | 통찰명상회 법당에서 수행을 지도하는 잭 콘필드(왼쪽)와 조셉 골드스타인

사진3 | 통찰명상회 공동 설립자들이 가르침을 펴도 좋다는 의식을 미얀마의 마하시 사야도(뒷줄 중앙)에게 받고 있다.(앞줄 왼쪽부터 샤론 샐즈버그, 조셉 골드스타인, 잭 콘필드, 재클린 맨델, 1979년)

사진4 | 잭 콘필드(왼쪽)와 조셉 골드스타인. 콘필드는 태국의 아잔 차 스님에게 계를 받고 두 차례 출가했다

사진5 | 젊은 시절의 골드스타인

사진6 | 디파 마와 골드스타인(디파 마 ⇨ 56, 152, 267, 290쪽)

사진7 | 마하시 사야도(스님 중 왼쪽에서 두 번째)와 제자들에게 통찰명상회 경내를 안내하는 골드스타인(마하시 사야도 ⇨245쪽)

사진8 | 통찰명상회 숲속 수행처에서 수행을 지도한 미얀마의 우 판디타 사야도 (앞쪽, 2003년)(우 판디타 사야도 ⇨ 52, 136쪽)

사진9 | 통찰명상회를 찾은 무닌드라(왼쪽 팔짱 낀 여성이 샐즈버그, 오른쪽 뒤에 숄을 걸친 키 큰 남성이 골드스타인, 1978년)(무닌드라 ⇨ 18, 23, 28, 95, 152, 159쪽)

사진10 | 통찰명상회의 좌선(1977년)

사진11 | 통찰명상회의 걷기 명상(1976년)

사진12 | 통찰명상회 운영자들이 진행한 '부모와 친구들(Parents and Friends)' 명상 수련회(동그라미 안 왼쪽부터 골드스타인, 샐즈버그, 콘필드, 1976년))

사진13 | 통찰명상회에 모인 서양의 통찰 명상 지도자들(2006년)

사진14 | 통찰명상회에서 찍은 사진(왼쪽부터 잭 콘필드, 샤론 샐즈버그, 재클린 맨델, 조셉 골드스타인, 1977년)

사진15 | 통찰명상회 창립 40주년을 기념해 공동 설립자들이 같은 배치로 찍었다. 세월의 흐름을 실감케 한다.(2016년)

옮긴이의 말

마음에 대해 무엇을 말할 수 있는가

　명상 수행은 개념과 언어라는 도구를 빌지 않고 실재를 직관하는 작업이다. 다시 말해 지금 내 몸과 마음에서 일어나는 현상을 직접적으로 보는 것이다. 이를 흔히 "있는 그대로 본다"라고 표현한다. '안다'고 하지 않고 '본다'고 한 데서 알 수 있듯이 명상적 앎은 언어적, 개념적 인식이 아닌 직관적, 체험적 앎이다. 명상 수행은 언어가 끊어진 자리에서 실재와 대면하는 과정이므로 당사자 외에는 누구도 똑같이 경험할 수 없다. 이처럼 명상적 앎에는 의사전달의 매개인 언어가 개입할 여지가 별로 없다.

　그렇다면 명상 수행에 관한 말과 글은 모두 '어불성설'이 아닌가? 근원적으로 말과 글로 드러내고 전할 수 없는 것을 상대가 어떻게든 알게 하려는 시도이니까 말이다. 그렇다면 명상 수행과 관련하여 우리는 아무 말도 해서는 안 되는가? 불립문자, 염화미소, 이심전심이라는 성구처럼 깨달은 자의 눈빛에서 그 깊은 의중을 미루어 짐작해야만 하는가?

그렇다면 붓다와 고승들의 수많은 법문과 글은 어떻게 되는가?

본문에도 나오듯이 불교나 명상과 관련한 가르침의 글과 말은 실재를 가리키는 도구이다. 비유하자면 '달을 가리키는 손가락', 실재를 보여주는 '지도'라고 할 수 있다. 우리가 어떤 곳에 이르고자 할 때 지도가 정확해야만 최소한의 노력으로 효율적으로 목적지에 이를 수 있다. 그렇다면 명상 수행에서 우리가 참고해야 하는 '마음의 지도'는 어떤 지도인가? 그것은 누가 어떻게 만든 지도인가? 우리는 어떤 마음의 지도를 참고삼아 삶의 괴로움과 불만족에서 벗어나 참된 자유에 이를 수 있는가?

우선 가장 믿을 만한 사람이 만든 지도이어야 한다. 그리고 그 지도를 따라 걸어간 이들이 실제로 괴로움에서 벗어나 자유의 경지에 이른 경험치가 그동안 축적되어 있어야 한다. 이 점에서 붓다와 그의 제자들이 지난 2천5백 년 동안 걸어간 길은 우리가 믿고 따를 만한 '마음의 지도'로서 손색이 없다.

조셉 골드스타인도 그런 제자 중 한 사람이다. 붓다의 가르침과 현대 심리학에 관한 정확하고 깊이 있는 이해의 토대 위에 자신의 오랜 수행 경험을 더한 그의 글은 오늘날 독자가 고통에서 벗어난 자유와 깨달음의 경지가 과연 어떤 것인지 맛보게 하는 믿음직한 안내자 역할로 손색이 없다.

사실, 우리는 마음에 관하여 '아무 이야기'나 하기가 쉽다. 그것은 누구나 마음을 가지고 있기 때문이고, 마음은 눈에 보이지 않기 때문이며 마음이 품을 수 있는 내상에는 제약이 없기 때문이다. 모든 사람이 마음을 갖고 있기에 자기 마음이 경험한 바에 대해 누구나 어떤 말이든 할 수 있다. 또 눈에 보이지 않는 마음에 관한 이야기는 객관적인 검증이 어렵다. 그런데 마음에 관한 '아무 이야기'는 말하는 이와 듣는 이 모두에게 도움이 되지 않는다. 그런 이야기는 마음에 관한 보편적 진리가 아니기 때문이며, 보편적 진리가 아닌 이야기로는 고통과 괴로움에서 벗어나 참된 자유에 이를 수 없기 때문이다.

이 점에서 조셉 골드스타인의 글은 다르다. 마음에 관한 그의 이야기는 지리멸렬하고 그야말로 '제 마음대로'인 보통의 많은 '마음 이야기들'과 달리 글 자체만으로 논리와 설득력을 갖추었다. 뿐만 아니라 붓다의 가르침에 대한 바른 이해와 붓다의 길을 직접 걸어본 확신에서 나오는 글이기에 읽는 이의 수행에 실제로 영향을 미치는 어떤 힘을 갖고 있다.

오늘날 불교의 가르침에 관한 글은 차고 넘친다. 그러나 겉핥기식의 부정확한 이해와 딱딱하고 어려운 불교 용어에 가로막혀 오늘의 수행자가 붓다의 가르침을 피부에 와 닿는 감각으로 체험하고 수행에 대한 영감과 기쁨을 느끼기란 쉬운 일이 아니다. 이 점에서 오늘날은(어느 시대나 마찬가지이지만) 불교의 가르침을 우리에게 와 닿는 언어로 풀어내는 지혜로운 해석자가 필요한 시점이다. 옮긴이는 이 책의 저자인 골드스타인이야말로 지혜로운 현대의 불교 해석자 가운데 한 사람으로 보아 이 책을 번역하기로 마음먹었다. 이제 그의 글을 안내 삼아 실제로 수행의 길을 걸어가는 것은 우리들 각자의 몫이다.

조셉 골드스타인의 통찰 명상
삶의 불만족과 괴로움에서 벗어나 자유에 이르는 길

2쇄 발행 2025년 1월 20일
1쇄 발행 2019년 8월 30일

지은이 조셉 골드스타인
옮긴이 이재석

펴낸곳 마음친구
펴낸이 이재석
주소 경기도 안양시 동안구 시민대로 230
　　　평촌아크로타워 지니센터 D동 5364호
전화 031-478-9776
팩스 0303-3444-9776
이메일 friendsbook@naver.com
블로그 blog.naver.com/friendsbook
출판신고 2010년 11월 3일 제385-251002010000319호

ISBN 978-89-966456-9-6 (03220)
한국어판 출판권 ⓒ 마음친구, 2019
마음 맞는 책 친구 **마음친구** 입니다.

- 이 책 내용의 일부를 재사용하려면 마음친구출판사의 동의를 얻어야 합니다.
- 잘못 만들어진 책은 구입하신 서점에서 교환해 드립니다.